라틴어 수업

—

개정증보판

지적이고 아름다운 삶을 위한

Lectio

라틴어 수업

한동일 지음

Linguae

Latinae

흐름출판

일러두기

1. 책에 쓰인 라틴어 발음은 로마 가톨릭 교회에서 사용하는 로마식 발음(스콜라 발음)을 기준으로
   하되 일부는 고전 발음을 따라 표기하였다.
2. 인명은 외래어 표기법을 따랐으며, 일부는 저자의 의도와 라틴어 표기를 반영해 예외로 두었다.
3. 도서명은 『 』로, 신문이나 잡지는 《 》로, 짧은 글과 영화, 그림 등의 작품은 〈 〉로 표기하였다.

❖『라틴어 수업』은 제가 2010년 2학기부터 2016년 1학기까지 서강대학교에서 강의를 했던 '초급·중급 라틴어' 수업 내용들을 정리한 것입니다. 사실 2010년, 로마에서 10년간의 공부를 마치고 귀국했을 때는 잠시 쉬었다 돌아갈 생각이었는데 우연히 대학교에서 라틴어에 대해 강의할 수 있는 기회가 생겼습니다. 새로운 경험이라고 생각해 흔쾌히 결정했지만, 그때만 해도 그렇게 오래 강의하게 될지 몰랐습니다.

　수업 첫날, 24명의 학생이 강의실에서 저를 기다리고 있었습니다. 고마운 마음에 찬찬히 학생들의 얼굴을 들여다보았는데, 그러면

서도 내심 이 친구들이 '라틴어'에 얼마나 관심이 있을까 반신반의
하기도 했습니다. 하지만 학생들은 의외로 수업을 참 열심히 듣더
군요. 그 모습에 저도 매일 열심히 강의 준비를 했습니다. 강사라는
직업은 정말 하루 벌어 하루 사는 사람과 다르지 않습니다. 며칠 꼬
박 준비를 해도 한 시간 강의를 하면 끝이었으니까요. 그래서 늘 바
쁜 날들이었고, 한 학기가 어떻게 흘러갔는지도 모르게 지나갔습니다.

새 학기가 시작되고 개강하기 전에 귀국할 생각으로 로마에서 일
을 보고 있는데 메일함을 열어보고 깜짝 놀랐습니다. 수강을 허락
해달라는 학생들의 메일이 밀려들어와 있었어요. 그렇게 두 번째
학기에는 67명의 학생들이 라틴어 수업을 들었고, 이후부터는 매
학기 200명이 넘는 학생들이 이 수업을 듣기 시작했습니다. 서강대
학교를 넘어 연세대, 이화여대, 심지어 학생이 아닌 일반 청강생을
포함해 학점 교류가 안 되는 서울 시내 다른 학교의 학생들까지 찾
아오기 시작했습니다. 강의실은 늘 만원이었습니다. 수업이 끝나면
학생들은 "감사합니다"라며 인사했지만 정말 고마운 사람은 오히
려 저였습니다.

세네카의 『도덕에 관한 편지Epistolae morales』에는 '사람은 가르치
며 배운다Homines, dum docent, discunt'라는 말이 있습니다. 딱 저를 향
한 말이었습니다. 이는 마치 '줄탁동시啐啄同時'라는 화두와 관련된 깨
우침과도 같았습니다. 어미닭과 병아리가 안팎에서 동시에 알을 쪼
는 것을 가리키는 말입니다. 안에서 껍데기를 쪼아 깨려는 병아리

는 깨달음을 향해 앞으로 나아가는 수행자요, 어미닭은 수행자에게 깨우침의 방법을 일러주는 스승이라고 할 수 있습니다. 그런데 이때 어미닭은 새끼가 알을 깨고 나오는 데 작은 도움만 줄 뿐, 결국 알을 깨고 나오는 것은 병아리 자신입니다. 하지만 그 과정에서 병아리만이 아니라 어미닭 역시 배우고 깨닫는 바가 있을 거라고 생각합니다.

저 역시 수업을 통해 많이 배웠습니다. 여전히 제 안에 남아 있는 여러 가지 어려움들과 아픔들을 되새겨보았고, 그 내용을 거르고 다듬어 학생들과 나누고자 했습니다. 그 과정에서 제가 학생들을 위로한 것이 아니라 오히려 제가 학생들에게서 위로받았습니다. 그래서 그들은 제게 늘 고마운 존재입니다.

그런데 이 수업이 2015년 10월 엄보운 기자에 의해 "[사람 풍경] '비베 호디에' 신부님의 라틴어, 청춘을 깨우다"라는 제목의 기사로 한 신문에 실리게 됐습니다. 그 후 여러 언론사에서 취재 요청이 왔고 많은 출판사들이 연락해왔습니다. 그렇게 얼떨결에 『그래도 꿈꿀 권리』를 출판하게 되었던 것처럼, 지금 이 책 역시 생각지도 못하게 출간을 약속하고 말았습니다.

하지만 고백하자면, 오랜 세월 공부하는 일에 적을 두고 있는 사람으로서 학문의 근간이 되는 일이 늘 우선이었기에 이런 글은 늘 관심 밖이었습니다. 무엇보다 낯설고 어색합니다. 그럼에도 약속은 늘 마음에 두고 있었는데 원고를 쓰기도 전에 서강대학교에서 진행하던 라틴어 강의를 할 수 없게 됐고, 결국 2016년 1학기를 끝으로 강의를 그만두었습니다. 그리고 다른 작업들을 어느 정도 마무리하고 올봄에 들어서야 지난 5년간의 강의를 글로 옮기는 작업을 시작했습니다. 책을 내기로 약속했던 것이 2015년이었으니 여기까지 오는 데 꼬박 2년이 걸린 셈입니다.

관심 밖의 일이라 생각했으나 막상 글을 쓰면서 학생들에게 어떤 이야기들을 했었는지 다시 돌아볼 수 있는 기회가 되어 좋았습니다. 다만 어떻게 써야 할지 고민이 많았는데 이번에도 학생들의 덕을 보았습니다. 매 학기 강의가 끝나면 강의 내용을 요약 정리해서 파일로 보내주는 학생들이 꼭 한두 명 있었는데요, 그중 박영환 군과 이은아 양의 수업 노트는 글의 줄기를 잡아가는 데에 큰 도움이 되었습니다. 그리고 이 거친 초고를 제자들에게 보내니 각자 자신만의 느낌을 담아 진솔한 글을 써 보내왔습니다. 아울러 책 속 도표의 작성은 김민정 양의 도움이 컸습니다.

또한 무엇보다 이렇게 글을 쓸 용기가 생겼던 것은 독자들 덕분입니다. 종종 제 책의 독자들이 글을 보내주는데, 그 글들은 저를 벅찬 감동에 젖게 합니다. 아울러 이제 이 책은 과분하게도 100쇄를 훌쩍 넘어 스테디셀러로 자리 잡았습니다. 또한 일본에서도 2022년 9월 28일 출간과 동시에 어학 분야, 서양사상 고대·중세·르네상스 시대 부문 1위를 차지하며 아마존 재팬의 베스트셀러가 되었습니다.

다른 책들도 마찬가지지만 이 책은 제게 또 다른 특별한 의미가 있습니다. 하나의 매듭을 짓고 새로운 문으로 향하는 느낌이라고 해야 할까요. 읽는 분들에게는 어떻게 전해질지, 어떤 의미로 남을지 모르겠지만 부족한 저의 글이 어느 한 사람에게라도 조금이나마 도움이 되었으면 하는 바람입니다. 끝으로 좋은 책으로 많은 사람들이 숨 쉴 수 있기를 바라는 흐름 출판사 유정연 대표님과 출판사 관계자 분들, 거친 원고를 유려하게 편집해준 김수진 편집자에게 진심으로 감사의 인사를 드립니다. 또한 언제나 부족한 이의 글을 기꺼운 마음으로 정리해주시는 양재형 선생님께도 깊이 감사드리며, '제자들의 편지'를 써준 김리은, 박민정, 김재현, 이은솔, 김해니, 강유재, 김택수, 김민영, 김민정, 김소원, 김수빈, 박채영, 송주희, 신윤정, 정준영 군에게도 감사의 마음을 전합니다.

2023년 어느 여름, 연희동 안산 자락에서
한동일

차례

포스트코로나 시대
우리가 라틴어를 공부해야 하는 이유

배움과 학업의 위기 앞에 선 우리

　로마 시대에 남자는 14세, 여자는 12세가 되면 혼인 가능 연령이라고 보았습니다. 중세 교회법에서는 남자는 16세, 여자는 14세, 근대에 이르러서는 남자는 18세, 여자는 16세가 되면 혼인이 가능하다고 보았고, 이후부터는 이것이 성인으로 인정하는 나이로 받아들였습니다. 현대 사회는 중세나 근대처럼 어린이 노동과 조혼을 법으로 엄격히 금지하고 있습니다. 하지만 현대의 어린이와 청소년들이 과거의 그들과 비교해 더 행복하다고 할 수 있을까요?

우리는 이 질문에 자신 있게 그렇다고 대답할 수 없습니다. 현대 사회는 성장과 실패를 기다려주는 것 같지만, 실제로는 느긋하게 타인의 성장을 기다려준 적이 없다고 해도 과언이 아닙니다. 그래서 삶이 고달픕니다. 현대 인류는 과거의 어느 시대처럼 남자 14세, 여자 12세가 되면 결혼이 가능한 연령이라고 보지 않지만, 여전히 우리는 14세, 12세가 되면 자신의 삶을 선택해야 합니다. 과거의 사람들이 생물학적으로 빨리 성장하여 혼인하고 미래세대를 낳아 번성해 가기를 바랐다면, 현대인들은 이른 시기부터 자기 앞가림을 강요받고 있다는 생각이 듭니다. 마치 초화류가 몇 개월 만에 빠르게 자라서 태양에서 얻은 에너지로 꽃을 피우고 씨를 만들어내는 것처럼 말이죠.

현대 사회의 배움과 학업의 위기는 초본식물처럼 빠르게 성장하고 빠르게 철들기를 조급한 마음으로 바라보는 사회 분위기가 자초했다는 생각이 들 때가 많습니다. 많은 지식을 짧은 시간에 머릿속에 욱여넣어서 좋은 성적을 내야 하는 상황 속에서 정작 귀한 것들을 배우지 못하는 경우가 많습니다. 큰 예로는, 살아가면서 필요한 관계성을 배우지 못하다 보니 사회적으로 여러 역할을 소화해야 하는 어른이 되었을 때 방황하는 경우가 많다는 겁니다. 올바르게 분노하는 것을 배우지 못해서 내 생각과 다르면 틀린 것으로 판단하고 어느 쪽도 이익일 수 없는 감정적이고 소비적인 싸움으로 서로에게 상처를 주기도 합니다. 이것은 때로 큰 사회적 비용을 초래하는 일로 번지곤 합니다.

신학교에서 처음 라틴어를 배우기 시작한 건 제가 열아홉 살 때였습니다. 1963년에 출간되어 단 한 번도 개정되지 않은 오래된 책이 교재였고, 늘 반복해서 해온 것이 분명한 교수법으로 수업이 진행되었습니다. 교수님께서 간략하게 문법 설명을 하면, 학생들은 그 챕터에 있는 연습문제를 다음 시간까지 풀어 와야 했죠. 그러면 다음 수업 시간에 학번 순으로 학생 한 명 한 명이 모든 학생이 지켜보는 가운데 자기 차례의 문제를 읽고 그것에 대해 우리말로 번역해야 했습니다. 문제에 대해 제대로 답을 못하면 다음 학생이, 그 학생이 못하면 또 다음 학생이 답해야 하는 방식이었습니다.

그러나 라틴어 수업이 정말 힘들었던 이유는 따로 있었습니다. 신학교에서 배우는 라틴어와 그리스어, 히브리어 과목은 단순히 고전 언어를 배우는 것에 그치지 않았습니다. 만약 그 과목들을 수료하지 못하면 '학교에서 쫓겨난다'는 이야기가 있었기 때문에 큰 두려움을 가질 수밖에 없었습니다. 언어 자체를 공부하는 것만으로도 무척이나 힘든데, 그런 압박감은 훨씬 더 부담스럽게 저희를 옥죄었었죠.

그래서 라틴어 수업은 유용하고 깊이 있는 언어이지만 단순히 학점 통과용 과목으로 변하게 되었습니다. 이후 신부가 된 거의 대부분의 분들 기억 속에 라틴어는 그저 힘들었던 과목이었다는 무용담만 남게 되었습니다. 현대에 라틴어 문화를 가장 많이 가지고 있는 이 공동체가 라틴어 문화의 가치와 보고를 발견하기도 전에 신학생 스스로 던져 버리게 만들었던 것이죠.

현실이 이러한데, 왜 굳이 라틴어를 배워야 하는 걸까요? 라틴어를 공부함으로써 우리는 무엇을 깨닫고, 어떻게 삶을 더 풍성하게 할 수 있을까요? 이제 라틴어를 썼던 로마, 로마가 선망하고 인정했던 그리스의 학교와 교육 문화를 통해 사고의 전환, 사고의 풍성함은 어디에서 오는지 살펴보면서 배움과 학업의 위기를 극복하는 길을 찾아보고자 합니다.

학교가 열리다

고대 로마의 평민 부모들은 주로 가정에서 자녀들의 읽기legere와 쓰기scribere, 셈numerare 등을 직접 가르쳤습니다. 그러다 2세기경 최초의 학교가 문을 열었습니다.

로마법에서 '유아는 말을 할 줄 모르는 자infans qui fari non potest'라고 규정했는데, 이는 유스티아누스 황제 때에 7세 미만을 유아로 규정한 것에 따른 것입니다. 이 시기 아이들을 미성숙자impubes로 간주했고, 이를 지난 나이가 이성 사용 능력의 기준이 되어 초등학교에 입학하는 연령이 유래하게 됩니다.

학교에는 '캅사capsa'라고 부르는 책이나 필기도구를 넣는 작은 사물함이 있었습니다. 학생들의 필기도구는 '밀랍을 바른 나무 흑판tabulae ceratae', 글을 쓰거나 지우는 데 필요한 펜stilus과 긴 막대였습니다. 초등학교의 교육은 상당히 초보적인 읽기와 쓰기, 셈 정도였죠. 특히 셈을 하는 걸 도와주는 보조도구로는 공깃돌과 비슷한 조그만 돌과 주판abacus이 있었습니다.*

교육은 탁 트인 발코니pergula에서 이루어졌고, 그 안에는 매점 taberna 같은 것도 있었습니다. 선생님은 팔걸이의자cathedra나 등받이가 있는 의자에 앉았고, 학생들은 팔걸이가 없는 접이식 의자에 앉았죠. 이러한 전통에서 중세 교수의 강좌나 강단, 교수직을 '카테드라cathedra'라고 불렀습니다. 수업은 점심시간을 빼곤 종일 이어졌습니다. 수업 방식은 무척 단순했죠. 잘하는 학생은 챰벨라ciambella 빵을 상으로 받았고, 못하는 학생은 회초리ferula를 맞았습니다. 학사력은 3월에 시작하고 공휴일과 장날nundinae(7일장이었기에 8일째 되는 날)은 쉬었으며, 6월부터 10월까지는 방학이었습니다.

그러나 로마의 학교는 오늘날의 공립학교 개념이 아니었습니다. 그것은 로마 제국의 멸망 이후에 교육 사업을 전적으로 관장한 로마 가톨릭교회의 학교들도 마찬가지였죠. 로마 시대나 중세의 학교는 공립이 아니었기 때문에 부모가 직접 교사에게 교육비를 주었습니다. 사립과 공립학교의 개념, 공교육과 사교육이 구분된 것은 근

---

* Cf. L. Garciel, L. Tornielli, *Ab initio*, Loescher 2022, pp. 18-19.

대 국가의 출현과 맞물리며, 그전까지만 해도 교육은 오직 로마 가톨릭교회의 몫이었습니다. 그래서 로마 가톨릭교회는 교육을 비롯해 교회가 관장한 여러 사업을 세속 국가가 가져가는 현상을 두고 '세속주의'라고 불렀습니다.

그리스인은 어떻게 해서 가정교사가 될 수 있었을까?

로마의 귀족들은 '빼다고구스paedagogus'라고 불리는 가정교사인 그리스 노예에게 자녀 교육을 맡겼습니다. 여기에서 '교육학'을 의미하는 '빼다고지아paedagogia'가 파생하지요.

고대 지중해에서는 로마뿐 아니라 그리스도 자유인(엘레우테로스 ἐλεύθερος)과 비자유인, 즉 노예(둘로스δοῦλος)로 계층이 나뉘었습니다. 노예로 전락하는 방식은 여러 가지가 있었지만, 주된 원인은 바로 전쟁에서의 패배였습니다. 포로로 잡혀 온 사람들이 거의 노예가 되었죠. 오늘날의 시각에서는 이해하기 힘든 일이지만, 당대에 이런 일이 가능했던 이유는 무엇일까요? 그건 인종과 문화적 구분을 통해 **같은 사람이라는 인식을 갖지 않았던 데 있었습니다.** 마치 조선사회의 노비처럼 말이죠. 그래서 같은 그리스 사람이라 하더라도 전쟁에서 패했다면 거리낌 없이 노예로 삼았고, 이 가운데 부유한 가문에서는 학식 있는 그리스 노예를 자녀들의 가정교사로 삼았습니다.

공교육이 형성되지 못한 사회적 환경도 이러한 현상을 부추긴 한 이유였죠.

이런 가운데 공화정 후기와 원수정 초기 사이에 로마에서는 책과 문예의 역사에서 새로운 경향이 등장합니다. 그동안 사회에 만연했던 '휴식otium'이 아닌 모든 것은 '일negotium'이라는 극단적 인식이 완화되면서 문학 체계가 부흥하고 교양 있는 대중들이 점차 늘어나기 시작한 겁니다. 그로 인해 부자들과 장서광들을 통해 공공 도서관과 개인 도서관이 지속적으로 만들어지게 됩니다.

그렇다면 초기 로마에 세워진 공공도서관의 장서들은 어떤 책들로 채워졌을까요? 믿기 힘드시겠지만, 대부분 동방에서 훔쳐서 가져다 놓은 책들이었습니다. 개인 도서관도 만들어졌습니다. 알파벳이 퍼져나가면서 프랑스어로 '파베뉴parvenu'라고 불린 '졸부'들이 장식용으로 앞 다투어 만들었죠. 여기에는 책을 소장하고자 하는 욕구와 함께 공공도서관이 멀다는 또 다른 이유도 있었습니다.

로마의 도시에 공공도서관을 건설하는 문화는 그리스로부터 받은 영향이지만, 로마의 공공도서관에는 그리스와 비교해서 또 다른 현실적인 목적이 있었습니다. 로마 최초의 공공도서관이 설립될 당시에는 소장할 만한 라틴어 서적이 많지 않았는데,* 그 부족분은 로마인이 정복한 그리스로부터 채웠습니다. 그리스는 교역을 통해 이

---

* Cf. G. Cavallo, *Scrivere e leggere nella città antica*, Carocci editore 2020, pp. 109-111.

집트와 근동 지방을 통해 많은 영향을 받으며 학문과 문화가 크게 발달해 있었기 때문입니다.

로마의 공공도서관은 라틴어와 그리스어 서적을 소장했는데, 이 책들은 두 개의 별도 서고에 배치했을 것입니다. 당시 로마인들은 그리스어로 된 서적은 정본으로 인식한 반면 라틴어로 된 서적은 복사본 정도로 생각했습니다. 그리스어로 된 서적을 라틴 문학의 공백을 메워주는 자극으로 인식했기 때문입니다. 이 점에 대해서는 로마의 철학자 키케로도 "그리스 도서관에는 수많은 저술가들이 쓴 무수히 많은 책들이 있다"라고 솔직하게 고백하고 있습니다(「투스쿨라나 담론」, 2, 5-6).

이런 배경을 생각하면 로마에 와서 비록 노예의 신분이 되었지만 뛰어난 학식을 가졌던 그리스인들이 로마 사회와 귀족층에 어떤 영향을 주었을지 이해하기 쉬울 것입니다. 로마의 귀족들이 자신의 자녀를 가르치는 개인교사, 가정교사로 그리스 노예를 집에 들인 것으로 보아 그리스가 많은 면에서 우월했다는 점을 로마인 스스로 인정하고 또 선망했다는 걸 알 수 있습니다.

기원전 8세기, 로마에서는 비로소 제국의 시대가 시작되었습니다. 그리스에서는 기원전 10세기부터 부분적으로 철기가 사용되다가 로마 제국이 성립될 무렵엔 그리스 전역에서 철기의 사용이 활발해졌죠. 농업 생산력이 높아지고 인구가 늘어나기 시작했습니다. 그리고 그리스 알파벳이 발명되어 문자가 널리 쓰이기 시작합니다.

이제 뛰어난 학문과 문화예술을 가지고 있던 고대 그리스인들을 설명하기 위해서 읽기와 쓰기에 대해 언급해야 합니다.

그리스인의 읽기와 쓰기

　기원전 7세기 그리스의 사회상을 한마디로 요약하면, '불안한 사회'였습니다. 농업 생산력이 늘었지만 소수의 사람들에게 농경지의 소유가 집중되는 경제적 양극화가 심각했기 때문입니다. 당시 그리스 농민들은 자급자족 수준으로 영농을 꾸려나갔기 때문에 흉년이 들면 꼼짝없이 굶어야 했습니다. 흉년을 만난 농민들은 살아남기 위해 곡식과 씨앗을 빌려야 했는데, 더 이상 빌릴 데가 없을 경우에는 가족의 생계를 위해 경작지를 떠나 다른 곳에서 일자리를 찾아야 했죠.

　그들이 찾은 새로운 일자리는 대부분 성공한 부농의 소작농이 되는 것이었습니다. 흉년의 상황 속에서도 효과적인 영농 기술을 가지고 있거나 운이 좋았던 농부는 실패한 농부의 경작지를 사용하거나 소유할 수가 있었죠. 그래서 기원전 7세기 후반 영락한 많은 농민들은 자신의 땅을 부유한 재산가에 잃고 생활고가 심각해지자 빚을 갚기 위해 노예로 팔려 가는 사례가 발생하곤 했습니다. 아울러 민주적으로 선출된 행정 관료들이 자주 부패하여 사법의 판결을 내리는 사람들에게는 사회적으로 영향력 있는 인사들의 압력이나 부자들의 뇌물을 물리치고 공정하게 판결을 내리는 사법제도가 절실히 요구되었습니다. 즉 법이 민주적으로 제정되었다 할지라도, 그것을 공정하고 정직하게 운용되지 않는다면 아무런 의미가 없었기 때문입니다.

이러한 상황에서 개혁 정책과 개혁 입법이 필요했는데, 여기에서 그리스인들은 강요나 지위가 아니라 설득이 의사결정의 수단이 되어야 한다는 놀라운 발상을 합니다. 다시 말해, 사람들이 어떤 정치적 제안을 제시할 때는 타당한 이유를 내놓아야 한다는 사상입니다. 자신이 옳다고 믿는 것에 대하여 타당한 이유를 제시해야 하며, 아무 증거도 없이 다른 사람이 자기 이야기를 진실로 믿어주기를 바랄 수 없다는 태도를 강조한 것입니다. 이것은 나이 많은 사람이 해준 이야기라서 혹은 사람들에게 널리 알려진 이야기라고 해서 그것이 자연현상을 설명해주는 진실이 확실하다라고는 인정하지 않으려 했던 초기 이오니아 사상가들의 사고방식이었습니다. 바로 읽기와 쓰기의 산물이었죠.

그리스인에게 읽기는 글자를 읽을 수 있는 능력인 문해력을 의미했습니다. 그리스인의 일상에서 읽기와 쓰기가 중요했던 사람은 상인이나 장인 또는 가게 주인들이었습니다. "다양한 금속 제품의 형태로 부를 축적하고 싶다는 욕망과, 그런 제품을 신분 상징으로 소유하고 싶다는 욕망은 금속 제품을 만드는 금속공에 대한 수요를 높였다. 이러한 과정은 자신의 노동에 대한 물질적 보상에 대한 사람들의 기대 심리에 커다란 영향을 끼쳤습니다."[*]

이런 이유 때문에 문자는 회계기록을 잘 유지하기 위한 수단으로 중요했습니다. 이를 위해 그리스인들은 처음에는 알파벳 문자를 잘 다룬 페니키아인들로부터 알파벳을 배워 상업과 무역의 기록 유지에 활용했습니다. 그리스어 알파벳은 $A, B, \Gamma, \Delta, E, Z, H, \Theta, I, K, \Lambda,$ $M, N, \Xi, O, \Pi, P, \Sigma, T, Y, \Phi, X, \Psi, \Omega$인데, 이 가운데 빨간색으로 표기한 철자인 알파^{A}에서 타우(타프)^{T}까지는 페니키아어에서 유래한 셈어 명칭을 따르고, 파란색으로 표기한 윕실론^{Y}부터 오메가$^\Omega$까지는 그리스인들이 만들어낸 철자입니다.[**] 그래서 그리스가 암흑시대에서 빠져나오는 시기에 고대 근동이 그리스에게 해준 가장 큰 기여가 무엇이냐고 묻는다면 그것은 단연 문자 체계의 전수였다고 말할 수 있습니다. 그리고 이렇게 전해진 문자는 다시 로마로 흘러 들어갔습니다.

이처럼 상인, 장인과 가게 주인들에게 읽기와 쓰기는 그들 간의 일상적인 소통 수단이었습니다. 이들은 오늘날 현대인이 사용하는 문자 메시지처럼 납으로 얇은 판자나 '도편(오스트라콘$^{\delta\sigma\tau\rho\alpha\kappa\sigma\nu}$)'에 짧은 문자 메시지를 적는 형태로 소통했습니다. 기원전 4세기 말 아테네의 시장에서 발견된 접시의 파편에는 시장^{Agora}에서 구입해야

---

[*] 토마스 R. 마틴, 이종인 옮김, 『고대 그리스의 역사』, 가람기획 2008, 40-41쪽 참조.
[**] 하성수, 강지숙 편저, 『그리스어 문법』, 분도출판사 2005, 36쪽 참조.

할 장보기 목록이 적혀 있었습니다. 이러한 일상이 자연스럽게 정치에도 이어져 도편이 오늘날 투표용지처럼 사용되었던 것입니다.

읽기가 쓰기보다 더 중요하게 여겨졌고, 교사와 학생은 계약을 통해 문자를 가르치고 배웠습니다. 오직 부자들만이 아주 일찍부터 교사를 통해 배우기를 시작해서 탄탄한 교육을 받았는데, 읽기와 쓰기는 공적 생활에서 중요한 역할을 하는 데 반드시 필요한 요소였습니다. 그래서 개인의 읽기와 쓰기 능력은 고르지 않게 나타나는데, 분명한 건 읽고 쓸 줄 안다는 것 자체가 곧 힘이자 능력이었다는 겁니다. 상인과 장인, 대지주와 같은 부르주아는 자신들의 부가 영속되기를 바라는 마음에서 자녀들이 읽기와 쓰기를 공부하길 바랐습니다.

반면 노예들은 특별한 예외를 제외하고는 거의 대부분이 문맹이었습니다. 여성의 경우 교육받는 것이 금지되지는 않았지만 그들이 차지하는 변방적인 사회적 지위로 인해 읽기와 쓰기 능력이 제한적이었습니다. 이는 그리스 사회가 가부장적 전통 아래 모든 여자가 신체적으로나 법적으로 그녀 자신을 보호해 줄 공식적인 남자 보호인을 두도록 한 데서 기인합니다. 이러한 제한 탓에 여성에게는 참정권이 주어지지 않았습니다. 그들은 민회에 참석하지 않았고 투표도 하지 않았죠. 다만 여성들은 특정한 민간의 사제직을 갖고 남자들과 마찬가지로 아테네 근처의 엘레우시스에 있는 데메테르 여신의 대중 의례에 참가할 권리를 가졌습니다. 이는 어쩌면 삶의 불평등성에 따른 갈등이나 긴장 해소를 위한 안전판 같은 역할이었을지도 모릅니다.* 여기에서 시간이 지남에 따라 점점 줄어들긴 했지만 여전히 구전 문화가 건재한 가운데 기원전 6세기 말과 4세기 중반 아테네에서 문자의 보급과 책의 존재 사이에 어떤 관계가 있었는지 생각해볼 필요가 있습니다. 가령 소크라테스에게 책은 구술 강연을 위한 기억의 보조 수단으로 필요했지만, 에우티데모스에게 책은 읽고 보존하기 위한 기록된 문서의 창고와 같았습니다. 소크라테스와 에우티데모스 사이에 드러나는 대비는 말로 소통하는 문화에서 기록, 즉 책의 문화로 전환되는 시대를 상징하고 있습니다.

그리고 기원전 5~4세기경에는 최초로 도서 거래에 관한 기록과 함께 도서관의 형성, 산문 작품의 구성과 무엇보다 책 읽기에 바탕을 둔 철학과 과학의 출현이 보고됩니다. 이 가운데 상업적인 도서 거래에 관한 기록은 필사자(비블리오그라포스, βιβλιογράφος)와 서적 판매상(비블리오폴레스, βιβλιοπώλης)에 관한 언급에서 확인할 수 있습니다.

기원전 4세기 저자들은 자신이 읽은 책의 암시, 인용이나 참조를 자신의 산문 작품에 빈번하게 등장시킵니다. 이는 후대의 키케로나 성 아우구스티누스의 탄탄한 글쓰기에서도 발견됩니다. 그래서 이 시기 아테네는 알렉산드리아보다 앞서는 문학의 수도였다고 말해

---

* 토마스 R. 마틴, 이종인 옮김, 『고대 그리스의 역사』, 102쪽 참조.

도 지나치지 않을 것 같습니다. 헬레니즘 시대의 작품들은 단순히 한 권의 책이 아니라 총서였습니다. 총서는 다양한 저술에서 추출한 분야와 세부 사항의 축적을 기반으로 하여 새로운 맥락에서 재배치하고 재구성한 논평, 사전 모음집, 특정 주제에 대한 단행본, 문학·역사·과학·철학 작품이었습니다.

문자와 기록의 발전은 왕국의 재분배적 경제체계를 유지하기 위한 공적 기록과 시민 민주주의에 의한 결정문 형태로 나온 다양한 법문과 법령, 법률의 보관을 위해 공공기록 보관소가 기원전 4세기 말에 건립되는 데까지 이어집니다. 그 공공기록 보관소의 이름은 '어머니의 신들에게 봉헌된 신전'이라는 뜻에서 '메트로온Μητρῷον'이라 불렀습니다. 그리스의 신전들은 아무도 범접할 수 없는 '신들의 집'으로만 사용된 것은 아닙니다. 사실 그 용도에 대해서는 아직도 많은 부분이 정확히 밝혀지지 않았지만, 고대 그리스의 신전은 현대 도시의 안전 금고, 때로는 물류창고와 도서관 역할을 한 공공기관의 건축물 성격을 가졌습니다.

사실 고대 그리스와 이집트는 공공기관을 신전 형식으로 지어 신의 이름으로 명명했는데, 여기에는 신의 권위에 기대어 인간의 범접을 피하고자 한 기대 심리도 있었을 것으로 추정할 수 있습니다. 중요한 건 신전의 용도가 아니라 아테네의 고전 시기에 책, 문서, 비문 등에서 이미 기록 문화와 독서 문화가 확고하게 정착되었다는 걸 알 수 있다는 사실입니다.

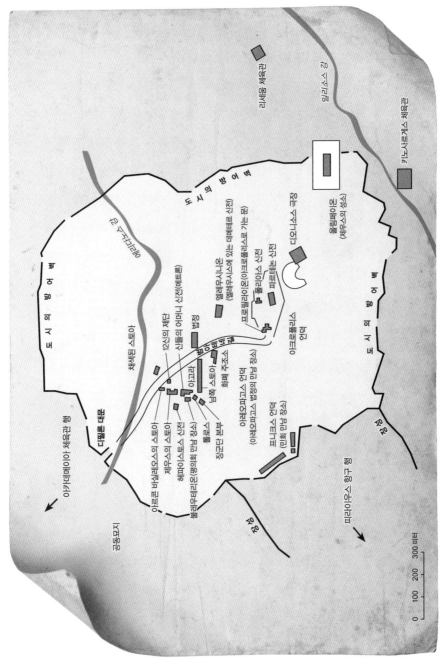

라세움 체육관

일리소스 강

카노사르케스 체육관

도시의 방어벽

올림페이온
(제우스의 성소)

디오니소스 극장

에리다노스 강

체석된 스토아

도시의 방어벽

12신의 제단

신들의 어머니 신전(메트룬)

엘레우시니온

법정

프롤필라이온(아크로폴리스로 가는 문)

아테나 니케 신전

파르테논 신전

도시의 방어벽

아크로폴리스 언덕

남쪽 스토아

원형

헤파이스토스 신전

아고라

헬리아이아(평의회 안치 장소)

화폐 주조소

아레오파고스 언덕

(아레오파고스 법정의 만남 장소)

불레우테리온(평의회 만남 장소)

제우스의 스토아

통로소

아르콘 바실레우스의 스토아

장군단 본부

프니크스 언덕
(민회 만남 장소)

디필론 대문

아카데메이아 체육관 행

공동묘지

케피소스 강

피라이우스 항구 행

0   100 200 300 미터

기원전 5세기 말경의 아테네*

지성의 보고: 도서관과 박물관

　현대인인 우리는 고대 세계에 갖는 문화적 편견이나 우월감뿐만 아니라 우리 시대만 더 심하다고 느끼는 변화의 속도, 그로 인한 삶의 고달픔에 대한 인식을 좀 바꿔야 할 듯싶습니다. 비록 현대의 탈것과 이동 수단, 통신의 빠르기만큼은 아니더라도 고대 시대를 살았던 사람들 역시 충분히 어지러울 정도의 변화 속도를 따라가느라 무척이나 고달팠을 것입니다. 하지만 그들 역시 오늘날의 문화에 못지않은 찬란한 문화를 만들고자 했다는 점을 생각해야 합니다. 그리고 무수한 고달픔 속에서 끊임없이 삶에 대해서도 질문했습니다. 인간은 어디에서 와서 어디로 가는지, 삶은 또 왜 이리 불공평한지, "돈이 곧 사람이라네. 가난한 사람치고 선량하거나 명예로운 사람은 있을 수가 없어(알카이오스, PLF, no.360)"**라는 푸념은 마치 오늘의 현실처럼 들립니다.

　이런 가운데 우리의 '반가사유상'에 해당하는 기원전 250년 그리스의 사유상을 살펴보는 것도 흥미로운 일입니다. 현재 대영박물관에서 소장하고 있는 이 작품은 기원전 230년경 클레안테스(Κλεάνθης)라는 철학자의 사유상입니다. 그는 고대 그리스 스토아 학파의 창시자인 제논의 후계자로 알려져 있습니다. 예술성이 반가

---

* 　토마스 R. 마틴, 이종인 옮김, 『고대 그리스의 역사』, 172쪽 참조.
** 　같은 책, 105쪽 참조.

클레안테스의 사유상(왼쪽)과 반가사유상(오른쪽)

사유상에 미치지 못한다고 생각하는 사람도 있을 수 있지만, 사실성에 입각한 헬레니즘 미술과 반가사유상보다 대략 800~900년 정도 앞선 작품이며, 인간의 고뇌와 사유를 표현했다는 측면에서 여러 생각할 거리를 주고 있습니다. 또한 불교의 영향을 받은 그리스 철학과 예술의 한 단면을 추측해 볼 수 있는데, 그 대표적인 인물이 피타고라스입니다. 그의 철학 역시 불교의 영향을 받은 것으로 추측됩니다.

고대 그리스 도시에서 웅변가, 철학자, 시인, 극작가, 지적 활동을 하는 사람은 항상 청중에게 자신의 목소리나 다른 사람의 목소리를 빌려서 말했습니다. 홀로 혹은 무리를 지은 극단의 목소리를 통해 직간접적으로 이야기했지요. 폴리스^{polis} 문화에서 잘 알려지지 않은 공공도서관에서는 도시의 학자들 강좌는 없었지만, 담화, 서사시 낭송, 오페라 공연, 철학적 담론 등이 있었습니다. 이것이 가능했던 이유는 기원전 5~4세기경 이미 책이 널리 보급되었기 때문입니다. 헬레니즘 시대 이전에 책은 읽는 용도보다는 원문을 정한 뒤 보관하고, 음악을 곁들여 낭독하거나 낭송하는 걸 돕는 보조 도구의 역할을 했습니다. 그리고 도서관은 주로 지식인이나 철학 학파 소유의 사립 또는 전용 도서관의 성격을 가졌습니다.*

반면 알렉산드리아에서 지성의 보호구역으로 대표되는 것은 '무

---

* Cf. G. Cavallo, *Scrivere e leggere nella città antica*, pp. 40-41.

제오^{Museo}', 즉 오늘날 '박물관'으로 번역되는 것이 있었습니다. 하지만 알렉산드리아의 무제오는 유물의 수집과 전시가 아니라 그 어원이 가리키는 것처럼 무사^{mousa} 여신들이 상징하는 각 학문과 예술 분야를 연구하는 것이 주목적인 연구기관이면서 도서관이었습니다.** 무제오는 도시와 사회의 공동생활과 분리된 외딴곳에 있었는데, 물리적으로 궁전과 묘가 포함된 왕실 구역인 '부르키오^{Bruchion}'의 일부였지요. 박물관은 회랑과 현관이 있는 거대한 건축물이었는데, 학자들은 그곳에서 공동으로 식사를 했습니다. 돈은 개인적으로 소유할 수 없었고 공동체 전체에 속했으며, 구조와 조직, 목적과 방법은 부분적으로 아테네의 소요학파, 아리스토텔레스나 테오프라스토스(Teofrasto, 기원전 372~287, 고대 그리스 철학자)의 학교 모델을 따랐습니다. 학예, 시가, 음악과 무용을 관장하는 아홉 여신의 하나인 '뮤즈^{Muse}'의 성소와 제단이 있었고 전속 사제가 배정되었습니다(스트라본^{Strabone}, 17, I, 8).

아테네의 '소요학파 학교'나 '플라톤의 아카데미' 그리고 알렉산드리아의 '무제오' 사이에는 근본적인 차이가 있었습니다. 아테네의 학교들은 알렉산드로스의 후원을 받았지만 자유로운 협회였던 반면, 왕립인 무제오는 뮤즈의 신전에 설치되었고 도서관과 학자들처럼 왕궁 소속 군주의 재산이었습니다. 무제오와 도서관은 철저히

** 스티븐 그린 블랫 지음, 이혜원 옮김, 《1417년, 근대의 탄생: 르네상스와 한 책 사냥꾼 이야기》, 까치, 2013, 111쪽 참조.

외부와 도시에 대해 폐쇄적이었고, 왕의 학자들은 그 자체로 공적 성격을 가졌습니다.

이집트에서는 기록 문화가 조직화되면서 파라오는 아무리 늦어도 기원전 2천 년에는 성전기사단의 도서관에 대해 알고 있었을 것입니다. 프톨레마이오스 시대에는 에드푸Edfu에 있는 황금 신전의 건물 중심부가 도서관으로 사용되었습니다. 또 다른 증거로 유적지의 폐허에서 발견된 엘레판티나Elefantina의 도서관에는 기원전 9세기와 6세기 사이의 서로 다른 수천 개의 의학, 마술, 문학 작품 등을 기록한 두루마리 조각이 있었고, 대략 기원전 천 년보다 더 오래된 인물에 대한 내용도 있었다고 합니다.

그러나 우리가 이집트의 도서관에 대해서 숙고해야 할 또 다른 점은 도서관에는 '생명의 방'과 '책의 방'이 있었고 이들 사이에 긴밀한 상호작용이 있었다는 것입니다. '생명의 방'은 신전의 일부로 그곳에서 글쓰기를 가르치고 필사본을 베꼈습니다. 그리고 '책의 방'은 그것들을 보관하는 도서관으로 사용되었습니다. 도서관의 건립 장소는 대부분 신전이었는데, 그에 따라 도서관 자체가 신성한 것의 일부로 간주되었습니다.*

---

* Cf. G. Cavallo, *Scrivere e leggere nella città antica*, pp. 42-50.

책 읽는 인간

인간은 누군가로부터 이야기를 전해 듣고, 그 이야기 가운데 전달할 만한 내용을 뽑아 또다시 누군가에게, 세대에서 세대로 전달합니다. 이렇게 전달된 작품 중 대표적인 것이 바로 신구약 성경입니다. 누군가로부터 이야기를 듣고 거기에서 가려 뽑은 내용을 다른 이에게 전달하는 행위에서 '강의, 강연'이라는 영어 단어 'lecture'가 나오게 됩니다. 'lecture(강의, 강연)'는 'lĕgo' 동사의 미래분사 'lecturus'에서 파생한 명사입니다. 이 말의 유래는 라틴어 동사 'lĕgo'를 의미하는 '읽다, 낭독하다'에서 왔는데, 이 동사의 원래 의미는 '들판에 핀 꽃이나 잡초를 뽑거나 책의 본문에서 단어를 추려내는 것'이었습니다. 여기에서 '뽑다, 선택하다'라는 뜻이 정착되고, 책을 읽고 가르치는 것을 의미하는 동사가 되었습니다. 이러한 이유로 'lĕgo'의 파생 동사는 '고르다, 선택하다'라는 의미를 내포하고, 이 동사에서 '뽑다, 선택하다'라는 의미의 동사 'eligo'가 파생하게 됩니다. 그리고 이 동사의 과거분사인 'electus'에서 영어의 'elect(선출하다)'라는 단어가 파생합니다. 그리고 뽑힌 것은 우아하고 고상하다고 여겨 '우아한, 고상한'을 의미하는 라틴어 형용사 'elegans'도 여기에서 파생합니다.**

** 한동일,《한동일의 라틴어 산책》, 언어평등, 2023, 188-189쪽 참조.

그렇다면 뽑힌 것이 아름답고 고상하다는 생각은 어디에서 기인하는 것일까요?

현생 인류는 엄청난 먹을거리들에 둘러싸여 있지만, 정작 건강한 먹을거리, 자신이 소화할 수 있는 먹을거리는 부족한, 이른바 풍요속의 빈곤을 겪고 있습니다. 이를 세대 간 불평등이라고 하지만, 각 세대는 사막을 지나 교역을 했던 대상들처럼 자신이 마실 수 있는 얼마 안 되는 물로 인해 목마름과 갈증을 겪고 있는지도 모릅니다. 마치 물난리가 나 온 동네가 물에 잠길 정도로 물은 풍부하지만 정작 마실 만한 깨끗한 물이 없는 것과 같습니다.

여기에서 우리는 부조리한 인간, 부조리한 사회를 매일의 일상처럼 마주하게 됩니다. 인간 사회의 부조리함은 아마도 인간의 뇌에서가 아니라 인간의 위 때문에 유발됐는지도 모릅니다. 야생동물에 관한 다큐멘터리에서는 사냥 이후 배가 부를 만큼 먹으면 더 이상 욕심내지 않고 한쪽에 앉아 휴식을 취하거나 다른 동물이 먹도록 물러나는 장면을 가끔 볼 수 있습니다.

야생동물의 세계에서는 '비축'이나 '축적'이라는 개념이 없이 배고플 때 필요한 만큼만 먹는 게 일반적으로 보입니다. 초식동물을 잡아먹는 육식동물의 모습에서 언뜻 잔인하다는 생각이 들다가도, 인간 세계는 지금의 배고픔 이상으로 재화를 축적하면서 많은 이들이 배고픈 상태에 놓이게 된다는 것을 생각할 때, 오히려 약육강식의 야생동물의 세계가 인간 세계보다 덜 잔인하고 더 정직하지 않을까 하는 생각이 들 때면 왠지 쓸쓸해지곤 합니다.

음식을 통으로 소화시킬 수 없는 인간은 소화시킬 수 있는 형태의 음식을 생각하게 됐고 여기에서 요리가 발전하게 됩니다. 소화시킬 수 있는 음식을 얻기 위해 인간은 곡물을 기르고 동물을 가축화했는데, 이것은 인간이 수렵 생활에서 농경 생활로 가는 변화를 가져오고 고도로 계층화된 비평등한 사회로 나아가는 원인이 되었다고 합니다.

인간의 부조리함은 뇌가 아니라 위에서 시작되었는지도 모르지만, 인간은 역설적으로 그 부조리함을 해결하기 위해 위가 아니라 뇌에 의지하게 됩니다. 인간이 뇌에 의지하게 되면서 언어가 파생되고, 여기에서 모든 인간관계의 관계성과 깊이가 나오게 되는데, 그 가운데 인간이 선택한 단어는 무엇을 '뽑고 선택'하는 것이었습니다. '뽑다, 선택하다'라는 단어는 처음에는 들판에 핀 꽃이나 잡초를 뽑아내는 것이었다가, 그 개념이 점차 선택받고 뽑힌 '우월'의 개념으로 변해 갑니다. 그렇게 선택받은 것은 우아한 것이라고 여겼습니다. 이는 '뽑다, 선택하다'와 '우아한'을 의미하는 라틴어 동사를 분석해 보면 알 수 있지요.

책은 인간의 사고나 지식체계 가운데 의미 있다고 선택된 것들을 기록한 것입니다. 중요한 것, 이로운 것, 유용한 것, 가치 있는 것, 더 나아가 '핵심', '정수精髓'일 수 있습니다. 그 내용을 읽고 익혀서 내 것으로 만들면서 성장과 성숙에 이르는 것이 결국 공부인 셈입니다. 그러나 진실로 깊은 배움은 거기에서 멈추지 않기도 합니다.

인간은 태어나면서 나와 너를 구분하는데, 그로 인해 **사람과 사람 사이에는 담이 존재**합니다. 그 담은 내가 쳐 놓은 것일 수도 있고, 타인이 쳐 놓은 것일 수도 있습니다. 이 담을 경계로 인간은 담 안에서 스스로가 그려놓은 모습으로, 담 밖의 타인이 그려놓은 수많은 모습으로 살아가다 생을 마감하는 존재가 아닐까요? 담 안에서 존재하는 인간. 이러한 존재적 특성으로 다가오는 외로움과 고독, 혼자라고 느끼는 감정은 떨치기가 힘든 것이고 오늘날 현대인의 주된 감정이기도 합니다. 외로움, 혼자 있음을 뜻하는 라틴어는 'solitudo'인데, 이 단어는 지리적으로는 '광야'를 의미합니다. '혈혈단신의 사고무친'을 의미하기도 하고요.

> 위로와 도움을 찾는 고통은 어디에나 있기 마련입니다. 외로움은 어디에나 있습니다.
>
> Semper dolor aderit in eo qui solacio indiget et auxilio. Semper aderit solitudo.
>
> (베네딕도 16세, 하느님은 사랑이시다Deus caritas est, II, §28 b)

이 문장을 접했을 때 무릎을 '탁' 치며 공감할 수밖에 없었습니다. 나만 외로운 것이 아니며 인간은 원초적으로 외로운 존재라는 것을 새삼 깨달은 것처럼 말이죠. 그런데 "사람들은 고립을 자초하고는 (그것을) 평화라고 부릅니다Solitudinem faciunt, pacem appellant"

(Tacitus)라는 말대로 사는 제 자신을 볼 때가 더 많았습니다.

오랜 시간 긴 유학 생활을 하는 동안 저는 외로움을 달래기 위해 친구를 찾고 놀이를 찾았습니다. 하지만 그 뒤에 찾아오는 건 충만한 행복이 아니라 텅 빈 공허함일 때가 많았습니다. 그래서 이 외로움이 인간의 존재적 특성에서 오는 근본적으로 해결될 수 없는 것이라면 그걸 받아들이자고 마음먹었습니다. 더 나은 선택, 진정한 최선이 되기 위해 공부해야 한다고 스스로 다짐하고 고립을 자초한 면도 있었지만, 그것은 지금 생각해도 서른이라는 나이에 유학을 시작한 제가 선택할 수 있는 최선이었습니다.

30여 년 간 저는 '책 읽는 인간'으로 살며 이런 결론에 이르렀습니다. 우리가 공부하는 이유는 무엇을 배우고 익혀 더 지혜롭고 더 똑똑해지는 것에서 나아가, 궁극적으로 담 안에서 바라보는 나는 물론이고 담 밖의 타인을 통해 바라보는 나까지 알아가는 여정일지도 모른다고요. 자기 발견과 자기 성장은 물론이고 사회 속에서 나의 사명과 역할을 찾아가는 과정이 궁극적인 공부가 아닌가 합니다.

자기 자신을 알고, 자기 역사를 알고, 공동체의 역사를 알아가는 과정이 흥미와 호기심을 가지고 깊은 사고를 통해 숙성된 생각이 되었을 때 성숙한 시민의 진가는 발휘됩니다. 그리스 3대 비극작가 중 한 명인 에우리피데스(기원전 480~기원전 406)의 작품 〈구원을 청하는 여인들Hiketides〉에서 "무엇보다도 보편법이 부재할 때, 도시를 위한 전제 군주의 적은 더 이상 아무도 없다. 그 스스로가 법을 만들면서, 오직 한 사람만이 권력을 갖는다. 그리고 평등은 전혀 없다. 그러나 성문법이 있을 때는 가난한 사람이나 부유한 사람이나 평등한 법을 갖는다"*라고 묘사했습니다.**

고대 그리스인들은 가난한 자나 부유한 자나 '법이 문자로 쓰여 있다면…'에서 시작한 기록에 대한 갈망으로 문자도 만들고 책도 만들고 도서관도 만들었습니다. 비록 당대는 문자를 아는 사람이 소수였고 부나 권력의 영속 차원에서 자신의 자녀에게 문자를 가르치려 했지만 말입니다.

현대는 모든 문자가 대중에게 열려 있고 누구나 기본적으로 읽고 쓰는 것이 가능합니다. 인류의 도서관은 진화했고 마음만 먹으면 누구나 책을 가까이 할 수 있습니다. 지금 세대의 생각이 어느 때보다 거칠다고 하는데 그것을 소화되기 쉬운 음식으로 만드는 것은 결국 읽기와 쓰기입니다. 읽기와 쓰기는 두 가지처럼 보이지만 그 사이에 사고하기는 반드시 수반되어야 하는 일이기 때문입니다. 그 보이지 않는 사고하기가 인간을 변화시킵니다.

생각하는 힘을 갖게 되는 공부에 대한 고려를 깊이 해야 할 때입

---

* Hiketides, 429~434. "Nulla v'è per una città più nemico d'un tiranno, quando non vi sono anzitutto leggi generali, e un uomo solo ha il potere, facendo la legge egli stesso a se stesso; e non v'è affatto eguaglianza. Quando invece ci sono leggi scritte, il povero e il ricco hanno eguali diritti" *Eguaglianza*, in *Enciclopedia del Novecento*, 1977, http://www.treccani.it/enciclopedia/eguaglianza_ (Enciclopedia_ Novecento).

** 한동일, 『법으로 읽는 유럽사』, 글항아리, 2018, 356쪽 참조.

니다. 단순한 논술시험을 위한 공부가 아니라 아이 때부터 습관적으로 읽고 생각하고 쓰는 일이 필요합니다.

지금의 교육은 학생들에게 자신의 생각을 말하라 하는데도 정작 학생들은 다른 공부로 바빠 생각할 시간이 없고, 그것이 반복되다 보니 점점 생각하기 싫어하는 경향이 만연해졌습니다. 또한 4지 선다형 문제에서 답을 찾는 교육으로는 4지 선다형 답이 존재하지 않는 현대 세계에서 답을 찾는 데 한계가 있습니다. 글을 쓰는 사람들도 생각해야 할 것이 많은 때이기도 합니다. 나의 글이 과연 읽는 사람이 쉽고 빠르게 이해할 수 있는 것인가에 대해서 말이지요. 그래서 그리스인들의 읽기와 쓰기가 그 시작은 상업적 일에 종사하는 사람들이 셈을 하기 위한 것이었다고 해도, 기원전의 찬란한 그리스 문명을 생각하면 그 동기를 절대 과소평가할 수 없습니다. 어쩌면 그 동기가 시작이자 전부일 수 있습니다.

순경과 역경을 통한 500미터 진보

21세기를 살아가는 현생 인류에게는 어느 시대의 인류와 마찬가지로 순경과 역경이 존재합니다. 순경은 라틴어로 '레스 세쿤대 res secundae'라 하고 역경은 '레스 아드베르새 res adversae'라고 합니다. 'res secundae'는 거꾸로 거스르지 않는 자연스러운 방향으로 흘러가는 상황을 의미하고, 'res adversae'는 거꾸로 거슬러 역류해 가는 상황을 의미하는 말입니다. 인간은 이처럼 완전히 다른 속성의 순경과 역경을 가진 모순된 존재로서, 순경과 역경 자체를 순화시켜 나아가고자 했습니다. 그것을 인류는 '진화'나 '발전' 또는 '발명'이라고 불렀습니다.

이제 우리 시대의 절대 결핍 요소처럼 다가오는 코로나19는 현재의 우리를 어떠한 방향으로 나아가게 할까요? 포스트코로나 시대는 어느 분야나 코로나 이전의 시대와는 크게 달라질 것으로 전망되고 있습니다. 역사적으로 큰 희생자를 내며 강타한 전염병은 인류의 삶을 큰 방향으로 달라지게 했지요. 중세 유럽은 흑사병으로 인해 노동력이 부족했고, 그로 인해 장인과 농촌 노동자는 높은 급료를 요구할 수 있었습니다. 이 때문에 봉건 제도에서 시행되던 농노 제도가 완화되면서 서유럽에서 사회적 이동이 촉진되었는데, 이것이 봉건주의의 기반을 흔들고 이전과는 다른 유동적인 사회를 탄생시키는 데 도움을 주었습니다.*

인류의 진화라는 측면에서 두 발 보행 능력의 발달은 뇌 용량의 발달에 앞서 일어난 것으로 여겨집니다. 두 발 보행 능력은 인류에게 키 큰 풀 너머의 먼 곳을 볼 수 있게 했고,** 기후 변화에 따른 추위와 가뭄을 피해 더 나은 삶의 환경을 찾아 나서게끔 했는지도 모

---

* 루이스 다트넬 지음, 이충호 옮김, 『오리진』, 흐름출판, 2020, 292쪽 참조.
** 같은 책, 30쪽 참조.

룹니다. 곧 몇 뼘 높아진 인간의 시선은 지금 살고 있는 곳 너머의 세상을 보고 꿈꾸게 했는지도 모릅니다.

하지만 이러한 변화는 우리가 생각하는 것처럼 그렇게 빠르고 광범위하게 펼쳐지지 않았습니다. 아프리카에서 출현한 현생 "인류가 아라비아반도에서 남유라시아 해안을 따라 중국까지 확산해 간 평균속도는 1년에 0.5km"밖에 안 되었습니다.*** 그렇게 인류는 수십만 년 동안 아주 조금씩 더디게 이동해서 오늘날 세계 구석구석에서 삶의 터전을 이루고 살게 됩니다.

새로운 정착지를 향한 인류의 이동이 아주 더뎠기 때문에 인간 사고의 변화 역시 그처럼 더디게 변화하는 걸까요? 인간에게 마음이 있는 지능이 탄생하기까지 수십억 년이 걸렸습니다.**** 하지만 인간은 때로 개혁과 혁명 그리고 쇄신을 꿈꿉니다. 일 년에 500미터 남짓밖에 이동하지 못한 인류가 생각의 변화에서는 천지개벽을 꿈꾸기도 합니다.

야생의 세계에서 장애를 안고 태어난 동물은 쉽게 버림 받지만, 인간의 세계는 장애를 안고 태어나는 사람과 어떻게 하면 함께 잘 살아갈 수 있을까를 고민합니다. 다만 생각이 현실이 되는 데 걸리는 시간 때문에 고민할 수는 있습니다. 우리 인간은 어쩌면 생각이

*** 같은 책, 79쪽 참조.

**** 안토니오 다마지오 지음, 고현석 옮김, 박문호 감수, 『느끼고 아는 존재』, 흐름출판, 2021, 73쪽 참조.

현실이 되느냐 마느냐의 문제보다 그 시간 때문에 행동하기를 주저하는 것이 아닐까요? "될 거야"라고 희망했다가도 "언제 될까?"라는 지점에서 풀이 죽을 수 있다는 말이지요.

그렇게 하기 위해 우리에게 필요한 건 **'인정'**과 **'판단'**이라고 생각합니다. 하지만 '인정'은 내 몫인 반면, '판단'은 타인의 몫이라는 점을 전제해야 할 겁니다. 언제든 생각이 현실이 되기 위해서는 자신의 내부에서 수많은 부조리와 모순을 먼저 인정할 수 있어야 합니다. 그래야 새로운 모색과 도전이 가능해집니다. 그렇게 인고의 시간을 겪고 나온 생각과 제안, 아이디어는 타인, 즉 다른 사람의 판단을 받습니다. 판단에는 내 몫이 없습니다. 그저 귀 기울일 뿐이지요.

변화는 이러한 지난한 과정을 거치며 일 년에 500미터씩 다가오는 것일지도 모릅니다. 인간은 모든 동물 중에 몸과 정신이 가장 더디게 성장한다는 것을 생각할 때 이렇게만 될 수 있어도 큰 진화이자 발전이 아닐까요? 그래서 오늘도 저는 상상합니다. 인간 사고의 깊이가 일 년에 500미터씩이라도 진보할 수 있기를 말입니다. 그 지혜를 고대 그리스와 로마의 문화에서 찾을 수 있습니다.

이집트, 중국, 인도 등 인류의 문명사에는 각기 다른 위대한 특징이 있지만 현대의 우리가 그리스와 로마를 다시 들여다봐야 하는 이유는 현대 사회가 당면한 고민의 열쇠를 찾을 수 있기 때문입니다. 이미 기원전에 이들은 오늘날에도 직면한 사회적 불안과 고통에 처한 사람들의 현실을 꾸준히 직시했습니다. 그걸 어떻게 해야 더 나은 방향으로 사회가 반영할 것인가에 대해 고민했고, 그 흔적들이 남아 우리에게 여전히 현대적인 모델을 제공하고 있습니다. 그들은 더 나은 사회로 나아가기 위해서는 변화를 바라는 주체가 끊임없이 요구해야 한다고 생각했습니다. 문자로 함께 지켜야 할 규약을 기록하며 당시에 이미 공정과 정의에 대한 개념을 가지고 있었다는 점만 보더라도, 인간적인 사회를 추구하는 사람들이 여전히 그리스 로마를 탐구할 수밖에 없는 이유를 알게 됩니다.

이제 우리 사회는 진보된 생각을 현실에서 이루기 위해 그리스 로마 문화의 역사가 그랬듯 어린 학생일 때부터 공부에 대한 동기와 목적을 한 차원 높은 곳으로 끌어올리는 노력을 기울여야 할 때라고 생각합니다. 그것은 포스트코로나 그 다음 시대를 준비하는 우리 사회의 올바른 책임이지 않을까 합니다.

Lectio Linguae Latinae

내 안의 위대한 유치함

Magna puerilitas quae est in me

❖ 〈죽은 시인의 사회〉라는 영화를 기억하나요? '카르페 디엠Carpe diem'이라는 대사로 유명하죠? 오늘에 집중하고 현재를 살라는 의미의 라틴어인데요, 여기저기 많이 인용되고 있어 영화를 보지 않은 분들도 이 말은 알고 있을 겁니다. 그런데 다음의 사실은 영화를 본 분들이라도 잘 모를 거예요. 영화 속에서 한 학생이 스스로 목숨을 끊는데 그가 자살하기 전까지 스트레스를 받으며 지겹도록 외우던 것이 바로 라틴어 동사 변화라는 사실입니다.

예전 텔레비전 시사 프로그램 〈썰전〉에서 유시민 작가와 전원책 변호사의 대화 중에도 라틴어에 대한 이야기가 나왔는데, 두 사람의 이야기를 종합하면 기승전결, '라틴어는 어렵다'는 것이었습니다. 영화 〈검은 사제들〉에서 부제 역할을 맡았던 강동원 씨도 한 인터뷰에서 영화 속에 등장하는 라틴어를 배우다 트라우마가 생길 것 같았다고 하더군요.

저도 대학교에서 라틴어 강의를 할 당시에 학기 시작할 때마다 학생들에게 이야기하곤 했습니다. 아직 늦지 않았으니 수강 취소를 해도 된다고요. 실제로 라틴어는 공부하기 어려운 언어입니다. 지금은 쓰이지 않는 언어이기도 하고요.

하지만 라틴어는 지금도 우리 생활 곳곳에서 만날 수 있습니다. 유비쿼터스, 비전, 아우디, 에쿠스, 아쿠아, 스텔라 등과 같이 익숙한 말들 모두 라틴어이거나 라틴어에서 온 말들입니다. 대학이나 기업이 표방하는 모토 중에도 라틴어로 된 것들이 많습니다. 아마도 "라틴어로 말한 것은 무엇이든 고상해 보인다Quidquid Latine dictum sit altum videtur"라는 생각 때문인 것 같습니다. 하지만 모두가 같은 생각을 했던 것 같지는 않습니다.

Non tam praeclarum est scire Latinum quam turpe nescire.
논 탐 프래클라룸 에스트 쉬레 라티눔 쾀 투르페 네쉬레.
라틴어를 모르는 것이 추하지 않은 만큼 라틴어를 아는 것도 고상하지 않다.

고대 로마의 정치가이자 저술가로 라틴어의 대가로 불리는 키케로(Marcus Tullius Cicero, B.C. 106~B.C. 43)가 한 말입니다. 그는 더 나아가 '지긋지긋한 라틴 문학'이라고 표현하기도 했습니다. 그의 말을 통해 알 수 있는 것은 라틴어가 공용어였던 로마 제국에서조차 이 언어를 아는 사람이 많지 않았고, 모르는 것에서 오는 두려움이나 편견은 그때에도 있었다는 사실입니다. 실제로 그 당시에는 로마 제국의 확장으로 더 많은 사람들이 라틴어를 사용할 수밖에 없는 상황이었음에도 불구하고 역설적으로 라틴어에 대한 문맹률이 높았습니다. 즉 라틴어를 잘 익히지 못했다는 이야기입니다. 그렇다면 사람들은 제국의 공용어인 라틴어를 왜 잘 배우지 못했을까요?

무엇보다 라틴어는 문법이 굉장히 복잡합니다. 명령법, 부정법, 분사, 동명사, 목적분사를 뺀 대략의 능동태만 해도 60여 가지가 넘습니다. 동사의 다양한 어미변화는 물론이고 수동태의 어미변화는 더 복잡해요. 그런 까닭에 사람들은 지레 겁먹고 공부의 가시적인 성과를 보기도 전에 이미 질려버립니다. 하지만 이 고비들을 잘 넘기고 복잡한 문법 체계를 익히고 나면 확실히 공부하는 훈련이 됩니다. 어렵고 미묘한 문제와 마주해도 별로 힘들게 느껴지지 않습니다. 신기한 일이죠? 오래 해보면 깨닫게 되겠지만 라틴어 공부는 평범한 두뇌를 공부에 최적화된 두뇌로 활성화시키고 사고 체계를 넓혀줍니다.

우리가 천재라고 알고 있는 레오나르도 다빈치도 처음부터 뛰어난 두뇌의 소유자는 아니었습니다. 그는 서른여섯에 라틴어를 독학으로 공부하기 시작했는데, 이탈리아어로 번역되지 않은 문학, 철학, 역사 고전을 읽기 위해서였습니다. 인문학을 통해 자신의 두뇌를 새롭게 바꾸고 싶어했어요. 다빈치는 타고난 천재들의 사고를 따라가지 못해 애를 먹었지만 포기하지 않았고, 인문학 고전들을 라틴어 원전으로 읽으면서 묻혀 있던 천재성을 발휘할 수 있었죠.

또한 라틴어는 몹시 조직적이고 수학적인 언어입니다. 동사 하나의 변화가 160여 개에 달합니다. 명사 하나만 봐도 호격을 제외하고 단·복수가 각각 1격에서 5격까지 다섯 가지로 변합니다. 명사를 꾸미는 형용사의 형태도 명사의 성, 수, 격에 맞게 다 일치해야 합니다. 조직적이고 체계적이죠. 이런 언어를 훈련하다 보면 자연스럽게 암기하는 방법, 공부에 대한 접근법이 자기 나름대로 생깁니다. 사고의 책장이 마련되어 어떤 칸에 어떤 책을 꽂을지 체계가 생기는 것과 같습니다. 이것이 바로 라틴어 공부의 진면목이자 라틴어로 쓰인 것들이 심오하고 고상해 보일 수 있는 또 하나의 이유입니다.

백문이 불여일견이라 했으니 동사 하나의 활용표를 직접 보는 게 좋겠습니다. 오른쪽은 '도do' 동사의 변화표입니다. 라틴어는 규칙동사만 해도 제1활용에서 제4활용 동사까지 네 가지 유형이 있고, 여기에 또 다른 규칙동사인 탈형동사도 제1활용에서 제4활용까지 네 가지 유형이 있습니다. 탈형동사가 끝나고 나면 반탈형동사

〈라틴어 do 동사 활용표〉

직설법		능동형		수동형	
		단수	복수	단수	복수
현재	1p	do	damus	dor	damur
	2p	das	datis	daris(-re)	damini
	3p	dat	dant	datur	dantur
미완료	1p	dabam	dabamus	dabar	dabamur
	2p	dabas	dabatis	dabaris(-re)	dabamini
	3p	dabat	dabant	dabatur	dabantur
미래	1p	dabo	dabimus	dabor	dabimur
	2p	dabis	dabitis	daberis(-re)	dabimini
	3p	dabit	dabunt	dabitur	dabuntur
단순 과거	1p	dedi	dedimus	datus, -a, -um sum	dati, -ae, -a sumus
	2p	dedisti	dedistis	datus, -a, -um es	dati, -ae, -a estis
	3p	dedit	dederunt(-ere)	datus, -a, -um est	dati, -ae, -a sunt
과거 완료	1p	dederam	dederamus	datus, -a, -um eram	dati, -ae, -a eramus
	2p	dederas	dederatis	datus, -a, -um eras	dati, -ae, -a eratis
	3p	dederat	dederant	datus, -a, -um erat	dati, -ae, -a erant
미래 완료	1p	dedero	dederimus	datus, -a, -um ero	dati, -ae, -a erimus
	2p	dederis	dederitis	datus, -a, -um eris	dati, -ae, -a eritis
	3p	dederit	dederint	datus, -a, -um erit	dati, -ae, -a erunt

접속법		능동형		수동형	
		단수	복수	단수	복수
현재	1p	dem	demus	der	demur
	2p	des	detis	deris(-re)	demini
	3p	det	dent	detur	dentur
미완료	1p	darem	daremus	darer	daremur
	2p	dares	daretis	dareris(-re)	daremini
	3p	daret	darent	daretur	darentur
단순 과거	1p	dederim	dederimus	datus, -a, -um sim	dati, -ae, -a simus
	2p	dederis	dederitis	datus, -a, -um sis	dati, -ae, -a sitis
	3p	dederit	dederint	datus, -a, -um sit	dati, -ae, -a sint
미래 완료	1p	dedissem	dedissemus	datus, -a, -um essem	dati, -ae, -a essemus
	2p	dedisses	dedissetis	datus, -a, -um esses	dati, -ae, -a essetis
	3p	dedisset	dedissent	datus, -a, -um esset	dati, -ae, -a essent

명령법		능동형		수동형	
		단수	복수	단수	복수
현재	2p	da	date	dare	damini
미래	2p	dato	datote	dator	-
	3p	dato	danto	dator	dantor
부정법		능동형		수동형	
현재		dare		dari	
과거		dedisse		datus, -a, -um esse	
미래		daturum esse		datum iri	

분사	동명사	능동형 목적분사
현재: dans, -ntis	gen. dandi dat. dando	datum
미래: daturus, -a, -um	acc. dandum abl. dando	
과거분사	동형사(수동형 당위분사)	수동형 목적분사
datus, -a, -um	dandus, -a, -um	datu

가 있고 그 다음에야 비로소 불규칙동사가 나옵니다. 엄청 복잡하죠? 어쩌면 공부할 엄두가 나지 않는 게 당연해 보입니다.

하지만 유럽을 비롯한 서양의 교육 문화에서 라틴어 학습은 오늘날에도 중요하게 강조되고 있습니다. 예를 들면 이탈리아에서는 대부분의 유럽 국가와 마찬가지로 중학교에서 고등학교로 진학할 때, 학생과 학부모는 우리나라로 치면 인문계 및 자연계 학교인 일반 고등학교와 실업계인 기술 고등학교 중 어디에 진학할지 결정해야 합니다. 그리고 각 분야에 따라 이수 내용과 학과목이 현격히 달라지는데 그 가운데 한 과목이 바로 라틴어입니다. 라틴어는 인문계 고등학교를 진학한 학생들만 공부하고, 일반 고등학교를 졸업한 학생들이 주로 대학에 진학합니다.

그리고 대학에 들어가기 위해서는 우리의 수능시험의 일종인 '마투리타maturità'라는 고등학교 졸업 시험을 치러야 합니다. 이 시험을 통과해야만 학생들은 고등학교를 졸업했다는 졸업장, '디플로마diploma'를 받게 되죠. 그런데 이 디플로마를 받기가 무척 까다롭습니다. 제가 기억하기로 디플로마를 받기 위해서는 이틀 동안 시험을 치르고 한 번의 면접을 거쳐야만 해요. 그중 첫째 날 첫 번째로 치러야 하는 과목이 고전어 능력으로, 라틴어와 그리스어에 대한 실력을 평가합니다. 이때 고사장에는 확인받은 라틴어 사전과 그리스어 사전, 필기구만을 지참할 수 있습니다. 그 다음 날엔 우리나라 시험과 비슷한 과목의 시험을 보고요. 결국 라틴어를 잘하지 않고서는 대학에 진학하기가 어렵다는 말입니다. 그런 의미에서 라틴어는 유럽의 고등학생들에게 그저 죽은 과거의 언어가 아니라 우리의 수능 영어나 국어에 해당할 정도로 비중이 높은 과목인 것이죠. 그런 까닭에 서점에 가보면 교재 코너에 진열된 다양한 라틴어 학습서들을 볼 수 있습니다.

고등학교 졸업 시험인 마투리타를 통과하면 의대를 제외하고 어느 대학 어느 학과든 원하는 곳에 자유롭게 지원할 수 있습니다. 단 의대만은 수학능력을 고려하여 고등학교 졸업 시험의 상위 2퍼센트의 학생들만 지원할 수 있습니다. 그렇다고 학생들이 무턱대고 명문대학에 진학하지는 않아요. 정확히 말하면 진학할 수가 없습니다. 졸업이 쉽지 않기 때문입니다.

대학 입학과 동시에 졸업이 보장되는 한국의 대학과 달리, 유럽의 대학은 각 국가마다 약간의 차이가 있지만 대부분 졸업이 보장되지 않습니다. 이탈리아의 경우는 입학한 학생의 28퍼센트 정도가 대학을 졸업하고, 독일은 이보다 더 낮은 수치인 18퍼센트 정도가 졸업을 합니다. 이런 이유로 해외에서 중·고등학교를 다닌 교포 학생들 중 일부는 유럽의 대학에 진학하는 대신 한국의 대학에 입학하기도 합니다. 그래서 제가 강의했던 라틴어 수업을 듣는 교포 학생들에게는 한국에서 대학생활을 하는 만큼 조금 더 열심히 공부해주기를 당부하기도 했습니다.

저는 2010년 2학기부터 2016년 1학기까지 서강대학교에서 라틴어 강의를 진행했었습니다. 처음에는 실생활에 별 소용도 없고 어렵기만 한 라틴어 수업을 학생들이 과연 좋아할까 염려했었어요. 그런데 예상과 달리 많은 학생들이 제 강의에 뜨겁게 호응해주었습니다. 신촌의 인근 대학교 학생들은 물론이고 학점 교류가 되지 않는 학교의 학생들도 청강을 하러 올 정도였어요. 그렇게 인기가 좋으니 오히려 그런 반응이 잘 이해되지 않았고, 라틴어 수업을 왜 이렇게 좋아하는지 의문이 들었어요. 그런데 나중에야 그 이유를 알았습니다. 학생들은 이 강의를 단순한 라틴어 수업이 아니라 '종합인문 수업'에 가깝게 느꼈던 겁니다. 강의에서 라틴어뿐만 아니라 라틴어를 모어母語로 가진 많은 나라들의 역사, 문화, 법 등을 비롯해 그로부터 우리가 생각해야 할 것들을 총체적으로 다루다보니 그렇게 느끼는 모양이었습니다.

　사실 외국어를 빨리 익히는 방법 중 하나는 그 나라의 역사와 문화에 호기심과 애정을 갖는 겁니다. 좋아하면 더 빨리 잘할 수 있습니다. 저 역시 라틴어를 공부할 때 유럽 사회의 학문과 문화의 다채로운 면모를 발견하면서 왕성한 지적 호기심을 해소해나갈 수 있었고 큰 기쁨을 느꼈습니다. 라틴 문학이나 라틴어와 연관된 학문을 한다면 라틴어의 문법을 철저히 공부해야 하지만 교양 수준으로 배우는 학생들까지 그렇게 할 필요는 없습니다. 제 수업의 궁극적인 목표도 라틴어 실력을 키우는 것이 아니라 라틴어에 대한 흥미를 심어주고 라틴어를 통해 사고체계의 틀을 만들어주는 데 있었습니다. 한마디로 학생들의 머릿속에 책장을 하나씩 만들어주는 것이 수업의 지향점이었지요.

　300명을 수용할 수 있는 대형 강의실을 빽빽하게 메운 학생들의 긴장된 표정이 아직도 또렷하게 기억납니다. 학생들의 표정에서 이 수업을 신청한 것이 잘못된 선택은 아니었을까 하는 불안감이 묻어났습니다. 그래서 첫 수업에서는 긴장을 풀어주기 위해 학생들에게 물어봅니다. 왜 라틴어 수업을 들으려고 하느냐고요. 그러면 "선배(친구)가 이 수업을 듣고 좋았다고 해서요" "라틴어는 유럽어의 모어인데 우리나라에서는 배울 곳이 흔치 않아 좋은 기회라고 생각했어요" "있어 보이려고요" 등 저마다 제각각의 이유를 이야기합니다.

　그중에서도 "있어 보이려고요"라는 대답을 듣고는 저도 모르게 미소가 지어졌어요. 실제로 맞는 말이기도 하거든요. 누군가가 라틴 어를 좀 안다고 하면 그 사람이 좀 남달라 보일 것 같지 않나요? 만일 외국인 친구가 대화 중에 한국어로 논어를 인용한다면 어떻겠어요? 그 친구가 달리 보이지 않을까요? 실제로 제 수업을 듣고 해외로 유학을 간 학생들이 비슷한 경험담을 들려주기도 했는데요, 한국 대학에서 라틴어 수업을 들었다고 이야기하면 현지 학생들이 놀랍다는 반응을 보인다고 해요. 외국인 유학생이 우리말 고어를 배우는 것과 마찬가지인 셈이죠.

매 학기 초 이렇게 학생들에게 라틴어 공부를 왜 하는지 묻고 답을 들었던 것을 생각하다보면 문득 '공부는 어디에서, 무엇에서부터 시작하는가?'라는 질문을 해보게 됩니다. 앞선 대답들처럼 대부분의 학생들이 라틴어 강의를 선택한 데는 그리 엄청난 계획이나 원대한 포부가 있진 않아요. 제 경우에도 어린 시절에 왜 외국어 공부에 관심을 가지게 됐는지 돌아보면 그 이유가 대단하지 않았어요. 오히려 유치했죠.

저는 중학교 시절에 공부를 잘하고 싶었어요. 어느 날 동네에 있는 중학교의 수, 서울에 있는 학교의 수를 헤아려보니 제 위치가 정말 별 것 아니었어요. 심지어 미국, 유럽 등 전 세계에 학교는 얼마나 많겠습니까? 학생은요? 어린 마음에 '내 경쟁 상대는 여기에 있지 않고 해외에 있다'라고 생각했어요. 오히려 반 친구들, 한국의 학생들은 나와 같이 공부하는 동료라고 여겼고요. 지금 생각해보면 우습지만 그땐 정말 진심이었습니다.

그래서 외국 학생들과 경쟁하려면 영어를 잘해야겠다는 생각을 했고, 다른 친구들이 자습서를 볼 때 저는 『성문 기초 영어』 『성문 종합 영어』를 공부하기 시작했어요. 당연히 중간·기말 고사 성적은 좋지 않았습니다. 시험 성적을 잘 받으려면 자습서를 봐야 했으니까요. 하지만 제가 원했던 건 단순히 시험 성적만은 아니었습니다. 그래서 매번 시험 결과에 실망하면서도 외국어 공부를 그만두지 않았어요. 대학교에 가서도 시간 단위로 라틴어, 영어, 독일어, 이탈리아어를 공부했습니다. 물론 이때에도 큰 성과가 있었던 건 아닙니다. 엄청 좌절하고 스스로를 루저라 생각하기도 했고요. 하지만 이 모든 것들은 훗날 로마에 유학을 가서야 꽃을 피우게 됩니다.

여러분도 기억해보세요. 어린 시절 공부를 열심히 했던 데는 부모님의 칭찬을 듣고 싶어서, 혹은 다른 친구에게 지고 싶지 않아서와 같은 이유들이 있었을 겁니다. 뭐 대단한 이유가 있었던 게 아니에요. 그게 어른이 된 지금이라고 다를까요?

뭔가를 배우기 시작하는 데는 그리 거창한 이유가 필요 없다는 생각을 해봅니다. 있어 보이려고, 젠체하려고 시작하면 좀 어떻습니까? 수많은 위대한 일의 최초 동기는 작은 데서 시작합니다. 지금 전 세계 수억의 사람들이 보는 '유튜브' 역시 처음에는 그저 재미있는 영상 클립을 사람들과 공유하고 싶다는 바람에서 시작됐다고 합니다. 처음부터 위대한 사명을 가지고 거시적인 목표를 향해 달리는 사람들은 생각보다 많지 않습니다.

삶의 긴 여정 중의 한 부분인 학문의 지난한 과정은 어쩌면 칭찬받고 싶은, 젠체하고 싶은 그 유치함에서 시작되는지도 모릅니다. 소위 배움에 시작은 있지만 끝은 없다고 합니다. 라틴어뿐 아니라 그 어떤 것을 공부하든 공부가 즐겁기만 할 수는 없습니다. 누군가에게는 아예 즐겁지 않은 것일 수도 있고요. 그런데 뭔가 거창한 목적마저 있어야 한다면 시작하기 전부터 숨이 막힐지도 모릅니다.

그러니 만일 여러분이 뭔가에 관심이 생기고 공부해보고 싶은 마음이 든다면 내가 왜 그것에 관심을 가지게 됐는지, 왜 배워볼까 하는 마음이 들었는지 한번 들여다보세요. 그 다음 내 안의 유치함을 발견했다면 그것을 비난하거나 부끄러워하기보다 그것이 앞으로 무엇이 될까, 끝내 무엇을 만들어낼 수 있을까 상상해보는 건 어떨까요? 지치고 힘든 과정에서 오히려 또 다른 동기부여가 되어주지 않을까요? 그러니 이 수업을 시작하기 전에 여러분의 그 마음이 그저그런 유치함이 아니라 '위대한 유치함'이라는 사실을 기억하기 바랍니다.

첫 수업은 휴강입니다

Prima schola alba est

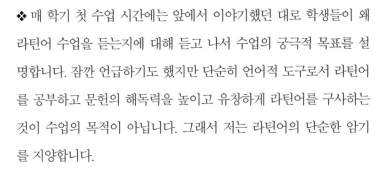

❖ 매 학기 첫 수업 시간에는 앞에서 이야기했던 대로 학생들이 왜 라틴어 수업을 듣는지에 대해 듣고 나서 수업의 궁극적 목표를 설명합니다. 잠깐 언급하기도 했지만 단순히 언어적 도구로서 라틴어를 공부하고 문헌의 해독력을 높이고 유창하게 라틴어를 구사하는 것이 수업의 목적이 아닙니다. 그래서 저는 라틴어의 단순한 암기를 지양합니다.

사실 언어 공부를 비롯해서 대학에서 학문을 한다는 것은 단순히 지식을 양적으로 늘리는 것이 아니라 '틀을 만드는 작업'입니다. 학문을 하는 틀이자 인간과 세상을 보는 틀을 세우는 것이죠. 쉽게 말하면, 향후 자신에게 필요한 지식이 어디에 위치해 있는지 알고, 그것을 빼서 쓸 수 있도록 지식을 분류해 꽂을 책장을 만드는 것입니다. 이것이 바로 제 수업이 지향하는 지점입니다. 그러므로 라틴어 동사 활용(변화)표를 달달 외울 필요가 없습니다. 자신의 의도를 라틴어로 표현하려고 할 때 어떤 단어를 찾아 문법에 맞게 쓸 것인지 그 방법을 아는 것이 중요하니까요. 그래서 수업 첫날에는 칠판에 다음과 같은 문장을 씁니다.

Prima schola alba est.
프리마 스콜라 알바 에스트.

그리고 이 문장을 해석하기 전에 문장에 쓰인 단어, 'Prima / schola / alba / est'를 봅니다. 이와 비슷한 영어 단어들이 있는데 무엇인지 상상이 되시나요? 일단 '프리마prima'와 '스콜라schola'는 연상이 가능할 듯합니다.

Prima ― Prime　　　　Schola ― School

그럼 그 다음의 '알바alba'와 '에스트est'는 무엇과 비슷할까요? 계속 상상해보지만 뭔가 알 듯 말 듯 여전히 희미한 안개 속에 있는 것 같을 겁니다.

학생들과 수업을 할 때에도 미리 답을 알려주는 대신 이처럼 생각해보게 합니다. 조급함을 내려놓고 알고 있는 영어 단어와 상당히 비슷한 점이 많다는 것을 염두에 두고 생각해보라고 이야기합니다. '영어 따로, 라틴어 따로'가 아니라 종합적으로 연결시켜보라고요. 그래서 저 문장이 무슨 뜻이냐고요? 조금만 더 기다려주세요.

이런 식으로 학생들의 머릿속에 '책장'을 마련하는 작업은 이 책장을 가지고 무엇을 할 것인가, 내 인생을 어떻게 살 것인가에 대한 성찰로 나아갑니다. 사실 그것이 수업의 궁극적인 목표라고 할 수 있습니다. 그래서 수업 시간에도 여기까지 설명을 하고 중간고사 과제부터 내줍니다. '데 메아 비타De mea vita'를 A4 한 장 분량으로 적어내는 것이 과제인데요, '데 메아 비타'는 '나의 인생에 대하여' 라는 뜻입니다.

그런데 몇몇 학생들은 이 과제에 대해 어느 시기의 어떤 이야기를 써야 하는지 묻곤 합니다. 과거의 이야기를 써야 할지, 꿈꾸는 미래에 대해서 써야 할지 모르겠다고요. 자신의 인생에 대해 쓴다는 게 그저 막막하게 느껴지기 때문입니다. 하지만 이 과제의 목적은 그 질문 자체에 있습니다. 바로 과거의 나, 현재의 나, 그리고 미래의 나와 조우하는 기회가 되기를 바라는 마음에서 내는 것이니까요. 어느 시기의 어떤 이야기를 쓸지는 오직 자기 자신에게 달려있는 것이죠. 제 대답을 들은 학생들은 한숨을 쉬지만 그 친구들에게 소리쳐 "놀리테 티메레Nolite timere!"라고 응원합니다. 이 말은 '두려워 마라'라는 뜻입니다. 이렇게 중간고사 과제에 대한 이야기를 마치면 다시 처음 그 문장으로 돌아갑니다.

'프리마 스콜라 알바 에스트', 이 문장은 직역하자면 "첫 수업은 희다"인데, 그것은 곧 "첫 수업은 휴강이다"라는 뜻입니다. 사실 이 말은 로마 시대의 교사가 학생들에게 수업 첫날 하는 말입니다. 이 시대의 학교는 로마 후기까지 공립 기관도, 의무교육 기관도 아니었습니다. 로마인의 교육은 중세의 교육보다 더 단순해서 라틴어와 그리스어를 언어와 문화 차원에서 가르쳤어요. 내친 김에 잠시 로마 시대의 학제에 대해서 살펴볼까 합니다.

일단 로마의 초등학교는 '루드스 파르보룸 푸에로룸ludus parvorum puerorum'이라고 하여 '어린 아이들의 학교'라고 불렀습니다. 만 7세가 된 아이들이 등록할 수 있었고 선생님은 아이들에게 읽기, 쓰기, 속기, 산수 등을 가르쳤어요. 중학교는 '문학 학교'라는 의미의 '리테라룸 루드스litterarum ludus'라고 해서 만 11세가 된 남자 아이만 다닐 수 있었습니다. 중학교의 문법 선생님은 학생들에게 그리스어와 라틴어, 고전 읽기, 역사, 지리, 천문학과 물리학을 가르쳤고요. 고등학교는 '순수 문학 학교'라는 의미의 '인제누아룸 리테라룸 루드스 ingenuarum litterarum ludus'라고 했고 웅변술 선생님이 웅변과 수사학을 가르쳤습니다.*

---

*   Davide Astori, *io Parlo Latino*, Garzanti Editore 1995, p. 120 참조.

476년 서로마 제국의 멸망으로 황립학교皇立學校들이 문을 닫게 되자 로마 가톨릭 교회가 공교육을 관장하게 되는데, 교회가 관장한 학교의 종류는 크게 성당 부속학교schola parochialis, 주교좌 부설학교schola episcopalis(cathedralis), 수도원 학교schola monachialia, 궁정 학교schola palatina입니다.

성당 부속학교는 초등교육을 위한 것으로, 443년 이탈리아에서 열린 공의회**에서 사제들에게 성당 주변의 어린이들에게 교육의 편의를 제공하라고 명령한 것에서 시작했고, 전례 음악, 읽기와 쓰기, 기초적인 셈(산수)을 가르쳤습니다. 이 학교들은 제도권 내의 교육기관은 아니지만 529년 프랑스 베종Vaison 공의회에서도 사제들에게 영혼의 구원을 위해 이탈리아의 관습에 따라 어린이들에게 교육을 제공하도록 규정했습니다.***

주교좌 부설학교는 오늘날로 치면 '신학교'에 해당하는 곳입니다. 처음에는 사제 지망생을 위한 학교였으나 점차 일반인들에게도 개방되었는데, 531년 톨레도Toledo 공의회는 모든 교구에 주교좌 부설학교의 설립을 규정했습니다. 학생들은 18세가 되면 주교나 사제 앞에서 성직 생활을 할지, 결혼 생활을 할지의 여부를 선택해야 했던 것으로 보입니다. 학교의 감독은 '교장Magister scholae'이라는

** 교황이 소집한 모든 주교들과 그 밖의 사목자들, 보편 교회를 대표하는 이들의 합법적인 모임. 보편 교회에 대한 완전하고 최고의 합의체적인 권한을 엄중히 행사하면서 모든 교회와 관련된 교리, 규율, 사목적인 문제들을 교황의 승인으로 의결한다.
*** 한동일, 『법으로 읽는 유럽사』, 글항아리, 2018, 300쪽 참조.

이름으로 주교가 위임할 수 있었고, 주교좌 부설학교는 소(신)학교 schola minor와 대(신)학교schola maior로 구분되었습니다. 이곳에서는 3과trivium(문법, 수사학, 논리학)와 4과quadrivium(음악, 수학, 기하학, 천문학), 성경과 사목신학을 가르쳤습니다.*

수도원 학교는 중세 시대 공교육의 가장 대표적인 기관입니다. 이 가운데 서구 유럽에서 중세의 교육을 담당했던 대표적인 수도회로 베네딕토 수도회와 도미니코 수도회가 잘 알려져 있죠. 수도원 학교는 원래 자기 수도회의 수도자들을 양성하기 위해 설립되었지만 이후에 일반인들에게도 개방되었습니다. 하지만 수도자들과 일반인들이 함께 공부하지는 않았고, 수도자들을 위한 내부 학교와 외부인들을 위한 학교가 따로 구분되어 있었습니다. 수도원 학교에서는 3과 과목들을 중점적으로 가르쳤는데, 이러한 전통과 영향으로 영미권 국가에는 오늘날에도 이러한 수도회들이 운영하는 명문 사립학교가 많습니다.**

마지막으로 궁정 학교는 수도원 학교와 마찬가지로 조직됐고 샤를마뉴 황제의 시대에는 군주와 귀족의 자녀들을 위한 학교였습니다. 샤를마뉴는 성당 부속학교, 주교좌 부설학교와 수도원 학교의 재정립과 발전을 위해 많은 칙령을 반포하기도 했고요.***

---

* 앞의 책, 178-179쪽 참조.
** 앞의 책, 179쪽 참조.
*** 앞의 책, 179쪽 참조.

그런데 이 모든 학교의 첫날 수업에서 대부분의 교사들은 "프리마 스콜라 알바 에스트"라고 말합니다. 저 역시 그 선생님들을 따라 이 문장에 대해 해석을 마치고 나면 학생들에게 이렇게 말해줍니다.

"자, 이제 라틴어 교재와 중간고사 과제물에 대한 설명도 모두 마쳤으니 '프리마 스콜라 알바 에스트'입니다."

그러면 학생들은 보통 이해가 안 된다는 표정으로 멀뚱히 저를 쳐다봐요. 다시 한 번 "수업이 끝났습니다. 첫날 수업은 이걸로 휴강입니다"라고 확실히 말해주면 그제야 얼굴이 환하게 바뀝니다. 그리고 신나게 강의실 밖으로 나가며 한 마디씩 합니다.

"역시 명강의야!"

사실 첫 수업의 긴장을 풀고 교재와 중간고사, '프리마 스콜라 알바 에스트'에 대해 설명하고 나면 20분을 넘기지 않습니다. 한 강의의 수업시간이 1시간 15분인데 엄청 일찍 마치는 셈이죠. 역시 강의는 짧아야 좋은가 봅니다. 서강대학교에서 수업을 할 때 간혹 청강하러 오는 동료 교수님들이나 일반인들을 제외하면 대부분은 학부생들이었던 데 비해, 지금 강의하고 있는 연세대학교 법무대학원과 법학대학원의 학생들은 대부분 나이가 많습니다. 하지만 이분들 역시 첫 수업에서 제가 "프리마 스콜라 알바 에스트"라고 말하면 학부생만큼은 아니더라도 기쁜 표정을 하고 강의실 밖으로 나가면서 말합니다.

"거봐! 역시 명강의야!"

수업이 예상 밖으로 일찍 끝날 때의 기쁨은 나이와 상관이 없는 것 같아요. 하지만 "프리마 스콜라 알바 에스트"라는 선언 뒤에 이 이야기를 덧붙입니다. 사실 제가 한 학기 동안 함께 공부를 할 학생들에게 진짜 하고 싶은 이야기는 여기에 있습니다. 그래서 여러분에게도 이 이야기를 끝으로 이번 강의를 마치려고 합니다.

"프리마 스콜라 알바 에스트, 첫 수업은 휴강입니다. 이제 여러분에게는 평소와 달리 잉여 시간이 생겼습니다. 하지만 이 시간은 여러분에게 그냥 주는 시간이 아닙니다. 생각지도 않게 생긴 이 시간 동안 여러분이 해야 할 일이 있습니다. 그건 바로 운동장으로 나가 봄 기운에 흩날리는 아지랑이를 보는 겁니다. 봄날의 아지랑이는 강한 햇살을 받은 지면으로부터 투명한 불꽃처럼 아른아른 피어오르기 때문에 웬만큼 주의를 기울이지 않으면 볼 수가 없습니다.

'아지랑이'는 라틴어로 '네불라nebula'라고 합니다. 그 뜻은 '보잘 것없는 사람, 허풍쟁이'란 뜻의 '네불로nebulo'라는 명사와 '안개 낀, 희미한'을 뜻하는 형용사 '네불로수스nebulosus'에서 파생한 단어입니다. 그래서 라틴어 '네불라'에는 '아지랑이'라는 뜻 외에도 '보잘 것없는 것', 그런 마음 상태를 나타내는 '오리무중'이라는 뜻도 있습니다. 그런데 '아지랑이'를 뜻하는 라틴어 '네불라'는 인도 유럽어에서 '작은 구름'을 뜻하는 '네브 에 로nebh-e-lo'에서 유래한 말입니다. 이것을 그리스어가 '네펠레νεφέλη'로 차용하고, 다시 라틴어가 그리스어를 '네불라'로 수용한 것입니다.*

이 단어만 해도 그 유래를 따라가다 보면 참으로 긴 시간을 되돌아보아야 합니다. 우리 마음속에서 봄날의 아지랑이처럼 불꽃처럼 피어오르는 기운을 보는 일도 마찬가지입니다. '아지랑이'라는 단어가 억겁의 시간 속에서 형성되었다는 것을 생각하며 쉽게 포기하지 말고 시시때때로 그렇게 우리 마음을 보아야 합니다.

자, 이제 이 봄날의 아지랑이를 보러 운동장으로 나가십시오. 공부한다는 것, 살아간다는 것은 우리 마음속의 아지랑이를 보는 일입니다. 그리고 이 단어가 원래 의미하는 대로 '보잘것없는 것', '허풍'과 같은 마음의 현상도 들여다보기를 바랍니다. 이것은 힘들기는 하지만 꼭 필요한 일이기 때문입니다.

지금, 여러분 마음의 운동장에는 어떤 아지랑이가 피어오르고 있습니까?"

---

*   Michiel de Vaan, *Etymological Dictionary of Latin and the other Italic Language*, Brill Leiden, 2016, p. 404 참조.

라틴어의 고상함

De Elegantiis Linguae Latinae

❖ 지난 시간 운동장에 나가 '아지랑이'를 보고 오라고 말씀 드렸는데요, 대학교에서 강의할 때도 학생들에게 무엇을 보았느냐고 물으면 서로 눈치만 볼 뿐 자신 있게 대답하는 사람이 거의 없습니다. 그도 그럴 것이 2백 명이 넘는 학생들 앞에서 무엇을 봤다고 말하는 게 쉽지는 않을 테니까요. 어쩌면 처음부터 답하기 힘든 걸 물어본 제 탓일지도 모릅니다. 하지만 이것은 그냥 허투루 물어본 것이 아닙니다. "아무것도 보지 못했습니다"라는 답을 이끌어내기 위한 질문입니다.

"아무것도 보지 못했다"라는 이 문장은 오늘날 우리가 사용하는 거의 모든 서구어의 부정 부사와 관련이 있습니다. 서구어의 'no, non, ne, nein' 등의 부정 부사는 고대 인도 유럽어의 '부정不定'을 뜻하는 개념, '밤에 흐르는 물의 모호함'에서 나왔습니다. 상고 시대에는 깜깜한 밤을 밝은 바다의 움직임이 끝나고 어두운 바닷물이 땅으로 흘러와 생기는 현상으로 이해했어요. 그래서 고대인들은 아무것도 보이지 않는 밤에 "뭘 봤니?"라고 물으면 "물(ㄱ, na)만 보았다"라고 대답했습니다.

"물만 보았다"는 대답은 결국 "아무것도 보지 못했다"는 것을 인정하는 표현이었습니다. 이러한 이유에서 인도 유럽어의 물을 상징하는 '나ⁿᵃ'라는 음소에서 '아니다'라는 부정부사 'no, non'이 유래한 겁니다. 고대 이집트의 상형문자에도 '아니'라는 부정은 인도 유럽어처럼 밤에 흐르는 물을 상징하는 표시 'ᴧᴧᴧᴧ'로 나타냈고, 이후 산스크리트어의 부정부사 'na'가 그리스어 'nē'가 되고, 라틴어로 'ne, non'이라는 부정부사가 된 것입니다.*

오늘날 거의 모든 유럽어의 모언어로 알고 있는 라틴어는 세계 언어 분포상 인도 유럽어계Linguae Indo-europeae에 속합니다. 이 사실을 말하면 대부분의 학생들의 눈이 다시 한 번 휘둥그레집니다. 일반적으로 대부분의 사람들이 라틴어가 직접적으로 이탈리아어, 프랑스어, 스페인어, 독일어, 포르투갈어, 루마니아어 등에 영향을 주

---

* 한동일, 『카르페 라틴어 - 부록』, 문예림, 2014, 30쪽 참조.

었고, 영어에도 상당한 영향을 주었다는 것은 잘 알고 있습니다. 반면 라틴어가 아시아어라고 생각될 수 있는 인도 유럽어계에 속한다는 것은 잘 알지 못합니다. 학생들이 놀라는 것도 그런 이유에서일 겁니다. 실제로 라틴어는 인도 유럽어의 영향을 받았고, 그중에서도 그리스어, 켈트어, 고대 게르만어와 더불어 서구어를 형성하는 이탈리아어군Linguae Italicae의 영향을 받은 언어에 해당합니다.

그럼 '인도 유럽어'란 무엇일까요? 인도 유럽어는 북인도, 근동, 유럽 전 지역에 전파되어 있는 언어군을 가리키는 말입니다. 특히 18, 19세기에 이루어진 역사비교언어학*에 따라서 언어의 형태만이 아니라 의미 구조에 있어서도 단일한 공통조어에서 파생됐으리라는 가정 하에 붙여진 이름입니다. 현재는 산스크리트어, 히타이트어, 그리스어, 라틴어, 켈트어, 고대 게르만어 등을 비교 연구하여 상고 인도 유럽어를 어휘별로 복원하는 데 성공해 사전을 만들어내기도 했습니다.**

가령 로마법에서 '법'을 가리키는 용어 '유스ius'만 봐도 이러한 상관관계를 짐작할 수 있습니다. 어원적으로 라틴어 '유스'는 그리스 신 가운데 하나인 '제우스 파테르zeus pater'를 라틴어 '유피테르 파테르juppiter pater'로 옮긴 것인데요, 우리에게 라틴어의 '유피테르'

---

* 역사연구와 비교연구가 합쳐진 개념으로 역사적으로 언어의 변화를 연구함과 동시에 여러 언어들의 유사성과 차이점을 비교하는 학문이다.

** 한동일, 『법으로 읽는 유럽사』, 글항아리, 2018, 44-45쪽 참조.

는 '주피터Jupiter'라는 영어식 표기가 더 친숙하지만 원래 산스크리트어 '야우스 피타르yaus pitar'에서 유래한 겁니다. 그러면 어떻게 고대 산스크리트어가 라틴어에까지 영향을 줄 수 있었을까요?

역사적으로 상고 시대에 인도와 유럽 지역은 유라시아 스텝 지역에서 유입된 유목민족에게 정복당했는데요, 이 때문에 유목민족의 대대적인 이주가 있었고 아시아와 유럽의 여러 지역에 지각 변동이 일어납니다. 이는 동시에 종교와 법률, 언어적인 측면에도 큰 변화를 가져오죠. 서구 사회에서 시작된 '법'이라는 용어도 그 어원은 종교적인 것에 기초를 두고 있고, 그 원천은 우리가 흔히 죽은 언어라고 생각하는 산스크리트어로 거슬러 올라갑니다.

산스크리트어의 영향은 인도를 중심으로 서쪽으로만 향한 것은 아니었습니다. 동쪽으로 우리나라의 언어에까지 영향을 주었다고 합니다. 가령 '엄마'라는 말을 분석해보면 거의 모든 언어의 '엄마'를 뜻하는 단어에는 '마Ma'의 음가가 들어갑니다. 지금 다들 머릿속으로 떠올려보고 있을 텐데요, 영어의 '마더mother', 프랑스어의 '마망maman', 스페인어의 '마마mamá', 일본어의 '마마ﾏﾏ', 중국어의 '마마妈妈' 등만 봐도 그렇죠. 이것은 단순한 우연이 아닙니다.

고대인들은 세상에 존재하는 모든 것에는 한계와 척도라는 것이 있다고 생각했는데, 이 개념을 나타내기 위해 인도 유럽어는 자음 'म(Ma)' 음가를 선택했습니다. 'M'이라는 음가에서 '물질, 척도measure'라는 용어가 나왔고, '인간 생명의 자연적 범주와 관계하는 사람'이라는 의미의 '엄마'라는 말이 파생됐죠. 산스크리트어의 '마트르^{mātí}', 그리스어의 '마테르^{μάτηρ}', 라틴어의 '마테르^{mater}'라는 말은 모두 여기서 유래했습니다.*

인도의 산스크리트어는 비단 언어 영역에만 영향을 준 것이 아닙니다. 2001년 로마 유학 중에 법 철학 수업을 들었는데, 이 수업의 다고스티노 교수님은 이 분야의 대가로, 피타고라스라는 인물에 대해 신학자이자 철학자인 아우렐리우스 아우구스티누스**의 저서 『신국론』을 인용해 이야기했어요. 우리가 사용하는 '철학'이라는 말 자체가 피타고라스에서 유래했다면서 그 배경을 설명해줬습니다.

피타고라스 이전 시대에는 칭송받는 삶을 살면서 다른 사람들보다 뛰어나 보이는 사람들을 '현자'라고 했습니다. 그런데 피타고라스는 '자신을 뭐라고 부르겠느냐'는 질문을 받았을 때 '철학자', 다시 말해 '지혜를 궁구하는 사람' 혹은 '지혜를 사랑하는 사람'이라고 답했습니다. 왜냐하면 스스로를 현자로 자처하는 것은 극히 불손하다고 여겼기 때문입니다.*** (…) 우리 모두 유럽 문화의 출발이 그리스, 로마라는 데는 이견이 없습니다. 특히 기원전 6세기 철학자 '피타고라스'의 사상은 플라톤에게

---

* 앞의 책, 31쪽 참조.
** 아우구스티누스는 라틴어식 이름을 그대로 우리말로 옮긴 것이다. 그런데 어떤 책을 보면 아우구스티노 또는 어거스틴이라고 한다. 전자 아우구스티노는 이탈리아식 표기이고 후자 어거스틴은 영어식 표기를 우리말로 옮긴 것이다. 하지만 이 책에서는 라틴어식 표기를 따르기로 한다.
*** Aurelius Augustinus, *De civitate Dei*, Liber VIII, 2.

도 깊은 영향을 주었고, 플라톤의 사상은 스토아 철학에도 깊은 영향을 주었어요. 그런데 피타고라스의 사상 역시 이집트와 페르시아를 통해 전해진 인도 사상으로부터 영향을 받은 것으로 추정됩니다.[****]

상당히 충격적인 내용이었어요. 서양 철학을 이야기할 때 빠지지 않는 인물인 플라톤이나 익히 들어봤을 스토아 철학이 결국은 인도 사상에 맞닿아 있다니요. 오늘날 현대 세계가 서구 중심으로 지배되고 있지만 인류 역사에서 그 시기는 불과 얼마 되지 않았고, 이 또한 지나가는 역사의 한순간이라는 걸 새삼스레 다시 느낄 수 있었습니다.

그럼에도 라틴어는 여러 상징성을 지닌 언어입니다. 로마 제국의 확장과 더불어 제국의 공용어로 자리 잡았을 뿐 아니라 제국의 패망 이후에도 여전히 유럽 사회의 학술과 외교 전반에서 쓰이고 있기 때문입니다. 그리고 로마 제국의 행정과 법률 체계를 그대로 물려받은 가톨릭 교회의 공식 언어이기도 하고요.

이렇게 서구의 중심 언어로 언제나 공고할 것만 같은 라틴어에 금이 가기 시작한 건 마르틴 루터에 앞서 로마 가톨릭 교회를 강하게 비판하는 인물들이 등장하면서부터였습니다. 이 시기에 이르면 "라틴어로 말한 것은 무엇이든 고상해 보인다"라는 말은 이미 지나

[****] F. D'Agostino, *Filosofia del diritto*, Torino: G. Giappichelli, 2000, p. 65 참조.

간 유행어가 되고 난 다음입니다.

여기에 맞선 사람이 15세기 이탈리아의 순수 인문학자이자 수사학자, 교육가인 라우렌티우스 발라(Laurentius Valla, 1407~1457)입니다. 그는 라틴어에 정통한 이탈리아의 저술가로 라틴어의 쇠퇴는 정확한 라틴어 지식의 결여에서 시작된다고 믿었습니다. 또한 유럽 사회의 신·구교 간의 논쟁도 같은 언어를 구사하면서도 다른 것을 생각하는 소통의 문제 때문이라고 여겼고요. 그는 언어를 올바로 사용하는 것이 소통과 문화 변용을 위한 유일한 해결책이라고 생각했고, 이런 생각을 바탕으로 『라틴어의 고상함에 대하여』라는 책을 씁니다. 그는 이 책에서 자기 자신을 표현하는 올바른 방법이 모든 표현의 기초가 되고, 그것이 참다운 지적 체계를 형성한다고 말합니다. 이를 위해 라틴어 사용의 지향점과 그간 잘못 사용되어왔던 라틴어 문법을 정리하고, 소통의 중요한 도구로서 언어의 고상함에 대해 설파합니다.

이 지점에서 생각해봅니다. 바로 '소통'에 대한 부분인데요, 소통의 문제는 오늘날의 우리도 많이 겪고 있습니다. 회사나 가정에서, 크고 작은 관계 속에서 자주 마주치죠. 발라는 이 문제를 푸는 열쇠로 라틴어를 이야기한 셈입니다.

라틴어가 가지고 있는 특성 중에는 상대를 존중하고 인정하는 측면이 있습니다. 우리가 종종 존댓말의 범주 안에서 사용하는 '삼가 주시기 바랍니다' '주의해주시기 바랍니다'라는 말은 법률적 표현이고, 더 들어가보면 라틴어에서 나온 표현입니다. '하지 마라' '주의해라'와 같은 명령형이 아니라 행동의 주체인 상대방을 존중하고 있죠.

저는 외국에서 생활하면서 한국어가 참 거칠다고 느꼈어요. 연장자는 나이 어린 사람을 쉽게 하대합니다. 혹은 나이보다도 계급에 따라 말의 태도가 달라져요. 한국 사회에서는 이런 언어 사용이 당연히 여겨지는데 이런 언어 태도에 불쾌했던 적이 꽤 있습니다. 아마 다들 비슷한 경험이 있으리라 생각합니다. 그에 비해 라틴어는 기본적으로 상대가 누구든지 간에 내려다보지 않습니다. 수평성을 전제로 하고 있는 것이죠.

과거 로마가 스페인을 정복하고, 북아프리카를 정복해 식민지로 삼았지만 스페인이나 북아프리카 사람들은 로마에 지배당한다고 생각하지 않았습니다. 실제로 로마는 식민지 출신의 사람들 중 우수한 인재들을 사회 전반에 기용했고, 이들은 로마 제국의 경영, 경제, 군사 분야에 참여할 수 있었습니다. 언어는 사고의 틀입니다. 상대에 대한 존중과 배려, 수평성을 가지고 있는 라틴어가 로마인들의 사고와 태도의 근간이 되었을 겁니다.

또 한 가지 더 생각해볼 수 있는 것은 발라가 말한 라틴어의 '올바른 사용'입니다. 앞서 말했듯이 그는 책에서 "자기 자신을 표현하는 올바른 방법이 모든 표현의 기초가 되고, 그것이 참다운 지적 체계를 형성한다"라고 말했습니다. 우리는 아이들이 한글을 빨리 깨쳐야 한다고 생각하고, 이른 나이에 외국어 교육도 받게 합니다. 하지만 자기 생각을 제대로 표현하는 방법은 잘 가르치지 않습니다. 그러니 타인의 생각 또한 이해할 수 없고, 소통에 어려움을 겪을 수밖에 없어요. 정리되지 않은 생각들을 밀어붙이느라 바쁘고 내 이야기를 들어주지 않는다고 화부터 내는, 서로 저마다 다른 말을 하는 광경을 주위에서 자주 봅니다. 그것은 결국 외국어의 문제로 확대될 수밖에 없습니다. 모국어로 안 되는 건 외국어로도 안 됩니다. 게다가 모든 언어 공부가 결국 시험으로 귀결됩니다. '언어'를 알기는 아는데 그 언어를 '제대로 쓸 줄'은 모른다고 해야 할까요?

저는 소통의 도구로서의 언어는 배와 같다고 생각합니다. 배가 항구에 정박되었을 때는 아무런 문제가 없지만 항구를 떠나 먼 바다로 나가면 크고 작은 문제가 일어나기 시작해요. 어쩌면 그것은 배가 지나간 자리에 생기는 물거품 때문이 아닐까 싶어요. 배와 배가 나아가는 방향을 보아야 하는데 물거품을 보는 데서 생기는 문제라는 것이죠. 이는 정작 메시지를 읽지 않고 그 파장에 집중하는 것과 같아요. 그래서 오해가 쌓이고 소통이 되지 않는 것이 아닐까요?

결국 발라가 말한 '라틴어의 고상함'은 라틴어가 문학적으로, 혹은 언어적으로 뛰어나다는 의미라기보다는 언어를 제대로 잘 사용할 때에 타인과 올바른 소통이 가능한데, 라틴어가 바로 그런 언어라는 의미가 아닐까 생각합니다. 우리도 마찬가지입니다. 몇 개 국어를 하는가, 어려운 외국어를 할 줄 아는가가 대단한 게 아닙니다. 외국어로 유창하게 말할 줄 알지만 타인의 이야기를 듣지 못하는 유명 인사의 강변보다, 몇 마디 단어로도 소통할 줄 아는 어린 아이들의 대화 속에서 언어의 아름다움을 발견할 수 있습니다. 그래서 저는 종종 생각합니다. 나는 고상한 언어를 구사하고 있을까 하고요. 여러분은 어떤가요? 여러분의 언어 속에서 고상함을 발견하고 있나요?

우리는 학교를 위해서가 아니라
인생을 위해서 배운다

Non scholae sed vitae discimus

❖ 서너 차례의 강의가 끝나면 학생들은 내심 이제 본격적으로 라틴어 문법에 대한 설명이 시작되리라고 기대합니다. 하지만 그러자면 너무 많은 제약이 따릅니다. 우선 '언어를 공부하는 것'에 대해 말하려고 하면 '언어는 공부가 아니다'라는 역설적인 명제부터 살펴봐야 합니다. 언어라는 것이 다른 학문들처럼 분석적인 공부법으로 학습할 수 있는 것이라기보다는 꾸준한 습관을 통해 익힐 수 있는 성질을 가지고 있기 때문입니다.

이런 언어의 성질은 모국어를 뜻하는 영어 단어가 '마더 텅mother tongue'이라는 점을 봐도 알 수 있습니다. 보통 갓난아기가 '엄마'라는 단어를 인지하고 처음 발음하기까지 아기에게 그 단어를 1만 번 이상 들려줘야 한다고 합니다. 유년기에 엄마의 소리는 아이의 뇌 속에 언어를 비롯해 여러 가지 영역에 대한 방의 크기를 결정하고 그것의 가능성을 결정합니다. 아기는 엄마의 말을 통해 뇌의 용량을 늘려나가고 세상을 이해해나가는 것이죠. 아기들이 말을 배우는 과정을 들여다보면 언어를 학습하는 가장 쉬운 방법을 알 수 있습니다. 바로 공부하지 않고 흡수하는 겁니다.

또 한 가지 제약은 라틴어의 실제 발음을 들을 기회가 거의 없다는 것입니다. 다른 외국어는 발음을 어떻게든 찾아 들어볼 수 있지만 라틴어는 현재 쓰이는 언어가 아닌 만큼 어떻게 발음해야 하는지 알 방법이 딱히 없습니다. 그렇기 때문에 수업 시간의 이론적인 설명만으로는 피부에 와닿지 않죠. 오늘날 일선 학교에서 라틴어를 처음 접하는 학생들이 많이 겪는 문제입니다. 라틴어의 발음은 이탈리아어처럼 로마자 발음을 따르지만, 라틴계 국가와 영미계 국가의 독특한 발음과 강조되는 억양에 따라 똑같은 단어라도 각기 달리 발음합니다.

그럼 실제 라틴어의 발음에 대해 살펴보겠습니다. 라틴어를 읽는 방식은 상고 시대의 발음도 있지만, 이것을 제외하고 크게 두 가지로 나뉩니다. 첫째, 흔히 '스콜라 발음' 또는 '로마 발음'이라고 하여 오늘날 이탈리아의 학교에서 사용하는 방식입니다. 이것은 4, 5세기부터 시작하여 중세 시대를 지나 로마 가톨릭 교회가 사용한 방식으로, 변화와 발전을 거쳐 현재 이탈리아의 중·고등학교에서 널리 읽히는 방식입니다. 그래서 혹자는 이를 '교회 발음'이라고도 하는데 이것의 정식 명칭은 '학교 발음pronuntiatio scholae' 또는 '스콜라 라틴어Latinitas scholastica'라고 합니다.*

'스콜라 라틴어', '스콜라 철학'에 담긴 의미는 중·고등학생을 대상으로 가르치는 교재의 의미가 강합니다. 중·고등학교에서 사용하는 철학과 어학 교재는 표준 이론들을 담고 있고, 여기에는 정설이라고 생각되는 다수의 의견만이 반영되죠. 소수 의견이나 학계의 다양한 견해는 다루지 않습니다. 그런 의미에서 중세의 '스콜라 철학'은 '이견의 여지가 없는 명확한 진리로서의 철학'이라는 의미였습니다. 마찬가지로 '스콜라 라틴어'도 그러한 의미로 이해한 것이고요.

둘째, '고전 발음' 또는 '복원 발음'이라고 해서 고전 문헌을 토대로 르네상스 시대에 복원한 발음입니다. 이 발음은 르네상스 시대의 대표적 인문학자인 에라스무스가 저술한 『올바른 라틴어 및 그리스어 발음에 관한 문답』에서 출발합니다. 그러나 고전 발음을 복원하려는 시도는 고전 문헌의 초기 작가와 후기 작가, 시대와 지역에 따라 그 결과가 다르고, 무엇보다도 모음 발음의 장단을 복원한다는 것이 사실상 불가능합니다.** 물론 이 두 가지 발음 방식 가운

---

* A. Traina, *Propedeutica al latino universitario*, Bologna, 1986, p. 67.
** N. Flocchini, P. Guidotti Bacci, M. Moscio, *Maiorum Lingua-Manuale*, Milano, 2007, p. 37 참조.

데 옳고 그른 것은 없습니다.

NON SCHOLAE, SED VITAE DISCIMUS.
우리는 학교를 위해서가 아니라, 인생을 위해서 공부한다.

세네카가 말한 이 문장에 대한 로마 발음과 고전 발음은 다음과 같습니다.

로마 발음: 논 스콜래, 세드 비때 디쉬무스
고전 발음: 논 스콜라에 세드 위이타에/비타에 디스키무스

잠깐 맨 마지막에 위치한 '디쉬무스discimus' 동사를 살펴볼게요. 라틴어는 동사에 주어의 인칭이 포함돼 있어요. 그래서 1인칭과 2인칭 단·복수의 경우 문장에 주어를 따로 표시하지 않습니다. '디쉬무스'는 '배우다'라는 의미의 동사 '디스코disco'가 원형입니다. 여기에서 '배움, 공부, 규율'을 의미하는 '디쉬플리나disciplina'라는 명사가 파생하고 학생은 '디쉬풀루스discipulus'라고 했습니다. 그리고 여기에서 영어의 '디서플린discipline(규율, 지식 분야, 학과목)', '디사이플disciple(제자)'이라는 단어가 유래했고요. 참고로 라틴어 사전에서 동사를 찾을 때는 반드시 동사의 '직설법 현재 단수 1인칭'으로 찾아야만 원하는 동사를 발견할 수 있습니다.

자, 다시 발음으로 돌아옵시다. 라틴어의 발음은 국가와 시대에 따라 다르지만 그 흔적은 오늘날에도 뚜렷이 남아 있습니다. 오늘날 라틴학계에서는 고전 발음이 지배적이지만 법학의 라틴어는 고전 발음보다는 스콜라 발음, 곧 로마 발음이 지배적입니다. 물론 우리나라 법학계에서는 고전 발음이 지배적이고요. 국제학술대회에서 라틴어 발음을 들어보면 영·미·독일계 학자들은 고전 발음을 고수하고, 이탈리아나 스페인 학자들은 스콜라 발음을 쓰지만, 서로 다 알아듣습니다.

이렇게 서로 달리 발음하는 배경에는 역사적, 문화적 자존심이 깔려 있습니다. 로마인이 야만인이라고 불렀던 영국과 독일인들은 근대부터 유럽 문화의 주도권을 잡았기 때문에, 로마 제국 및 중세와 차별성을 두기 위해 그리스와 로마의 원 문명이 자신들의 근원이라 여기고 고전 발음을 고수하죠. 실제로 중세 시대 문헌만 봐도 영국을 '섬나라 야만족'이라고 표현하고 있어요.* '야만인'을 의미하는 '바르바리쿠스barbaricus'라는 말은 원래 로마인에게 정복되지 않은 외국 땅에 사는 사람을 의미하는 단어였습니다.

오늘날에도 이탈리아로 유학 온 독일인들은 서로 소개할 때 이탈리아어로 독일 사람을 의미하는 '바르바리코barbarico'라고 자신을

---

* P.Erdö, *Storia del diritto canonico-disiplina*, in *Nuovo dizionario di Diritto Canonico*, San Paolo, 1996, 1042쪽 참조: 한동일, 「교회법 규율의 역사」, 『교회법률 용어 사전』, 가톨릭 출판사, 2017, 191쪽.

소개하며 냉소적으로 웃곤 합니다. 독일의 입장에서 로마식 라틴어 발음을 고수한다는 것은 계속해서 로마의 정신적 지배에서 벗어날 수 없음을 의미할 겁니다. 그래서 로마식 발음을 하지 않고 고전 발음을 복원한 것이죠. 반면에 라틴계(프랑스, 이탈리아, 스페인)는 그리스-로마-중세-근대로 유럽 문화가 이어져왔으며 자신들의 문화가 그 맥을 이어왔다고 자부하기 때문에 로마 발음, 즉 스콜라 발음을 중시합니다.

이 지도는 독일의 세바스티안 뮌스터Sebastian Münster(1488-1552)가 1544년 제작한 천지학Cosmographia이라는 지도인데,** 지도 속 인물의 신체 각 부분에는 각 국가의 이름이 적혀 있습니다. 이 지도를 통해 당시 유럽의 중심 국가와 유럽인들의 세계상을 엿볼 수 있어요. 즉 라틴어의 발음 하나에도 그 안에는 단순히 언어적 측면만이 아니라, 각 국가가 역사를 어떻게 바라볼 것인가 등 다양한 문제가 복합적으로 반영되어 있다는 의미입니다. 그래서 "언어는 공부가 아니다"라고 이야기할 수 있는 겁니다.

그런데 우리나라 책에는 'Cicero'가 '키케로(로마 발음 '치체로')', 'Caesar'가 '카이사르(로마 발음 '캐사르')'라고 표기되어 있는데, 이 또한 위와 같은 사실과 관련이 있습니다. 일제강점기 때 대부분의 학문은 일본을 통해 우리나라로 들어왔습니다. 그러나 그 당시 많

** 이전 책에서는 지도를 소장한 곳에서 헤라르뒤스 메르카토르 작이라고 표기하여 그에 따라 설명했으나, 오류가 발견되어 정정합니다.

왕관을 쓴 머리는 스페인(Hispania), 가슴은 프랑스(Gallia), 배는 독일(Germania), 오른팔은 이탈리아, 오른손에 놓인 보석구슬은 시칠리아(Sicilla), 왼팔은 덴마크(Dania), 왼손에 쥐고 있는 지휘봉은 영국(Anglia)과 스코틀랜드(Scotia)이다. 그 아랫부분은 헝가리(Vngaria), 반달(Vandalia), 폴란드(Polonia), 스클라보니아(Sclavonia, 프로이센의 옛 지명), 리투아니아(Lithvania), 리보니아(Livonia, 발트 해 동쪽 해안 지역의 옛 이름), 마체도니아(Macedo)로 표기되어 있다. 그리고 맨 아랫부분에는 모레아(Morea, 펠로폰네소스 반도의 옛 지명), 그리스(Graecia), 불가리아(Bvlaria), 모스크바 대공국(Moscovia), 스키타이(Scythia, 흑해 북부에서 중앙아시아 지역의 옛 지명)로 표시하고 있다.*

---

* 한동일, 『법으로 읽는 유럽사』, 글항아리, 2018, 29쪽 참조.

은 지식인들이 접한 학문적 성과나 지식들은 모두 일본에서 시작된 것이 아니었습니다. 그 원류는 유럽에 있었던 것이죠. 이에 우리나라 지식인들은 '원조'를 공부하기 위해 독일로 유학을 떠나 그곳에서 철학, 법학, 신학 등을 공부했어요. 그러다보니 그런 학문에 등장하는 라틴어를 접할 때 당연히 독일에서 쓰는 고전 라틴어 발음으로 익히게 되었죠. 그런 까닭에 우리나라의 초창기 지식인들이 외국의 지식을 들여올 때 라틴어를 고전 발음으로 표기하여 들여오게 되었고, 이것을 지금까지 관습적으로 사용해온 겁니다.

"언어는 공부가 아니다"라고 말한 것은 앞서 이야기한 대로 언어의 습득적, 역사적 성질 때문이기도 하지만, 더욱 주의 깊게 봐야 하는 이유는 언어의 목적 때문입니다. 언어는 그 자체의 학습이 목적이기보다는 하나의 도구로서의 목적이 강합니다. 앞의 강의에서 말했듯이 언어는 자신을 표현하기 위한 수단이자 세상을 이해하는 틀입니다. 하지만 우리 사회에서는 이 점을 자꾸 간과하고 있는 것 같습니다.

세네카는 "학교를 위해서가 아니라 인생을 위해서 배운다"라고 말했습니다. 지금 우리는 언어 학습의 목표를 어디에 두고 있는지 생각해보아야 합니다. 대학수학능력시험의 외국어 영역의 지문만 보더라도 그렇습니다. 외국인들조차 그 지문의 내용을 이해하기 어렵다고 하고, 수험생들은 한국어로 해석된 것을 읽어도 헷갈려 합니다. 10년 가까이 해온 외국어 공부의 궁극적인 목표가 시험 문제를 맞히기 위한 것이라니 안타깝기만 합니다. 독해력을 평가할 목적이라면 차라리 잘 쓰인 역사, 철학, 문학, 예술 등의 고전을 읽히고 가르치는 편이 훨씬 가치 있을 겁니다.

언어 학습의 목적을 이야기하는 것은 학습의 방향성이 다른 학문들에도 좋은 나침반이 될 수 있기 때문입니다. 지식, 즉 '어떤 것에 대해 아는 것' 그 자체가 학문의 목적이 되어서는 안 됩니다. 학문을 한다는 것은 아는 것에서 그치지 않고, 그 앎의 창으로 인간과 삶을 바라보며 좀 더 나은 관점과 대안을 제시해야 합니다. 이 점이 바로 "우리는 학교를 위해서가 아니라 인생을 위해서 배운다"라는 말에 부합하는 공부의 길이 될 겁니다.

저는 어려서부터 학교와 집에서 "공부해서 남 주냐?"라는 소리를 많이 들었습니다. 그때는 하지 못했던 대답을 지금은 자신 있게 할 수 있습니다. 이제는 정말 공부해서 남을 줘야 할 시대입니다. 지금 우리 사회의 청년들이 더 힘든 것은, 공부를 많이 한 사람들의 철학이 빈곤하기 때문입니다. 자신이 한 공부를 나눌 줄 모르고 사회를 위해 쓸 줄 모르는 사람들이 너무 많아요. 소위 배웠다고 하는 사람들이 자기 주머니를 불리는 일에는 발군의 실력을 발휘하면서도, 다른 사람들이 착취당하며 사회구조적으로 계속 가난할 수밖에 없는 시스템에는 무신경해요. 자신의 개인적인 욕망과 자기 가족을 위해서는 발 빠르게 움직이면서도 어려운 사람들의 신음소리는 모른 척하기 일쑤입니다. 엄청난 시간과 열정을 들여 공부를 한 머리만 있고 따뜻한 가슴이 없기 때문에 그 공부가 무기가 아니라 흉기가 되어버린 것입니다.

물론 잘 먹고 잘 살겠다는 꿈이 나쁘다고 할 수는 없습니다. 하지만 공부한 사람의 포부는 좀 더 크고 넓은 차원의 것이었으면 좋겠습니다. 나만 생각하기보다 더 많은 사람, 더 넓은 세계의 행복을 위해 자기 능력이 쓰일 수 있도록 하겠다는, 한 차원 높은 가치를 추구했으면 좋겠습니다. 배운 사람이 못 배운 사람과 달라야 하는 지점은 배움을 나 혼자 잘 살기 위해 쓰느냐 나눔으로 승화시키느냐 하는 데 있다고 생각합니다. '배워서 남 주는' 그 고귀한 가치를 위해 노력하는 사람이 진정한 지성인이 아닐까요? 공부를 많이 해서 지식인은 될 수 있을지 모르지만, 그 지식을 나누고 실천할 줄 모르면 지성인이라고 하기 어렵습니다.*

그래서 저는 지금도 공부를 해나가는 본질적인 목적을 잊지 않기 위해 '나는 왜 공부하는가? 무엇을 위해서, 누구를 위해서 공부하는가?' 스스로에게 되묻습니다. 여러분은 어떻습니까?

---

* 한동일, 「꿈꿀 수 없는 사회란 없다」, 『그래도 꿈꿀 권리』, 비채, 2013, 380-382쪽 재인용.

단점과 장점

Defectus et Meritum

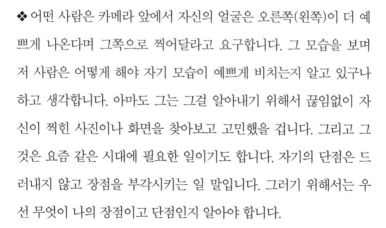

❖ 어떤 사람은 카메라 앞에서 자신의 얼굴은 오른쪽(왼쪽)이 더 예쁘게 나온다며 그쪽으로 찍어달라고 요구합니다. 그 모습을 보며 저 사람은 어떻게 해야 자기 모습이 예쁘게 비치는지 알고 있구나 하고 생각합니다. 아마도 그는 그걸 알아내기 위해서 끊임없이 자신이 찍힌 사진이나 화면을 찾아보고 고민했을 겁니다. 그리고 그것은 요즘 같은 시대에 필요한 일이기도 합니다. 자기의 단점은 드러내지 않고 장점을 부각시키는 일 말입니다. 그러기 위해서는 우선 무엇이 나의 장점이고 단점인지 알아야 합니다.

여러분은 자신의 장점과 단점을 잘 알고 있나요? 알고 있다면 한 가지를 더 생각해보세요. 10년 전의 자신과 비교해보는 겁니다. 내가 생각하는 과거의 나와 현재의 나의 장단점은 같을 수도 있고, 다를 수도 있을 겁니다.

'데펙투스와 메리툼defectus et meritum'. 단점과 장점을 의미하는 라틴어입니다. 라틴어 명사 '데펙투스defectus'는 '부족하다, 떨어져나가다'를 의미하는 동사 '데피치오deficio'에서 파생했습니다. 그리고 '데피치오'라는 동사는 '데de+파치오facio'의 합성동사입니다.

'파치오'는 라틴어에서 사용빈도가 무척 높은 '하다, 만들다'라는 뜻을 가진 동사로, 영어의 '메이크make' 동사와 같다고 이해하면 됩니다. 여기에 '분리, 이탈, 하락'을 나타내는 접두사 '데'가 붙어, 주로 무언가가 결함이 있거나 부족한 것을 나타내기 위해 사용합니다. 가령 '분별력이 없다'거나 '자격이 없음'을 나타낼 때 씁니다.* 영어에서 '결함, 결점, 단점'을 의미하는 단어인 '디펙트defect'는 바로 이 '데펙투스'에서 나온 것입니다.

반면 장점을 의미하는 라틴어 명사 '메리툼meritum'은 '~을 받을 만하다, ~을 할 자격/가치가 있다'를 의미하는 동사 '메레오mereo'로부터 나왔습니다. 그런데 '메리툼'은 '메레오'라는 동사의 영향을 받아 '장점'이라는 뜻 외에도 '가치'라는 뜻을 가지고 있습니다. 이러한 라틴어의 영향 때문에 영어 '메리트merit'라는 단어도 사전을

---

* V. Mabilia, P. Mastandrea, *il Primo Latino*, Zanichelli Bologna, 2015, p. 178.

찾아보면 '1. 가치; 훌륭함 2. 장점' 등의 뜻을 가지고 있습니다.

또 하나 '메리툼'은 '가치나 장점'이라는 뜻 외에도 '상벌, 공로, 덕분'이라는 뜻을 가지고 있는데, 그 기원은 중세 그리스도교에서 찾을 수 있습니다. 신과 인간의 관계에서 인간이 잘했다고 해서 신에게 그에 상응하는 보상을 요구할 자격은 없음을 나타내는 데 그 단어를 사용했던 것입니다. 즉, 인간이 스스로에 대해 공치사하며 신에게 뭘 해달라고 말할 수는 없다는 것이죠.

언어 감각이 있는 사람이라면 재빨리 알아차릴 수 있을 겁니다. 우리가 사용하는 영어의 명사는 라틴어 명사의 끄트머리만 제거했다는 것을 말입니다. 가령 영어의 '메리트'는 라틴어 명사 '메리툼'에서 '-움-um'을, '디펙트'는 라틴어 명사 '디펙투스'에서 '-우스-us'라는 어미를 제거한 것이죠. 물론 어떤 경우는 영어의 철자와 라틴어의 철자가 완전히 다른 경우도 있습니다. 가령 '워크work'라는 명사는 라틴어 '오푸스opus'와 철자가 완전히 다르지만 그 의미는 전반적으로 비슷합니다.

다음의 표를 보면 영어 명사 '워크'는 철자는 다르지만 라틴어 명사 '오푸스'에서 그 의미를 대다수 차용했다는 걸 알 수 있습니다. 이뿐만 아니라 많은 어휘들이 라틴어의 뜻을 가져다 쓰고 있는데요, 그 덕분에 라틴어를 알고 나면 그 어떤 유럽어를 배우게 되더라도 크게 긴장하지 않을 수 있습니다. 실제로 라틴어는 다른 유럽어를 배우는 데 유익한 도구가 될 뿐만 아니라, 명상적 사고를 하는

work	opus
1. 일, 직장, 직업	1. 일
2. 직무	2. 업무, 사무
3. 노력, 작업, 공사	3. 수고, 노력
4. 일, 작품, 저작품	4. 업적, 작품, 저작품
5. 짓, 소행	5. 행위, 활동, 행동
6. 공사(작업)	6. 노동, 건축 공사, 토목공사
7. 공장, 제작소	7. 공업에 속하는 일
8. 부품	8. 행위, 사업
9. 모든 것	9. 군사시설

데도 도움을 줍니다. '데펙투스'와 '메리툼'이라는 단어에 대해 학생들에게 어원적으로 설명하고 나면, 이 단어를 통해 유추해볼 수 있는 것들을 함께 생각해봅니다.

우리는 다른 사람을 관찰하듯이 자기 자신을 끊임없이 관찰합니다. 다만 그것을 인지하지 못하거나 인정하지 못할 뿐이죠. 특히 자신의 단점에 대해서는 더 모르는 척합니다. 자신의 약점과 맞서는 것은 큰 용기가 필요한 일이기 때문입니다. 그래서 자기의 약점이나 단점과 직면했을 때 시선을 돌려 자신의 환경에 대해 불평해요. 특히 부모님에 대해 불만을 가지고 불평하는 것은 가장 하기 쉬운 선택입니다. 양심상 결코 마음이 편한 일은 아니지만 자기 자신을 비난하는 것보다는 덜 아픈 일이죠. 그래서 우리는 항상 스스로에 대해 실망할 수밖에 없는 선택을 습관적으로 하고 있는지도 모릅니다.

하지만 조금만 더 생각해보면 단점에 대해 다른 시각을 가질 수 있어요. 우리가 스스로의 단점이라고 생각하는 것이 단점이 아닐 수도 있다는 말입니다. 반대로 장점이 단점이 될 수도 있고요. 저의 경우를 예로 들어보면, 저는 몸이 약한 편이라 시험 기간이라고 해서 공부를 몰아서 할 수 없었습니다. 그래서 매일 시간을 쪼개 규칙적으로 공부하는 습관을 가지려고 노력했어요. 몸이 약한 단점이 공부를 규칙적으로 하는 장점이 된 셈이죠. 하지만 어느 순간부터 그 장점이 다른 사람에게 다가가는 데는 단점이 되었습니다. 공부에만 몰입하다보니 사람들과 어울리는 일이 드물어졌기 때문입니다.

지금도 저는 여전히 누군가와 개인적으로 대화를 하고 서로를 알아가고, 그러면서 친분을 쌓는 일에 서투릅니다. 이 나이쯤 되면 누구를 만나든 좀 편안하게 이야기를 나눌 수 있으면 좋을 텐데 제게는 이것이 가장 어려운 일이에요. 간혹 제 강의를 듣고 저와 이야기를 좀 더 나누고 싶다며 찾아오는 분들이 있지만, 저는 그런 상황에 처하면 긴장하고 부담을 느낍니다. 마이크를 잡고 강의하는 일은 몇 시간이라도 할 수 있지만, 개인적으로 나누는 사소한 대화는 지금도 여전히 어렵습니다. 청년 시절에 건강도 변변치 못한 가운데 긴 시간을 공부에만 매달리다보니 일상에서 누군가와 만나 친분을 이어가고 서로 마음을 나누는 관계 맺기의 경험이 드물었던 탓입니다. 이 부분이 저의 오랜 데펙투스라는 점을 잘 알고 있습니다.

Postquam nave flumen transiit, navis relinquenda est in flumine.

포스트쾀 나베 플루멘 트란시이트, 나비스 렐린쿠엔다 에스트 인 플루미네.

강을 건너고 나면 배는 강에 두고 가야 한다.

이미 강을 건너 쓸모없어진 배를 아깝다고 지고 간다면 얼마나 거추장스럽겠습니까? 본래 장점이었던 것도 단점이 되어 짐이 되었다면 과감히 버려야 하는지도 모릅니다. 저는 어려움이 닥치고 나서야 한때의 장점이 거꾸로 저를 옭아매는 단점이 되어 있다는 걸 알았습니다.

물론 자신의 장점과 단점을 찾는 것은 매우 어려운 작업입니다. 쉽게 알 수도 없지만 섣부르게 "이것은 내 장점이다, 단점이다"라고 규정해서도 안 될 일입니다. 자기 자신에 대한 깊은 성찰이 있어야 하고, 또 환경에 대한 태도를 어떻게 바꿔야 하는지 끊임없이 스스로에게 질문해야 합니다.

제 이야기를 좀 더 하자면 저는 중·고등학교 시절 제가 처한 환경을 탓하며 쉽게 부모님을 원망하고 화를 잘 내던 아이였습니다. 가장 하기 쉬운 선택을 한 것이죠. 하지만 어느 순간 부모님을 탓하는 것처럼 쉬운 선택으로는 그 어느 것 하나도 바꾸지 못한다는 사실을 깨달았습니다. 태도를 바꾸는 것은 힘들지만 일단 제 태도가 변하면, 저를 둘러싼 환경을 바꿀 수는 없어도 나의 단점을 장점으로 극복할 수 있다는 것을 알게 됐습니다.

사회는 어느 세대에든 답을 요구합니다. 20대는 어때야 하고 30대는, 40대는 어때야 한다고들 이야기합니다. 공자도 이야기했죠. 30세는 이립而立, 책임지는 나이이고 40세는 불혹不惑, 흔들리지 않는다고 했습니다. 하지만 어디 그런가요? 어느 세대든 다 끊임없이 흔들립니다. 책임지는 것은 어느 나이든 다 어렵습니다. 지천명知天命, 하늘의 뜻을 알아야 할 50세에도 여전히 세상 이치를 모르는 사람들이 많고, 60세에는 이순耳順이라 하여 남의 이야기를 잘 듣고 공감한다는데 어디 그렇습니까? 나이를 먹고도 이해도 공감도 못하는 사람들을 너무도 많이 봅니다. 사회가 요구하는 답이 맞다고 하기에는 세상은 급변하고 갈수록 그 속도를 따라가기가 어렵습니다. 어제의 답이 오늘은 답이 아니게 되고, 오늘은 답이 아닌 것도 내일은 답이 될 수 있는 때입니다.

마찬가지로 어제의 메리툼이 오늘의 데펙투스가 되고, 오늘의 데펙투스가 내일의 메리툼이 되기도 합니다. 어느 장단에 맞춰야 할지 알 수가 없죠. 우리는 무엇 하나 명확히 답을 할 수도 없고 그래서도 안 되는 시대를 살고 있습니다. 그 속에서 스스로를 살피며 앞으로 나아가야 합니다. 그러므로 중요한 것은 무엇이 메리툼이고 데펙투스인가 하는 것이 아닙니다. 어떤 환경에서든지 성찰을 통해 자신의 가능성을 발견하고, 거기에서 곁가지를 뻗어나가야 한다는 것이죠. 내 안의 땅을 단단히 다지고 뿌리를 잘 내리고 나면 가지가 있는 것은 언제든 자라기 마련입니다.

나무는 끝이 시작이다.
언제나 끝에서 시작한다.
…
나무는 전부 끝이 시작이다.

– 이문재, 「지금 여기가 맨 앞」 중에서

여러분의 메리툼은 무엇입니까? 데펙투스는요? 강을 건넜음에도 놔두지 못하고 계속 지고 가는 메리툼 아닌 메리툼은 무엇인가요? 강을 건너서도 강가에 두고 오지 못한 배를 나는 왜 계속 지고 가는 걸까요? 삶이란 끊임없이 내 안의 메리툼과 데펙투스를 묻고 선택하는 과정이 아닐까 합니다. 저는 오늘 이 순간에도 묻고 답하는 중입니다. 여러분도 스스로 들여다보고 묻고, 답을 찾아보기 바랍니다.

각자 자기를 위한
'숨마 쿰 라우데'

Summa cum laude pro se quisque

❖ '숨마 쿰 라우데Summa cum laude'라는 말 들어본 적 있나요? 아는 분도 있을 것 같고 그게 뭐야, 하는 분들도 있을 것 같습니다. 이 말은 유럽의 대학에서 졸업장의 '최우등'을 표시할 때 사용하는 말입니다. 여기에 쓰인 단어를 분석해보면, '가장 높은, 꼭대기의, 정상의'라는 의미의 형용사 '숨마summa'와 '쿰cum'이라는 전치사, '찬미, 칭찬'을 의미하는 명사 '라우데laude'로 이루어져 있습니다.

앞서 여러 번 말씀드린 대로 라틴어의 형용사는 명사와 마찬가지로 남성, 여성, 중성의 성을 가지며, 단수와 복수, 그리고 6개 격의 형태를 가지고 있습니다. 이것은 형용사가 명사를 꾸며주는 품사이므로 꾸며주는 명사의 성, 수, 격과 일치해야 하기 때문입니다. 독일어나 프랑스어, 스페인어, 이탈리아어 등을 공부한 사람들은 이해하기가 좀 쉬울 겁니다. 또한 다시 크게 제1형과 제2형으로 구분되고, 형용사 제1형과 제2형은 각각 제1식에서 제3식까지 세 유형으로 다시 세분화합니다. 복잡하죠? 조금 더 문법적인 설명을 이어가보려고 하는데요, 어렵더라도 인내를 가지고 따라와주기 바랍니다.

'쿰'은 활용빈도가 아주 높은 전치사, 접속사로 사용되는 단어입니다. 그런데 이 전치사는 형용사, 명사와 함께 사용될 때는 다른 전치사들과 달리 관례상 '형용사 + cum + 명사(탈격)' 순으로 사용합니다. '숨마 + 쿰 + 라우데'도 여기에 해당합니다.

마지막으로 '라우데'라는 명사가 등장합니다. 하지만 라틴어 사전에서 이 단어를 찾을 수 없는데요, 라틴어 명사를 사전에서 찾을 때는 '주격 단수 1인칭'으로 찾아야 합니다. 라틴어 명사를 공부할 때 가장 먼저 이해해야 하는 부분은 라틴어 명사의 성, 수, 격과 관련된 개념으로 이는 매우 중요합니다. 인도 유럽어에서 파생된 언어들의 공통적인 특징으로 라틴어 명사는 남성^{masculinum}, 여성^{femininum}, 중성^{neutrum}이라는 성이 있고 격과 수에 따라 어미변화를 합니다. 그리고 각각의 성은 약어로 'm.', 'f.', 'n.'으로 표시하고요.

또한 명사의 단·복수는 유의해야 합니다. 국제법, 특히 국제 조약이나 서구 법률 문헌에서 원칙적으로 '단수'로 지칭된 것은 '복수'인 대상에 적용하지 않으며, 반대의 경우도 마찬가지이기 때문입니다. 아울러 '여성' 명사로 사용된 것은 '남성' 명사에 적용하지 않고 이 역시 반대의 경우에도 같은 원칙이 적용됩니다.

나아가 라틴어는 문장 안에서 각각의 문법적 기능을 표현하기 위해 명사, 형용사, 대명사의 어미를 성, 수, 격에 따라 바꾸는데 이것을 '어미변화'라고 합니다. 성과 수에 따라 단어의 어미가 바뀐다는 것은 그나마 좀 쉽게 이해가 될 것 같습니다. 하지만 '격'은 좀 이해하기가 어려울 수 있습니다. 이것은 우리말에서 '은/는', '을/를', '의', '에게', '여!'와 같은 조사의 역할을 명사의 어미변화를 통해 표현하는 방식입니다.

또 이 격 때문에 탄생한 것이 바로 관사인데요. 관사를 붙이고 그 뒤에 따라오는 명사는 변하지 않음으로써 명사의 다양한 격 변화를 덜었습니다. 예를 들면 독일어의 'der, des, dem, den, die, der, den, die' 등의 정관사와 명사변화가 가장 대표적인 예입니다. 관사의 사용은 그리스어에서 처음 발견되지만, 라틴어는 우리말과 같이 관사라는 개념에 상응하는 단어가 없습니다.

관사라는 문법적 용법을 이탈리아어에 처음 적용시킨 사람은 피렌체 사람인 베네데토 부옴마테이(Benedetto Buommattei, 1581~1648)입니다.* 유럽어에서는 관사를 통해 명사의 성과 수를 표시할 수 있게 되었고, 엄격한 어순의 사용을 통해서 격도 드러낼

---

* M. Dardano, P. Trifone, *La lingua italiana*, Bologna, 1985, p. 91 참조.

수 있었습니다. 그러고 보면 라틴어 문법은 우리뿐만 아니라, 당시 유럽의 대중에게도 어렵긴 어려웠던 모양입니다. 그것으로 조금 위안을 얻었으면 합니다. 다시 살펴보면 라틴어에서 명사의 격은 모두 6개가 있습니다. '라우데' 명사의 주격 단수 1인칭 '라우스laus'를 예로 들어보죠.

격	단수	복수
주격	laus 찬미가	laudes 찬미들이
속격	laudis 찬미의	laudum 찬미들의
여격	laudi 찬미에게	laudibus 찬미들에게
대격	laudem 찬미를	laudes 찬미들을
탈격	laude 찬미로, 찬미에 의해	laudibus 찬미들로, 찬미들에 의해
호격	laus 찬미여	laudes 찬미들이여

주격(nominativus; nom.) 동사의 주체를 지시합니다. 우리말 '은/는, 이/가'로 옮기며 보통 문장의 주어에 사용됩니다.

속격(genitivus; gen.) 다른 명사를 수식하거나 한정하는 역할을 합니다. 일종의 소유격으로 우리말로 '누구의, ~의'라고 옮깁니다.

여격(dativus; dat.) 문장 안에서 수여동사와 함께 쓰이며 간접목적어의 역할을 합니다. 우리말로는 '~에게' 또는 '~에'라고 옮깁니다.

대격(accusativus; acc.) 문장 안에서 직접목적어 역할을 합니다. 우리말로 '누구를, 무엇을'이라고 옮기며, 전치사와 함께 사용하기도 합니다.

탈격(ablativus; abl.) 수단(by/with what), 행위자(by whom), 동반(with whom), 방법(how, in what way), 장소(where, from which), 시간(when) 등을 나타냅니다. 탈격은 문장에 따라 다양한 의미로 해석되며 전치사와 함께 사용되기도 합니다.

호격(vocativus; voc.) 말 그대로 호칭할 때 사용합니다. 우리말로는 '~님, ~야, ~여'라고 옮길 수 있습니다. 라틴어 명사의 6개 격 중에서 가장 늦게 만들어졌고, 대부분 호격의 형태는 주격과 그 모양이 같습니다.

그래서 '라우데' 명사를 사전에서 찾으려면 '라우스^{laus}'를 찾아야 하는 겁니다. 여기서 '쿰'이라는 전치사가 명사의 탈격을 요구하기 때문에 '라우데'라는 명사가 사용되어 '쿰 라우데'로 표현한 것이죠.

"아, 라틴어는 뭐 이리 복잡하냐. 머리 아프네"라는 말이 들리는 것 같습니다. 사실 라틴어 문법은 본격적으로 시작하지도 않았습니다. 하지만 라틴어의 이런 복잡한 체계성 때문에 유럽의 인문계 고등학교에서는 학생들에게 공부하는 습관, 공부하는 태도를 라틴어를 통해 가르치는 것 같습니다. 아마도 이렇게 복잡하고 어려운 언어인 라틴어를 익히기 위해 기울였던 노력과 끈기라면 웬만한 공부들은 능히 해낼 수 있을 테니까요. 다른 학문을 얕보는 게 아니라 그것들을 충분히 해낼 수 있는 힘이 생겼다는 말입니다.

저는 정말 감동적인 영화를 봤을 때 그 영화를 몇 번이고 다시 보는 편입니다. 감독이 어떤 사람인지 찾아보고 그 감독이 만든 다른 영화들을 찾아 보기도 합니다. 때론 영화의 모티브가 되었던 소설이나 고전도 읽습니다. 또 우연히 커피를 마시다가 꼭 내 얘기 같은 노래에 마음이 울리면 그 노래의 정보를 알아내기 위해 종일 인터넷을 뒤지기도 하죠. 뿐만 아니라 그 가수가 만들거나 부른 다른 노래들을 두루 찾아 섭렵합니다. 얼마 전 라디오를 통해 흘러나온 아르보 패르트^{Arvo Pärt}의 〈거울 속의 거울^{Spiegel im Spiegel}〉이라는 음악이 너무 좋아 유튜브에서 찾아 몇 번이나 다시 들었는지 모릅니다.

좋은 수업도 한 편의 좋은 영화, 심금을 울리는 한 곡의 노래와 마찬가지가 아닐까 생각합니다. 그 수업에서 다루는 지식이 학생들의 삶의 어느 부분에 밀접하게 맞닿아 있어야 하고, 어떤 지식에 대해 학생 스스로 관심을 가지고 자발적으로 확장시킬 여지를 던져줘야 합니다. 단순히 지식 그 자체만을 전달하는 것이 아니라 그 지식을 활용할 방법에 대해 성찰할 수 있도록 해야 한다는 얘깁니다. 또한 그 지식 외의 것에 대해서도 관심을 갖도록 해줘야 하죠. 즉 진짜 교육은 학생 스스로 공부할 수 있는 동기를 만들어줘야 하는데 이런 면에서 라틴어 학습은 그 효과를 극대화할 수 있는 방법입니다.

학생이 자발적으로 공부를 해나가는 과정에서 가장 중요한 것은 그 학생의 개인적인 성장이지 타인과의 비교가 아닙니다. 하지만 한국 교육의 상대평가라는 평가 시스템은 철저한 비교를 통해 학생들을 일등부터 꼴등까지 줄을 세우고 점수를 매깁니다. 이 점은 대학이라고 해서 다를 게 없고 대부분의 기업체도 다르지 않습니다. 이러한 경쟁 구도는 스스로 동기를 찾고 발전시켜 공부하기보다는 다른 학생들과의 경쟁에 집중하게 만듭니다. 뿐만 아니라 개인적인 성장을 고려하지 않은 결과로 학생들을 쉽게 좌절하게 만들고 의욕을 잃게 합니다. 성찰 없는 성장을 강요하는 한국의 대학과 초·중·고등학교의 평가방식은 교육적이라고 말하기 어렵습니다.

유럽 대학의 평가방식은 학교에 따라, 교수 재량에 따라 조금씩 다르지만 대부분 절대평가로 이루어집니다. 특히 라틴어로 성적을 매기는 표현을 주지할 필요가 있습니다. 성적평가에 쓰이는 표현을 단계별로 살펴보면 다음과 같습니다.

라틴어의 성적 구분

Summa cum laude 숨마 쿰 라우데 최우등

Magna cum laude 마냐/마그나 쿰 라우데 우수

Cum laude 쿰 라우데 우등

Bene 베네 좋음/잘했음

평가 언어가 모두 긍정적인 표현입니다. '잘한다/보통이다/못한다' 식의 단정적이고 닫힌 구분이 아니라 '잘한다'라는 연속적인 스펙트럼 속에 학생을 놓고 앞으로의 가능성을 열어두는 겁니다. 이렇게 긍정적인 스펙트럼 위에서라면 학생들은 남과 비교해서 자신의 위치에 대해 우월감을 느끼거나 열등감을 느낄 필요가 없습니다. 스스로의 발전에 의미를 부여하게 되고 '**남보다**' 잘하는 것이 아닌 '**전보다**' 잘하는 것을 중요하게 생각하게 됩니다. 우리는 이러한 유럽 대학의 평가방식에서 시사점을 찾을 수 있습니다.

무엇보다 제가 말씀드리고 싶은 것은 타인의 객관적인 평가가 나를 '숨마 쿰 라우데'라고 하지 않아도 우리는 '숨마 쿰 라우데'라는 존재감으로 공부해야 한다는 겁니다. 우리가 스스로 낮추지 않아도 세상은 여러 모로 우리를 위축되게 하고 보잘것없게 만드니까요. 그런 가운데 우리 자신마저 스스로를 보잘것없는 존재로 대한다면 어느 누가 나를 존중해주겠습니까? 우리는 이미 스스로에, 또 무언가에 '숨마 쿰 라우데'입니다.

다음 그림은 라파엘로가 그린 〈시스티나의 성모^{Sistine Madonna}〉입니다. 교황 식스투스가 성모자^{聖母子}를 알현하는 모습을 그린 것으로 왼쪽에 있는 사람이 교황 식스투스입니다. 그림 속 교황은 경의를 표하기 위해 교황관을 벗은 민머리의 초라한 인간의 모습을 하고 있습니다. 그리고 그의 교황관은 상징적으로 그림 왼쪽 하단부에 있고요. 그런데 이 작품에서 특별히 눈길이 가는 부분은 마치 연

라파엘로, 〈시스티나의 성모〉, 1513–1514년, 캔버스에 유채, 265×196cm, 독일 드레스덴 미술관

극의 막이 열리는 듯한 양쪽의 휘장과 그 아래에 어린 아이의 모습을 한 두 명의 천사입니다.

휘장은 유대인들이 '토라Torah'라고 하는 모세오경을 보관하던 시나고가Sinagoga(유대인 회당)에서 유래했습니다. 유대인들은 토라를 보관하는 장소를 가장 성스러운 곳으로 여겨 휘장으로 덮어두었는데요, 그림에서처럼 휘장이 열리는 장면은 예수가 인간의 모습으로 세상에 옴으로써 그 '신비가 드러남'을 상징적으로 표현한 겁니다. 즉 성모가 아기 예수의 탄생을 알림과 동시에 그 장막이 열리는 것을 의미합니다. 여기에서 '신비주의'라는 말이 탄생했는데, 오늘날에는 그 의미가 달리 사용되고 있습니다.

그림 맨 아래에 있는 아기 천사들은 르네상스 시대부터 천사의 대표적인 형상으로 묘사됩니다. 라파엘로가 이 그림에서 천사들을 이와 같은 모습으로 그린 이후, 천사의 모습은 이렇게 정형화되어 표현되어왔습니다. 실제로 로마의 유명 관광지에 있는 기념품점에 가보면 라파엘로의 성모자화 전체보다는 아래의 두 천사만을 떼어 하나의 독립적인 작품처럼 모조한 사진이나 조각, 부조화 등이 많습니다. 우리나라 한 회사의 분유통에 그려진 작은 천사 역시 라파엘로 그림의 천사들입니다. 배보다 배꼽이 더 크다는 말처럼 이 작은 아기 천사들이 〈시스티나 성모〉보다 더 유명해진 셈입니다.

간혹 사람들이 이 천사들을 그리스 로마 신화의 큐피트와 혼동하기도 하지만 이들은 사랑의 정령이 아닙니다. 더구나 성화에서는 이 천사들을 '케루빔^{cherubim}'이라고 부르는데요, 아기 천사들의 모습은 다소 근엄한 표정의 아기 예수와 경외감에 사로잡힌 성모의 표정으로 무거워진 그림의 분위기에 재치를 더함으로써 균형을 잡아주고 있어요.

저는 학생들에게 이 아기 천사의 모습을 설명하면서, 공부에 지치고 세상이 자신을 보잘것없게 만들어 스스로가 초라하게 느껴지더라도 언제나 자기 스스로를 위로하는 케루빔 천사가 되어야 한다고 말해줍니다. 남에게 인정받고 칭찬받으며 세상의 기준에 자기 자신을 맞추려다보면 초라해지기 쉬워요. 하지만 어떤 상황에 처하든 스스로를 위로하고 격려하는 일을 멈추지 않을 때 자기 자신을 일으켜세울 수 있습니다. 그리고 훗날에는 그런 사람이 한 번도 초라해져본 적 없는 사람보다 타인에게 더 공감하고 진심으로 그를 위로할 수 있는 천사가 될 수 있습니다.

그래서 우리는 자신에, 또 무엇인가에 '숨마 쿰 라우데'입니다. 이러한 맥락에서 저는 제 수업을 듣는 학생들이 학교를 넘고 대한민국을 넘어서 세상에서 제일 훌륭한 학생들이라고 생각합니다. 이런 이야기를 하면 학생들은 겸연쩍은 표정을 짓습니다. 하지만 진정성을 담아 자꾸 이야기하면 어느 순간 "어, 내가 진짜 최고일까?"라고 반문하게 됩니다. 그리고 없었던 자신감이 살짝 생기기도 하죠. 제가 이렇게 말하는 것은 학생들뿐만 아니라 저 자신을 위해서이기도 합니다. 만일 제가 가르치는 학생들이 형편없다면 그들을 가르치는

저 역시 형편없고 보잘것없을 것이기 때문입니다. 반대로 그들이 최고로 우수하다면 저도 그만큼 뛰어난 선생이 될 수 있지 않을까요? 이러한 믿음이 서로 간에 형성되면 선생은 학생을, 학생은 선생을 소원하게 대할 수 없습니다. 서로를 진정한 우정과 존경으로 대하며 존중할 수밖에 없게 됩니다.

여러분도 다시 한 번 생각해보면 좋겠습니다. 혹시 세상의 기준으로 자신을 보고 있는 것은 아닌지, 타인보다도 자기 자신이 스스로를 더 비난하고 괴롭히고 있는 것은 아닌지, 타인을 칭찬하는 말은 쉽게 하면서도 자기 자신에게는 채찍만 휘두르고 있는 것은 아닌지 말입니다. 여러분 모두가 스스로에 대한 객관성을 잃지 않으면서도 때로는 누구보다 자기 자신에게 가장 먼저 최고의 천사가 되어주었으면 합니다.

나는 공부하는 노동자입니다

Ego sum operarius studens

❖ 중세 교육은 3과와 4과로 이루어져 있습니다. 3과는 세 과목을 가르치고 4과는 네 과목을 가르친다고 해서 붙여진 이름입니다. 3과에서는 문법, 논리, 수사학을 가르쳤고 4과에서는 산술, 기하학, 음악, 천문학 등을 가르쳤습니다. 중세의 교육 목표는 전인적인 교양인을 양성하는 것이었기 때문에 그 시기의 교육은 첫 단계로 문제의 정립, 곧 명제를 만드는 훈련을 했습니다. 그리고 논리를 통해 그 명제에 접근하는 것이 문제를 해결할 수 있는 다음 단계라고 보았고요. 이는 일종의 자기 표현의 훈련이었고, 이를 통해 학문의 영역을 넘어 인생의 차원에서 궁극적인 논리를 정립하는 것이었습니

다. 다시 말해 나와 나의 목표와 나의 과정이 일치하도록 하는 훈련이었다고 할 수 있습니다.

중세의 교육에서 주목할 것은 젊은 세대가 무엇보다 스스로에 대해 집중적인 관심을 가지도록 하고, 그 과정에서 각자 자기 목표를 세울 수 있도록 도와준다는 점입니다. 저는 이것이 오늘날에도 유효하다고 생각합니다. 대학의 정체성이 여기에 있다고 봐요. 대학은 취업을 위해 졸업장을 만들어주는 것이 아니라 청년들이 스스로에 대해 들여다보고 더 나아가 진리를 탐구하며, 자기 삶을 사랑하고 미래를 설계할 수 있도록 돕는 곳이어야 합니다. 학생들도 대학 생활 동안 맹목적으로 어떤 목표부터 세울 것이 아니라 자기 자신에 대해 알아가는 과정을 우선해야 합니다. 자기가 무엇을 좋아하고 무엇을 할 때 즐거운지 세심하게 관찰해야 하죠. 봄철의 아지랑이가 무심히 길을 걸을 때는 보이지 않고 멈춰 서서 유심히 관찰해야 보이듯이, 내 마음속의 아지랑이도 스스로를 유심히 들여다봐야 볼 수 있는 것이죠.

지금의 내 모습이 나의 전부라고 생각해서는 안 됩니다. 나이가 많든 적든 각자 살아온 삶이 있고, 그 과정에서 스스로 문제를 정립하고 해결해왔을 겁니다. 그렇게 만들어진 틀이 논리이고 그것이 우리 안에 있습니다. 다만 우리는 그것을 아직 깨닫지 못했을 뿐입니다. 그렇기 때문에 내 안의 논리와 만나기 위해 시간을 들여 성찰해야 하며 그것을 바른 방향으로 정립시켜나가야 합니다.

저는 늘 "에고 숨 오페라리우스 스투덴스Ego sum operarius studens"라고 말합니다. "나는 공부하는 노동자입니다"라는 뜻인데요, 앞에서 라틴어 동사는 인칭을 내포하고 있기 때문에 1인칭과 2인칭 주어는 생략한다고 이야기했지만 이 문장에서는 '나'라는 1인칭 주어로 '에고ego'가 등장합니다. 라틴어에서는 '나'라는 존재를 강조할 때 1인칭 주어로 '에고'를 씁니다.

그런데 '공부하는 노동자'라니요? 다들 이 말에 경악을 금치 못할 수도 있습니다. 안 그래도 힘든 공부가 더 처절한 고통으로 느껴질지 모르겠어요. 하지만 그게 사실 아닌가요? 이 지루하고 지난한 과정에는 즐거움보다 고통이 더 큽니다. 가끔 간절히 생각합니다. 힘들이지 않고 공부할 수 있다면 얼마나 좋을까 하고요. 저는 햇수로 따져보면 30여 년간 공부를 해온 셈입니다. 하지만 단 한순간도 편안했던 적이 없어요. 물리적인 어려움이든 심리적인 어려움이든 육체적인 고통이든 간에 늘 괴로움이 제 곁을 떠나지 않았어요. 그럼에도 포기할 수 없었던 이유는 회사는 그만두면 근속연수에 따라 퇴직금이라도 받을 수 있지만 공부는 중도에 그만두면 아무것도 아닌 게 되기 때문이었습니다.

공부하면서 맞닥뜨리는 슬럼프나 실패의 경험은 우리를 쉽게 좌절시키죠. 특히 대부분의 사람들이 공부에 대해서는 시작부터 완벽하게 하려는 경향이 있고 항상 '열심히' 해야 한다는 강박에 사로잡혀 있어요. 이 부담감 또한 우리를 쉽게 지치게 만듭니다.

그런데 겸손한 사람이 공부를 잘한다는 사실을 알고 있나요? 겸손은 자신이 할 수 있는 것과 할 수 없는 것을 정확히 아는 것입니다. 우리는 어떤 실패의 경험에 대해 지나치게 좌절하고 비관하기 쉽습니다. 이것은 '실패한 나'가 '나'의 전부라고 여기기 때문입니다. 그러나 이건 자기 자신을 잘못 알고 있는 겁니다. 일종의 자만이라고도 할 수 있어요. 한 번의 실패는 나의 수많은 부분들 중 하나일 뿐입니다. 그것 때문에 쉽게 좌절하는 것은 자기 자신에 대해 잘못 이해한 겁니다. 우리는 실패했을 때 또 다른 '나'의 여집합들의 가능성을 볼 수 있어야 해요. 그리고 그 여집합들이 잘해낼 수 있도록 격려해야 하죠. 이렇게 자신이 가진 다른 가능성들을 생각하고 나아가는 것이 겸손한 자세가 아닐까요?

공부는 단발적인 행위로 결과를 낼 수 있는 것이 아닙니다. 마라톤과 같은 장기 레이스가 그렇듯이 공부에 대한 강약 조절과 리듬 조절을 해야 합니다. 이것에 실패하면 금방 지치거나 포기할 수 있기 때문에 우리는 스스로가 지치지 않도록 공부를 대하는 태도를 조절해야 합니다.

때로는 공부를 '열심히' 해야 한다는 생각을 버려야 해요. 많은 사람들이 열심히 하지 않은 것에 대해 '놀았다'라고 말하며 자책합니다. 하지만 생각해보면 말 그대로 논 것만은 아니지 않을까요? 대부분 공부를 시작하면서 '열심히' 하는 것을 목표로 하고 또 그렇게 하지만 실제로 그 '열심히'에 미치지 못한다고 생각해 괴로워하는 경우가 있어요. 하지만 이것은 단지 스스로 생각한 성과나 남들이 보기에 그럴듯한 결과물이 나오지 않았을 뿐이지 정말로 열심히 하지 않은 것은 아닐 수 있습니다. 우리는 어떤 절대 기준에 자기 자신을 맞추려 하고 거기에 못 미치면 괜한 좌절감을 맛보기도 합니다. 그러나 '열심히' 하지 않았다고 생각했던 그 순간이 나의 '최선'일 수도 있습니다.

공부를 항상 열심히 할 수만은 없고 또 그렇게 되지도 않습니다. 이건 당연한 사실이에요. 어떤 날은 컨디션이 좋아서 집중이 잘 되고, 그러면 목표를 넘어서는 성과가 있을 수도 있습니다. 반대로 힘껏 노력했음에도 전혀 그렇지 못한 날도 있는 법입니다. 상반된 두 날은 각각 별개인 날들이 아니라 공부라는 일련의 과정에서 생기는 리듬이고 흐름입니다. 하루의 결과야 어떻든 우리는 그날그날 최선을 다한 것이라고 볼 수 있는 것이죠. 중요한 건 그 모든 과정을 지치지 않고 포기하지 않도록 지속할 수 있는 힘이 필요하다는 겁니다. 그리고 가장 좋은 건 꾸준히 자기 스스로에게 위로와 격려를 하는 겁니다.

다만 무비판적으로 안일한 태도를 갖는 건 위험합니다. 자신의 공부 리듬과 집중을 방해하는 요소가 어떤 것인지 면밀히 관찰하고 평가해야 해요. 생활 리듬은 습관과도 같습니다. 그래서 나의 리듬을 살펴보아야 하고 좋은 습관을 들이려 애써야 하죠. 좋은 습관과 리듬을 유지할 때 결과물도 좋은 법이니까요.

라틴어의 '습관'이라는 단어는 '하비투스habitus'인데요, '하비투스'에서 영어의 '해빗habit'이 유래했고 이 명사는 '하베오habeo' 동사에서 파생했습니다. '하베오' 동사에서 영어 '해브have' 동사가 유래하고 영어 '해빗'의 '버릇, 습관, (수도사, 수녀가 입는) 의복'이라는 뜻도 모두 라틴어에 그 근거를 둔 것이죠.

그런데 '하비투스'라는 말의 유래가 재미있습니다. 이 명사를 살펴보면 '습관'이라는 뜻 외에도 '수도사들이 입는 옷'이라는 의미도 있습니다. 수도사들은 매일 똑같은 시간에 일어나 아침 기도를 바치고 난 뒤 오전 노동을 하고 점심식사를 하기 전 낮 기도를 바쳤어요. 점심식사 뒤에는 잠깐 휴식을 취한 뒤에 오후 노동을 하고 저녁식사 전에 저녁 기도를 바쳤고요. 저녁식사가 끝나면 잠깐의 휴식 뒤에 잠자리에 들기 전 하루의 일과를 마치는 끝 기도를 드렸습니다. 그리고 모두 일괄적으로 잠자리에 들었고요. 그래서 수도자들이 입는 옷 '하비투스'에서 매일 똑같은 시간에 똑같은 것을 한다는 의미에서 '습관'이라는 뜻이 파생하게 된 겁니다.

공부하는 과정은 일을 해나가는 과정과 다르지 않습니다. 공부든 일이든 긴장만큼이나 이완이 중요하기 때문에 정말 필요한 순간에 에너지를 쏟아부어야 하죠. 그러자면 스스로의 리듬을 조절해야 합니다. 그리고 다시 이야기하지만 그 과정 중에 끊임없이 스스로를 위로하고 격려할 줄도 알아야 합니다. 이것이 좋은 두뇌나 남다른 집중력보다 더 중요한 자세입니다.

사실 인생은 자신의 뜻이나 의지와 상관없이 흘러갈 때가 많습니다. 주변에서 끊임없이 무슨 일이 일어나고 그중 많은 문제가 우리를 괴롭히죠. 우리가 살아가는 동안 아마도 계속 그럴 겁니다. 우리가 통제할 수 있는 게 아닙니다. 그러니 그것은 그것이고 나는 내가 할 일을 한다는 태도가 필요합니다. 전 학생들에게 이렇게 말하곤 합니다. 그냥 "쌩 까"라고요. 학생들의 지친 얼굴에서 웃음이 나오는 대목입니다. 뭔가 근엄하고 엄숙하게, 혹은 진지하게 조언할 줄 알았는데 '쌩 까'라니요. 그것도 선생이 말입니다.

중요한 건 내가 해야 할 일을 그냥 해나가야 한다는 겁니다. 내가 어쩔 수 없는 일과 내가 할 일을 구분해야 해요. 그 둘 사이에서 허우적거리지 말고 빨리 빠져나와야 합니다. 또한 벗어났다고 해서 다시 빠지지 말라는 법은 없으니 늘 들여다보고 구분 짓고 빠져나오는 연습을 해야 해요. 사실 학생들이나 어른들이나 잘 못하기는 마찬가지입니다.

아우렐리우스 아우구스티누스는 4세기의 신학자이자 철학자로 초대 교회 교부教父 중 한 사람이며 교회학자입니다. 그의 신학적인 사상은 교파에 관계없이 많은 그리스도교 신학자들과 르네 데카르트, 장 폴 사르트르 같은 철학자들에게도 두루두루 영향을 끼쳤는데요, 그런 그가 『고백록』에서 한 말 중에 제 마음을 울리는 부분이 있습니다.

어떻든 소년기에는 글을 좋아하지 않았고 저에게 글공부하라고 닦달하는 어른들이 미웠습니다. 닦달을 받았던 것은 오히려 저한테 잘된 일이었지만, 어쨌든 저로서는 잘하지 않았습니다. 억지로 시키지 않으면 배우지 않았던 저였습니다. 하는 일이 비록 좋아도 억지로 하면 잘 안 하는 법입니다. (…) 저에게 배움을 강요한 그들도 제가 어디로 향해야 하는지 꿰뚫어보지 못했습니다. 그저 충만한 빈곤, 욕된 영광을 두고 채우지 못할 욕심을 채우려는 것 말고는 몰랐습니다.

— 아우구스티누스, 『고백록』 중에서

그렇습니다. 삶이 그런 것인데도 사람들은 종종 착각해요. 안정적인 삶, 평온한 삶이 되어야 그때 비로소 내가 무엇인가를 할 수 있다고요. 이것은 착각입니다. "지금 사정이 여러모로 안 좋고 마음의 여유가 없어서 이 일을 혹은 공부를 할 수 없어. 나중에 좀 편안해지고 여유가 생기면 그때 본격적으로 할 거야"라고 하지만 그런 시간은 잘 오지 않아요. 아니, 끝내 오지 않을지도 모릅니다. 왔다고 하더라도 이미 필요가 없거나 늦을지도 모르고요.

인간이라는 존재는 어떻게 보면 처음부터 갈등과 긴장과 불안의 연속 가운데서 일상을 추구하게 되어 있는지도 모릅니다. 그런 과정 속에서 끊임없이 평안과 행복을 추구하는 것이 삶이기도 하고요. 결국 고통이 있다는 것은 내가 살아 있음의 표시입니다. 산 사람, 살아 있는 사람만이 고통을 느끼는데 이 고통이 없기를 바란다면 그것은 모순이 있는 소망이겠지요. 존재하기에 피할 수 없는 고통 속에서 우리는 공부하고 일하며 살아갑니다.

몇 년째 높은 산중턱에 있는 식당에 매일매일 물건을 대주는 일을 하고 있는 사람의 이야기를 방송에서 본 적이 있습니다. 자기 몸무게보다 훨씬 무거운 짐을 지게에 잔뜩 지고도 배낭만 달랑 메고 오르는 사람보다 산을 더 잘 타는 모습을 보고 놀랐습니다. 그가 그럴 수 있는 건 그 일을 꾸준히 오래 해서 요령도 생기고 몸에 익었기 때문일 겁니다. 전혀 그런 일을 해보지 않은 사람과는 다르게 몸에 밴 습관에서 오는 수월함이 분명 있을 거예요. 그는 그렇게 되기까지 죽을 만큼 힘든 초창기의 시간을 잘 견뎌낸 겁니다.

이처럼 매일 출근해 일하는 노동자처럼, 공부하는 노동자는 자기가 세운 계획대로 차곡차곡 몸이 그것을 기억할 수 있을 때까지 매일 같은 시간에 책상에 앉고 일정한 시간을 공부해줘야 합니다. 머리로만 공부하면 몰아서 해도 반짝 하고 끝나지만 몸으로 공부하면 습관이 생깁니다. '하비투스'라는 말처럼 매일의 습관으로 쌓인 공부가 그 사람의 미래가 됩니다.

그리고 그런 습관을 만들기 위해서는 나의 생활패턴과 성향을 잘 분석해야 합니다. 처음부터 실패할 계획을 세워놓고 그것 때문에 스트레스를 받고 의기소침해할 필요가 없습니다. 내가 어느 시간에 더 집중을 잘하고 어느 시간에 집중을 못하는지, 또 어떨 때 감정적으로 쉽게 무너지는지를 잘 파악해야 합니다. 잠은 적어도 얼마만큼은 자야 집중력을 오래 유지할 수 있는지와 같은 사소한 것도 알

이탈리아 아씨시의 성프란치스코 대성당

아야 합니다.

　로마 유학 중에 수업의 내용과 용어조차 못 알아들었던 제 석사 과정도 그렇게 크고 작은 시행착오를 반복하면서 흘러갔습니다. 그러면서 실력은 착실히 쌓인다는 것도 알았습니다. 공부는 자동판매기가 아니었어요. 당장 결과가 좋지 않은 경우가 수두룩하지만 꾸준히 체계적으로 학습량을 쌓은 두뇌는 어느 때부터 '화수분'*이 될 수 있다는 것을 경험했던 시간이었습니다.

　　Non efficitur ut nunc studeat multum, sed postea ad effectum veniet.
　　논 에피치투르 우트 눈크 스투데아트 물툼, 세드 포스테아 아드 에펙툼 베니에트.
　　지금 많이 공부해서 결과가 안 나타나도, 언젠가는 나타난다.

　분명히 '아무리 공부해도 무능한 노동자'라고 수없이 자기 자신을 책망했던 시간이 머쓱해질 때가 올 겁니다. 결국 공부는 성숙을 배워가는 좋은 과정입니다. 힘들게 공부하는 과정 중에 자기 자신과의 소통을 경험할 수 있어요. 좋지 않은 결과를 맞이하게 되면 자신의 한계를 보기도 하고 남과 비교하면서 스트레스를 받고 좌절하기도 합

---

* 재물이 계속 나오는 보물단지. 그 안에 물건을 담아두면 아무리 써도 줄지 않는다는 설화에서 나온 말이다.

니다. 또한 끊임없이 지독한 나, 열등한 나와 조우하게 되고요.

아우구스티누스의 고백처럼 "자신을 가엾게 여길 줄 모르는 가엾은 인간보다 더 가엾은 것이 무엇이겠습니까?"* 이렇게 나 자신과 소통하면서 나를 알게 되고 나를 다스리며 성숙해집니다. 자기 마음을 찬찬히 읽어내는 노력을 계속하고 그 마음을 잘 다스리는 학생들이라면 충분히 누구나 마음먹은 일을 잘 해낼 수 있을 겁니다.

저는 공부하는 노동자입니다. 공부라는 노동을 통해 지식을 머릿속에 욱여넣는 것이 아니라 그 과정을 통해 나를 바라보는 노동자입니다. 그리고 그 사실이 싫지 않습니다. 이 책을 읽고 있는 여러분은 과연 어떤 노동자입니까?

---

* 아우구스티누스, 「출생 및 유년, 소년 시절」, 『고백록』, 제1권, 13, 21.

캐사르의 것은 캐사르에게
신의 것은 신에게

Quae sunt Caesaris Caesari et quae sunt Dei Deo

❖ 이번 강의에서는 그리스도교에 대한 이야기를 좀 해보려고 합니다. 어떤 학생들은 라틴어 수업 시간에 왜 특정 종교에 대해 이야기를 하는지 의아해하기도 하는데요, 유럽의 역사와 그 역사를 기록한 라틴어는 로마 문명 외에도 그리스도교를 언급하지 않고는 설명이 불가능합니다. 제국의 언어였던 라틴어. 로마 제국이 패망한 뒤로 가톨릭 교회가 그 라틴어를 교회의 공식 언어로 채택하여 사용하였기 때문입니다. 그래서 라틴어는 로마 제국이 패망한 뒤에도 근대 이후까지 교회의 언어일 뿐만 아니라 유럽의 주요 언어로 남게 되고, 그것이 사회 모든 분야에 영향을 주게 됩니다. 따라서 그리

스도교에 관한 이야기는 단순히 종교적인 차원이 아니라 언어와 문화, 종교와 사상을 망라한 것으로 서구 문화를 이해하는 데 반드시 필요한 단초와 같습니다.

이러한 맥락에서 저는 학생들에게 신약성서의 「로마 신자들에게 보낸 서간(이하 로마서)」에 관한 이야기를 들려줍니다. 조금 어려울 수도 있고 종교적인 이야기인 만큼 용어가 낯설 수도 있지만 천천히 따라오길 바랍니다.

「로마서」는 바오로(바울)가 로마 신자들에게 쓴 편지인데요, 그리스도교 신자가 아닌 분들을 위해 간략히 바오로라는 인물에 대해 먼저 소개해야 할 것 같습니다. 그의 원래 이름은 '사울'로 그는 유대인이었고 당대 유명한 유대인 랍비의 문하생이었습니다. 게다가 엄격한 바리사이파이자 그리스도교의 박해자이기도 했습니다. 그런 그가 예수를 믿는 사람들을 체포하러 가던 중에 예수를 만나는 특별한 체험을 하고 완전히 회심하면서 인생의 전환점을 맞이합니다. 이름을 '사울'에서 '바오로'로 바꾼 뒤 아시아에서 유럽에 이르는 광범위한 지역을 돌며 선교여행을 합니다.

그리고 여행을 마치고 예루살렘으로 돌아오는데, 유대인들에게 붙잡히고 맙니다. 그가 유대교를 비방하고 선교여행 중에 율법을 지키지 않아도 된다고 가르쳤다는 것이 이유였어요. 율법을 중요시했던 유대교인들의 입장에서 그는 배신자와 같았고, 그들은 군중을 선동해 바오로를 붙잡습니다. 그리고 로마의 군인들은 이 사태가

피에르 프란체스코 사치, 〈서한을 쓰는 성 바오로〉, 1520년경,
포플러 패널에 유재, 106×81.9cm, 런던 내셔널 갤러리

폭동으로 번질까봐 두려워 바오로를 체포해 급히 카이사리아로 호송합니다.

카이사리아에서 2년 가까이 보낸 바오로는 로마의 시민권자로서 황제에게 상소를 했고, 그 후에 로마로 보내지는데요, 「로마서」는 바오로가 로마에 보내지기 전에 쓴 편지입니다. 이 점에 대해서는 고대 및 현대의 거의 모든 학자들이 의견을 같이하고 있습니다.

「로마서」의 출처에 관한 문제만큼 학자들이 의견을 모으는 또 다른 사항은 그 중요성입니다. 「코린토 신자들에게 보낸 첫째 서간(고린도 전서)」과 함께 바오로의 서간 중 가장 긴 「로마서」는 바오로가 로마 제국 수도에 있는 교회의 신자들에게 쓴 서간입니다. 이것이 중요한 이유는 이를 통해 초기 로마 교회의 상황을 엿볼 수 있기 때문입니다. 바오로가 보낸 이 서간은 자신을 로마 교회의 지도자들에게 소개하는 소개서이기도 했습니다. 어쨌거나 이것은 로마 제국 수도의 초기 그리스도교 공동체에 대한 증거가 되는 셈입니다.

서간에는 성서의 역사적 맥락 안에서 유대교도들과 그리스도인들의 관계가 바오로의 시각으로 전개됩니다. 교회 안에서 그들의 상황이 어떠했는지 말해준다는 점에서도 중요한 역할을 하죠. 바오로는 자신의 서간에서 신에 대한 믿음으로 우리가 의로워질 수 있고 신과 올바른 관계가 성립되므로, 믿음은 유대교와 그리스도교를 한데 묶어주는 주된 신학 원리라고 했습니다. 이 지점이 율법을 우선하는 유대교와의 차이라고 볼 수 있습니다.

또 「로마서」는 바오로가 그리스도교의 기본 원리를 자세히 설명한다는 점에서 중요합니다. 조상이나 모세의 율법이 아닌 믿음으로 의화(신에 대한 믿음과 신의 은혜를 통해 죄인이 의로운 상태로 되는 일)되는 것에서부터 바오로의 모든 주장이 시작됩니다. 일단 이 점이 올바로 이해되면 유대교와 그리스도교 사이의 장벽은 사라질 겁니다. 믿음이란 마음의 문제지 혈통의 문제가 아니기 때문입니다. 예수를 구세주로 믿는 사람은 개인적인 배경과는 상관없이 누구나 그리스도 공동체에서 환영받습니다. 이러한 믿음을 가진 사람들이 대부분의 유대인들처럼 성서를 잘 알고 있다면 문제될 게 없겠지만 믿음은 없고 성경 지식만 풍부하다면 오히려 그 지식은 쓸모없을 뿐더러 해가 될 수도 있습니다.

이렇듯 초기 그리스도교가 할례와 같은 유대인의 전통적 윤리만을 주장하고 그리스 로마의 철학적 범주를 사용하지 않았다면, 다문화로 표방되는 지중해 지역에서 하나의 밀교로만 남았을지도 모릅니다. 그러나 그리스도교는 스토아 학파와 키케로 등 로마의 법사상가들의 주장처럼 모든 인간이 동일한 도덕적 지위를 가지고 있다고 설파했습니다. 다만 스토아 학파가 인간이 이성을 사용할 수 있는 능력에 근거하여 도덕적 평등을 주장하였다면, 그리스도교는 이웃을 자기 자신처럼 사랑할 줄 아는 능력에 근거하여 모든 인간이 평등하다고 보았다는 점에서 차이가 있습니다.

더 나아가 그리스도교는 기존의 종교와 전통 문화와는 다른 형태의 평등을 주장합니다. 즉 신의 자녀로서, '신의 모상imago Dei'으로서 모든 인간이 평등하다는 겁니다. 이러한 가르침은 귀족과 평민을 차별하지 않은 고대 유대법과 유대인과 이방인의 권리를 동일하게 본다고 규정한 유대교 전통을 그리스도교가 계승한 겁니다. 이는 바오로의 "유대인도 그리스인도 없고, 종도 자유인도 없으며, 남자도 여자도 없습니다. 여러분은 모두 그리스도 예수님 안에서 하나입니다(「갈라티아 신자들에게 보낸 서간」 3: 28)"라는 말에서도 잘 드러납니다.

「로마서」에는 여러 가지 다른 신학적 주제들이 다뤄지는데, 그중 가장 눈에 띄는 것은 예수 안에서 미래가 실현된다는 종말론입니다. 이 사상은 서간 전체에 걸쳐 깔려 있고 바오로는 이것이 당대 그리스도인들에게 믿음과 책임감을 갖게 하는 동기가 된다고 생각했습니다. 그래서 이 종말론에 여러 차례 주의를 집중시킵니다.

여기에서 더 나아가 이 주제와 긴밀하게 연관된 것으로는 「로마서」 13장, 〈그리스도인과 권위〉에서 간단히 언급하고 있는 초창기 교회와 국가의 관계에 대한 것입니다. "사람은 누구나 위에서 다스리는 권위에 복종해야 합니다. 하느님에게서 나오지 않는 권위란 있을 수 없고, 현재의 권위들도 하느님께서 세우신 것입니다(「로마서」 13: 1)"로 시작하는 이 부분의 내용은 간략히 말하면 국가의 권위는 신이 정해준 것인 만큼 그리스도인이라면 합법적인 일일 경우 모든 일에서 국가를 따라야 할 의무가 있다는 주장입니다. 지금이라면 동의하기 어려운 내용이겠지만 그 시대에 이런 주장은 오히려 신학이 발전할 수 있는 새로운 장을 열어주었습니다.

올가미를 씌우려고 바리사이들과 헤로데 당원 몇 사람을 예수에게 보냈다. 그들이 예수에게 와서 이렇게 물었다. "선생님, 저희는 선생님이 진실하시고 아무도 꺼리지 않으시는 분이라는 것을 압니다. 과연 선생님은 사람을 그 신분에 따라 판단하지 않으시고, 신의 길을 참되게 가르치십니다. 그런데 황제에게 세금을 내는 것이 합당합니까, 합당하지 않습니까? 세금을 내야 합니까, 내지 말아야 합니까?" 예수는 그들의 위선을 알고 그들에게 말하였다. "너희는 어찌하여 나를 시험하느냐? 데나리온 한 닢을 가져다 보여 다오." 그들이 그것을 가져오자 예수는, "이 초상과 글자가 누구의 것이냐?" 하고 물었다. 그들이 "황제의 것입니다." 하고 대답하였다. 이에 예수는 "황제의 것은 황제에게 돌려주고, 신의 것은 신에게 돌려 드려라(Reddite igitur quae sunt Caesaris Caesari et quae sunt Dei Deo)." 그들은 예수에 대해 매우 감탄하였다(「마르코」 12: 13-17, 「마태」 22: 15-22, 「루카」 20: 20-26).*

요한복음서를 제외한 나머지 세 복음서에 언급되는 내용입니다. 바리사이들과 헤로데 당원들은 예수를 거짓으로 찬사한 후 세금에 대한 질문을 이어갑니다. 하지만 이 질문은 어떤 답을 하든 나쁜 답

---

* Giuseppe Dalla Torre, *La Città sul monte*, Editrice AVE, 2007, p. 28 참조.

변이 될 수밖에 없습니다. 세금을 내지 말라고 하면 로마 당국의 법을 어기게 되는 것이고, 세금을 내라 하면 백성의 반발을 사게 되는 일이기 때문입니다.

이 이야기는 여러 가지 생각할 거리를 제공합니다. 특히 세금 납부의 의무를 지키는 것은 그리스도교에 의해 정치와 종교의 분리, 독립의 근본 원칙을 말할 때 항상 제기되었던 문제입니다.

"황제의 것은 황제의 것으로, 신의 것은 신의 것으로"라는 구절에서 볼 수 있듯이 캐사르와 신을 구분하는 복음서의 권고는 인간의 역사에서 아주 오래된 정교 일치를 파괴하는 요소를 담고 있습니다. 거기에서부터 시민 사회와 종교 사회, 행정 당국과 종교 당국, 시민법과 종교법을 구분하게 되는 것이죠. 이것은 그 시대의 사람들이 시민으로서 국가 권력의 명령에 따라야 함과 동시에 신자로서 자기 양심상의 계율을 지켜야 하는 '이중 충성'의 문제를 제기합니다. 아우구스티누스 성인은 『신국론』에서 이 세상 왕국과는 다른 왕국, 세속의 통치권과는 구별되는 통치권, 세상의 것과는 다른 권위와 법이 존재한다고 주장합니다. 그래서 그리스도인은 지상도시와 천상도시라는 두 개의 시市에 속한 시민이라고 생각합니다. 결국 이것을 통해 정치 권력의 명령과 종교의 계율 사이에 갈등이 발생할 수 있고, 이를 해결하기 위해서 정치와 종교 사이의 합의(전제)가 필요하게 됩니다.

그런데 어느 시점부터 세속의 권위보다 교회의 권위가 훨씬 막강해집니다. 그래서 교회 권력은 교육, 의료 등 거의 모든 사회 분야에 영향을 끼치게 되죠. 그러다가 어느 순간 시민들이 등장해 교회가 가지고 있던 교육 및 오늘날의 사회복지 개념을 시민사회에서 구현하겠다고 주장합니다. 여기에서 오늘날 대부분의 국가가 향유하는 공교육이라는 개념이 나왔습니다. 이를 교회의 입장에서 보면 교회가 기존에 향유했던 것을 세상이 가져간 것이므로 세속주의라고 부르게 된 것이고요. 이 이론의 바탕이 되는 성경 구절이 바로 "캐사르의 것은 캐사르에게, 신의 것은 신에게"입니다.

또한 중세 시대에는 성聖과 속俗, 종교와 정치를 구분했을 뿐만 아니라 이런 원칙을 통해 처음 천년 동안 교회의 권위가 정점에 달하게 됩니다. 그 영향으로 교회법이 일반 시민법보다 더 상위에 자리 잡게 되었고요. 그러면서 성경이 법률적 차원의 공동 유산이자 공통 규범이 되어, 점점 모든 것의 근원이라는 지위를 차지하게 됩니다.

그러나 시간이 지나면서 사람들은 성경이 현실의 모든 문제를 해결해줄 수 없다는 사실을 깨닫기 시작합니다. 이 점은 오늘날 그리스도교를 신앙으로 가진 사람들에게 시사하는 바가 큽니다. 인류 역사상 종교와 신앙의 가치가 최고조에 이른 중세 시대에서조차 성경의 가치만으로 현실의 문제를 해결하는 데 이미 한계를 드러냈다는 걸 의미하기 때문입니다. 그래서 중세 시대의 사람들은 성경의 가치는 유념하되, 세속의 학문과 연계해서 문제를 해결하려고 했습니다. 이와 관련해서는 이후에 한 번 더 이야기할 기회가 있을 겁니다. 우리가 잘못 알고 있는 것 중 하나가 중세 시대에는 하나의 교리와 신조만을 강요했다는 것인데, 사실은 그렇지 않았습니다. 이것을 보면 그 시대의 사람들이 오늘날의 그리스도인들보다 더 유연하고 탄력적으로 사고했다는 것을 알 수 있습니다.

즉 바오로는 유대교의 율법에서 벗어나는, 당시로서는 파격적인 생각을 그리스도교에 접목했던 겁니다. 이를 통해 예전에는 불가능했던 것도 실현될 수 있음을 보여줍니다. 우리는 바오로를 통해 어떤 공동체에서는 아무런 거리낌 없이 가능했던 것이 또 다른 공동체에서는 그것을 얻기 위해 엄청난 투쟁이 필요하다는 것을 깨닫게 됩니다. 또한 이와 같은 현실에서 인간이 어떻게 생각하고 판단했는가 하는 훌륭한 본보기도 얻게 됩니다. 아마도 바오로는 인간이란 존재는 사고와 가치관의 노예가 될 수도 있기에 신학이 그 문제의 실타래를 풀어가는 도구가 되어주길 희망하지 않았을까요?

신학과 법학의 세계에 발을 디디고 있는 저도 똑같이 희망해봅니다. 신학과 법학이란 학문이 그리고 종교가, 경직되고 닫힌 사고의 실타래를 좀 더 유연하게 풀어갈 수 있는 도구가 될 수 있기를 말입니다. 그때 캐사르의 것은 캐사르에게 돌리고 신의 것은 신에게 돌려드릴 수 있지 않을까요?

만일 신이 없더라도

Etsi Deus non daretur

❖ 키케로가 『법률론』에서 말하는 이성에 대한 정의는 지금 읽어도 놀라울 정도로 탁월합니다. 키케로는 인간이 비판적으로 사유할 수 있는 능력을 귀중하게 생각했는데요, 그가 한 이야기를 좀 살펴볼까요.

> (…) 따라서 가장 현명한 사람들은 법에서 출발하는 것을 선호했으며, 올바른 것인지는 모르겠지만 그것을 정의한다면 법은 자연에서 받아들여진 최고의 이성이며, 그것이 무엇을 행하거나 반대로 하지 못하도록 명령한다. 그와 같은 이성이 인간의 정신 안에서 확증되고 완전할 때 법이

된다.*

나아가 키케로는 그리스 철학을 넘어 "우리는 최상의 법에서 참 다운 법의 원천이 형성된다는 것을 알 수 있으며, 그것은 모든 인류 에게 공통적이다. 어떠한 성문법이나 모든 도시국가에서 제정한 법 보다 먼저 태동하였다"** "따라서 어떠한 것도 이성보다 더 나은 것 이 없는 것으로 보아, 이성은 인간과 신에게 있는 것이며, 신과 더불 어 최초로 인간에게 결합된다. 그러나 이성은 인간과 신 사이에서 도 합리적이며 모두에게 해당되는 것이다. 그것이 법이 되며, 우리 는 법으로 인간이 신과 함께 결합한 것으로 생각해야 한다"***라고 도 했습니다.

그런데 이성에 대한 키케로의 정의는 각 시대마다 그 시대가 필 요한 부분만 강조됐습니다. 중세 그리스도교가 정점을 찍던 시기에 는 신과 인간에게 있는 이성 가운데 신만을 강조했고, 근대에 접어 들어서는 신을 떼고 인간의 순수 이성만을 강조했습니다. 그러다 국제법의 기초를 세운 것으로 알려진 1625년 네덜란드의 철학자이 자 법학자인 그로티우스(Hugo de Groot, 1583~1645)는 "만일 신 이 없더라도Etsi Deus non daretur"라는 유명한 전제를 제시합니다. "에

---

* Cicero, *De Legibus* Liber I, 18.
** Cicero, *De Legibus* Liber I, 19.
*** Cicero, *De Legibus* Liber I, 23.

트시 데우스 논 다레투르"의 원뜻은 '만일 신이 주지 않더라도'인데요, 그 자체로 인간에게 주어진 무엇이 있다고 생각한 명제입니다. 즉 신의 존재를 배제하고 인간의 순수이성으로 인간과 법, 철학과 윤리를 말한 것이죠. 그는 이 표현을 통해 신의 존재 여부를 떠나 자연법은 그 자체로 유효하다고 주장했습니다. 이를 위해 그는 자신의 책『전쟁과 평화의 권리에 대하여』에서 많은 분량을 신학에 대한 정의에 할애하고 신의 의지와 인간의 의지를 구분합니다.

물론 이런 주장을 그로티우스가 최초로 한 것은 아닙니다. 그보다 11세기나 앞서 알렉산드리아의 히파티아라는 여성 수학자가 같은 주장을 했습니다. 그녀는 '최초의 여성 수학자'라는 명성에 걸맞게 프톨레마이오스, 아폴로니오스, 디오판토스 등의 대수학자의 저서에 관해 귀중한 해설서를 남겼는데,『디오판토스의 산술에 대한 해설서』,『아폴로니오스의 원추곡선에 대한 해설서』,『프톨레마이오스의 알마게스트에 관한 해설서』 등이 그것입니다.

히파티아라는 여성은 수학자인 동시에 신플라톤주의 철학자였는데요, 5세기 알렉산드리아의 엘리트 계층의 자제들이 그녀에게 존재론과 윤리학에 대해 가르침을 받은 것으로 전해집니다. 그녀는 그리스도교 신자도 아니었고 그렇다고 이교도도 아니었습니다. 히파티아는 어떠한 종교집단이나 예배, 점이나 마술, 미신에는 일절 가담하지 않고 플라톤의 사고와 실천 체계로 신적 존재에 이르는 방법을 찾고자 했습니다.

사실은 미신을 찾지 않았던 것은 히파티아만의 고집이 아니라 알렉산드리아 지역의 학풍 같은 것이기도 했습니다. 히파티아보다 훨씬 이전, 알렉산드리아 도서관이 세워질 당시에 살았던 그리스의 철학자이자 과학자 테오프라스토스는 "미신은 신을 똑바로 보지 못하는 비겁함"이라고 지적했습니다.* 알렉산드리아에서는 일찌감치 종교적인 신념에 따라 절대 존재를 찾는 것이 아니라 플라톤의 철학적 방법을 통해 찾으려고 하는 학풍이 있었습니다.

히파티아는 어려서부터 부친을 비롯해 선대의 대학자들로부터 수학과 천문학, 종교에 대한 분별력을 바탕으로, 새로운 진리를 배척하는 어떠한 완고한 신앙도 거부하도록 교육받았습니다. 그리고 틀린 생각을 하는 것이 아무것도 생각하지 않는 것보다 낫다고 배웠고요.

여기서 중요한 것은 그로티우스 이후로 신의 존재를 배제한 인권과 법철학 등의 개념이 일반 개인에게 적용되기까지 지난한 작업이 펼쳐지게 된다는 점입니다. 가령 국제연합헌장의 "우리 인류의 일생 중에 두 번이나 말할 수 없는 슬픔을 안겨준 전쟁의 불행에서 다음 세대를 구하고, 기본적 인권, 인간의 존엄 및 가치, 남녀 및 대소 각국의 평등권에 대한 신념을 재확인하며, 정의와 조약 및 기타 국제법의 연원으로부터 발생하는 의무에 대한 존중이 계속 유지될 수

---

* 칼 세이건 지음, 홍승수 옮김, 『코스모스』, 사이언스북스, 2016, 658쪽 인용.

있는 조건을 확립하고 더 많은 자유 속에서 사회적 진보와 생활수준의 향상을 촉진할 것을 결의하였다"라는 내용 또한 그로티우스의 사상에서 출발하고 있습니다.

국제연합의 회원국인 모든 국가는 세계 인권 선언에 선포된 기본권과 자유를 존중해야 합니다. 그런데 1555년 유럽에서 이루어진 종파 간의 화해 원칙인 '아우크스부르크 평화 회의Pace di Augusta'이든, 1789년 북미 지역에서 행해진 여러 종파의 공존 원칙인 '미국 연방 헌법 제정'이든 역사적으로 최초로 인정된 권리는 바로 종교의 자유에 대한 권리였습니다.** 즉 이 권리에 대한 문제는 단순히 종교의 자유의 문제에 머무르지 않고 양심의 문제임을 자각하게 됩니다. 그래서 종교의 자유는 양심의 자유로 확대되고, 이윽고 출판 및 표현에 대한 자유, 집회 및 결사에 대한 자유에까지 그 범위가 넓어지게 되죠. 다시 말해 우리가 오늘날 헌법상 기본권이라고 향유하는 권리는 그 출발이 종교의 자유에서 시작되었다고 할 수 있습니다. 하지만 오늘날 세계의 모든 사람들이 이런 권리와 자유를 누릴 수 있는 것은 아닙니다.

이슬람 사회에서 법, 국가와 종교에 대한 개념은 다소 절대적인 일원론이 지배하고 있습니다. 법률이란 마호메트가 전파한 종교적, 사회적 교리의 실천적인 면 이외에는 아무것도 아니라는 말입니다.

** C.Corral, *Libertà religiosa*, in *Nuovo Dizionario Diritto Canonico*, 앞의 책, 648-649쪽; 한동일, 「종교 자유」, 『교회법률 용어사전』, 가톨릭 출판사, 2017, 848쪽.

이슬람교에서 인권은 자유로운 이슬람교도 성인에게만 온전히 존재합니다. 비이슬람교도와 노예는 부분적인 보호만 받거나 어떠한 법적(행위) 능력도 갖지 못합니다. 이슬람교도가 이슬람교 원칙에 반대하여 활동하거나 이슬람교 신앙을 포기하면 이슬람 국가의 국적을 잃을 수도 있어요. 배우자와 자신의 종교를 변경하는 일은 그 자체로 혼인 해소, 상속의 포기와 시민권 상실morte civile을 가져올 수도 있고요. 이슬람교는 다른 모든 종교의 개종 권유를 거부하면서도 자신들은 타인에게 이슬람교로의 개종을 열렬히 권유합니다.

사우디아라비아와 예멘은 유엔 정부기구를 통해 세계 인권선언 제18조와 '시민적 및 정치적 권리에 관한 국제규약' 제18조 1항에 있는 내용이 포함되지 않도록 하기 위해 노력했습니다. 그 선언의 내용은 "모든 사람은 사상, 양심 및 종교의 자유에 대한 권리를 가진다. 이러한 권리는 종교 또는 신념을 변경할 자유와, 단독으로 또는 다른 사람과 공동으로 그리고 공적으로 또는 사적으로 선교, 신앙실천, 예배 및 의식에 따라서 자신의 종교나 신념을 표명하는 자유를 포함한다"라고 규정합니다.

아프리카에서 이슬람 국가들은 다음과 같습니다. 각 국가 다음에 괄호로 표기한 것은 "이슬람법이 입법의 주요 원천이다"라는 내용이 각 나라 헌법 몇 조에 실려 있는지를 나타냅니다. 알제리(헌법 제4조), 모로코, 튀니지, 이집트(헌법 제1조), 모리타니(헌법 제2조)가 있고, 수단도 이슬람 국가에 포함해야 합니다. 아시아에서는 사우디아라비아(헌법 제5조), 이라크(헌법 제13조), 이란(헌법 제1조), 요르단(헌법 제2조), 말레이시아(헌법 제3조), 파키스탄(헌법 제1조), 시리아(헌법 제2조와 제3조)와 예멘(헌법 제3조)이 있습니다.

모든 면에서 이슬람은 국교입니다. 이슬람교가 가진 국교로서의 영향력은 신정神政 체제인 사우디아라비아, 이란과 남예멘에서 최고조에 달하죠. 입법, 교육, 국가의 경영과 정치적 입장 등 대부분의 분야에서 이슬람의 영향력을 느낄 수 있고요. 이슬람 국교의 근본 요소는 "이슬람법이 입법의 주요 원천이다"라고 정의하는 데 있습니다(시리아 헌법 제2조).* 과연 이 신정 체제의 국가들에서 "신이 존재하지 않더라도"라는 명제는 언제쯤 실현될까요?

도대체 종교란 무엇이며 신앙이란 무엇일까요?

저는 이런 질문에 대해 가끔 저의 작은 경험에 비추어 생각해볼 때가 있습니다. 수업을 하다보면 학생들 가운데 강의 내용을 이해하지 못하고 질문하는 경우가 있어요. 그 경우 학생들이 이해할 수 있도록 최대한 친절히 설명해보지만 간혹 몇 번을 이야기해도 이해하지 못할 때도 있죠. 그러면 아쉽지만 그냥 지나갈 수밖에 없습니다. 또 어떤 경우는 제가 아는 내용을 전부 학생들에게 전달하기보다 학생들의 수준과 진도에 맞춰 그들이 이해하고 받아들일 수 있

---

* C.Corral, *Relazioni chiesa stato:sistemi vigenti*(Relationes inter Ecclesiam et Statum: systemata vigentia), 앞의 책, pp.900-901쪽 참조: 한동일, 「교회와 국가와의 관계: 현 체제(국교, 정교분리, 무신론)」, 『교회법률 용어사전』, 232-233쪽.

는 정도까지만 설명합니다. 이런 작은 체험을 통해 모든 종교에서 신으로 추앙받고 있는 이들이나 대예언자들도 그들의 제자에게 이렇게 하지 않았을까 하는 상상을 해보곤 합니다.

실제로 그리스도교의 경우 예수는 그의 지상 생활 중에 제자들과 함께하는 시간 동안 그들에게 "너희가 이 비유도 알아듣지 못하면서 어떻게 다른 비유들을 알아듣겠느냐?"(「마르코」 4: 13)라고 반문한 적이 있습니다. 그래서 "예수께서는 그들이 알아들을 수 있을 정도로 이와 같은 여러 가지 비유로써 말씀을 전달하셨다. 그들에게는 이렇게 비유로만 말씀하셨지만 제자들에게는 따로 일일이 그 뜻을 풀이해 주셨다"(「마르코」 4: 33)라고 말합니다. 그럼에도 제자들 가운데 여럿이 "이렇게 말씀이 어려워서야 누가 알아들을 수 있겠는가"(「요한」 6: 60) 하며 수군거렸다고 하죠. 그리고 보면 예수도 제자들을 다 이해시키지는 못했던가 봅니다. 이 이야기는 가르치는 입장에 있는 저에게 위로가 되기도 합니다.

그런 생각들이 꼬리를 물어 성경이란 것에까지 생각이 미치게 됩니다. 어찌 보면 성경도 제자들이 스승인 예수의 말씀을 듣고 그들이 이해한 것을 제자의 제자에게, 또 그 제자에게 전달하여 기록된 학생들의 수업 노트였을 겁니다.

여기에서 한 가지 의문이 생깁니다. 가끔 수업 시작 전에 학생들의 필기 내용을 살펴보면 칠판에 적어준 것이나 설명한 것을 엉뚱하게 받아 적어놓은 것을 발견하거든요. 그럴 때면 웃으면서 수정해주는데, 성경이나 이슬람의 경전에도 그러한 일이 없었으리라고 장담할 수는 없다는 생각이 드는 거죠. 그리고 사실 성경이 예수의 모든 일상을 다 적어놓은 것도 아닙니다. 이에 대해 요한복음 21장 25절에서도 "예수께서는 이밖에도 여러 가지 일을 하셨다. 그 하신 일들을 낱낱이 다 기록하자면 기록된 책은 이 세상을 가득히 채우고도 남을 것이라고 생각된다"라고 전합니다. 그렇다면 예수의 가르침과 그분의 행적을 담고 있는 성경이란, 그 해석에 있어 절대적인 기준은 흔들림이 없어야겠지만 성경에 예수의 모든 가르침이 기록되지 않았거나, 예수의 본 의도가 온전히 담기지 않았을 가능성도 염두에 두어야 하지 않을까요? 그러니 인간사의 세부적인 규정이나 새로운 현안에 대해서는 언제든 그것을 가르친 예수의 원 의도가 무엇인지 묻고 그에 따라 해석되고 적용되어야 할 겁니다.

그런데 불행하게도 현실은 그와 반대인 것 같아요. 많은 경우 "이 백성이 입술로는 나를 공경하지만 그 마음은 내게서 멀리 떠나 있다. 그들은 사람의 규정을 교리로 가르치며 나를 헛되이 섬긴다. 너희는 신의 계명을 버리고 사람의 전통을 지키는 것이다(「마르코」 7:7-8)"라는 탄식이 우리 시대에도 똑같이 나타나고 있는 것은 아닐까요?

더 나아가 생각해보면, 혹여 우리는 이 성경의 구절처럼 사람의 규정을 교리로 가르치며 신을 헛되이 섬기고 있는 것은 아닐까요? 그래서 신의 계명을 버리고 사람의 전통을 종교와 신앙이라는 이

름으로 고수하도록 하는 것은 아닐까요? 그래서 서구의 역사는 그에 대한 반전으로 끊임없이 '신이 존재하지 않더라도'라는 가정 하에 인간 이성으로 인간과 법, 철학과 윤리를 찾아갔는지도 모릅니다. 이를 유럽에서는 세속주의라고 불렀는데, 아마도 그 여정은 신의 존재 여부를 떠나 자연법을 통해 인간에게 통용될 수 있는 합리를 찾아가는 과정이었을 겁니다.

그런 의미에서 인간에게 통용될 수 있는 '합리'라는 실타래를 좀 더 유연하게 해석하는 능력을 신이 인간에게 맡겼을지도 모릅니다. 그럼에도 여전히 종교는 사람의 전통을 믿어야만 하는 교리로 가르치고 있는 것은 아닐까, 하는 생각을 하게 됩니다. 하지만 그 무엇이든, 이렇게 끊임없이 묻고 답하며 무엇이 신의 진의일까, 질문하는 과정이 필요한지도 모르겠습니다.

혹여 필자의 이와 같은 생각에 불편한 분이 있다면 나른한 오후 범부의 개꿈과도 같은 상상이라고 너그럽게 이해해줬으면 합니다.

네가 주기 때문에 내가 준다

Do ut Des

❖ 로마는 기원전 493년 라티움 지방에 산재한 도시국가와 라틴 동맹을 결성합니다. 그리고 이 동맹을 '로마 시민의 자치도시 Municipia civium Romanorum'라고 하면서 동맹국들에게 상호주의 원칙에 따라 공·사법^{公·私法}상의 권리를 인정했어요. 사법상의 권리로는 라틴 동맹국의 주민에게도 로마 시민과 동등한 행위능력과 상거래법 ius commercium을 적용받을 수 있는 권리, 로마 시민과 결혼할 수 있는 혼인권ius conubii, 로마의 상속법에 따라 유언 상속인과 증여를 받는 수증자가 될 수 있는 권리 등을 부여하였습니다. 공법상의 권리로는 로마 시민권을 신청할 수 있는 국적 변경권ius mutandae civitatis과

로마로 이주할 수 있는 이민권$^{ius imigrandi}$ 등이 있었고요.

로마 시민권을 얻기 위해 일정 기간 로마에 거주해야 했다거나 일정액 이상의 재산을 소유해야 했는지 등 그 조건들은 확인할 수 없습니다. 하지만 분명한 건 로마가 정치적으로 동맹관계에 있는 이 국가들에 종교적으로나 문화적으로 로마와 동질감을 느낄 수 있도록 많은 사법적 권리를 주었다는 점입니다.[*]

정치적 이해관계로 얽혀 있는 라틴 동맹을 유지시킨 가장 주요한 원칙이 무엇이었을까요? 바로 '도 우트 데스$^{Do ut des}$'입니다. 직역하면 '네가 주니까 내가 준다'인데요, 이를 테면 '기브 앤 테이크$^{Give and take}$'라고 보면 됩니다. 로마가 주변 도시국가 주민들에게 로마 시민과 동등한 여러 권리를 주었기 때문에 그 국가들이 로마의 정치적 동맹국이 된 것이죠. 쉽게 말해 공짜는 없다는 겁니다.

그런데 한국 문화에서는 기브 앤 테이크라고 하면 좀 야박하다고 느낍니다. 안 받아도 내가 먼저 줄 수 있어야 훌륭하고 멋지다라는 인식이 깔려 있기 때문인데요, 사실 그건 그것대로 틀린 말은 아닙니다. 하지만 라틴어의 '도 우트 데스'는 우리가 보통 생각하는 정 없이 줄 것은 주고 받을 것은 받는다는 개념이 아니라 역사적으로도 의미 있는 '상호주의'라는 개념으로 이해해야 합니다.

저는 라틴어 수업을 하면서 학생들에게 다른 것은 다 잊어버려

---

[*] 현승종 저, 조규창 증보, 『로마법』, 법문사, 2004, 333쪽 참조.

도 이 '도 우트 데스' 하나만큼은 꼭 기억해두라고 말합니다. 앞으로 사회에 나가 미국과 유럽 지역의 사람들과 비즈니스를 하게 된다면 어떤 협상을 마치고 서로 마지막 인사를 주고받을 때 이 라틴어 문장을 툭 던져보라고 권합니다. 아마 상대의 눈이 휘둥그레질지 몰라요. 이건 마치 외국인이 사자성어를 써가며 우리에게 인사하는 것과 마찬가지니까요. 실제로 이 라틴어 수업을 들었던 한 제자가 졸업 후 비즈니스 관계에 있는 외국인 파트너에게 이 말을 했더니 정말 놀라워했다고 전해온 적이 있습니다.

그럼 잠시 이 문장의 문법을 좀 살펴볼까요? '도 우트 데스'에서 '도do'는 '주다'라는 의미의 '다레dare' 동사의 직설법 현재 단수 1인칭입니다. 라틴어는 주어 없이 '도' 동사 하나만으로도 문장이 가능한데 '도'는 '나는 준다'라는 뜻입니다. 이 동사를 설명할 때면 꼭 빠뜨리지 않는 이야기가 하나 있어요. 경상도 출신인 분들은 이 동사를 절대 잊을 수 없을 거라는 건데요. 경상도 사투리에서 뭔가를 달라고 할 때 "좀 도"라고 하죠? 라틴어의 '도' 동사도 그런 의미거든요. 학생들에게 이 이야기를 똑같이 하는데 모두들 웃습니다.

그 다음 '우트ut'에 대해 설명해야 하는데 이게 좀 어렵습니다. '우트'는 설명이 많이 필요한 부사이자 접속사이기 때문입니다. 간단히 말하면 '우트'는 영어의 'to 부정사' 용법의 'to'와 같은 기능으로 보면 되고 '예정, 가능, 의무, 결과' 등의 의미를 나타냅니다.

마지막으로 '데스des'는 제1강 〈내 안의 위대한 유치함〉에서 예로 든 '도' 동사 활용표(51-52쪽 참조)를 떠올리면 그래도 조금이나마 이해가 쉬울 수 있습니다. '데스'는 '도' 동사의 접속법 현재 단수 2인칭이기 때문입니다.

이런 설명을 해주면 학생들은 노트에 깨알같이 받아적는데 여기저기에서 탄식이 흘러나와요. 라틴어는 정말 어렵죠. '도 우트 데스'처럼 짧은 하나의 문장도 너무나 많은 문법적 설명이 필요할 만큼요. 학생들의 한숨은 자꾸 깊어만 집니다. 그리고 이렇게 묻습니다. "그럼 도대체 쉬운 게 뭐예요?"

이럴 때면 저는 학생들에게 공부는 쉽고 어렵고의 문제가 아니라 매듭을 짓는 자세가 중요하다고 말해줍니다. 어떤 공부를 시작하기 전에 그것을 내가 할 수 있는지 신중하게 판단하고, 그것을 해야겠다고 마음먹었으면 끝까지 가보는 연습을 해보라고요. 공부는 시작도 중요하지만 잘 마치는 것이 더 중요하기 때문입니다. 덧붙여 "이렇게 어려운 라틴어를 공부하겠다고 스스로 결심한 자신을 대견하게 생각해야 합니다. 대한민국에서 과연 몇 퍼센트의 사람이 라틴어를 배우겠습니까? 그걸 생각해보고 자부심을 가지세요"라고 말해줍니다. 이 책을 읽는 분들도 마찬가지겠지요.

'도 우트 데스'에 대한 이야기가 아직 남았습니다. 이 말은 원래 로마법의 채권계약에서 나온 법률적 개념으로 율리우스 파울루스라는 로마의 법학자가 정립한 것입니다. 로마법에서 계약은 두 명 이상의 합의라고 생각했는데, 합의에 법적 효력을 부여하기 위해

법정 요식만을 계약으로 인정했습니다. 이 가운데 물건에 대한 계약은 물건을 제공^{datio}하지 않고 합의한 것만으로는 계약이 성립될 수 없음을 가리키기 위해 네 가지 도식을 사용했습니다. 그중 하나가 '도 우트 데스'입니다. 곧 계약의 원인이 된 물건을 줘야 나도 준다는 의미이죠.* 그 네 도식은 다음과 같습니다.

> Do ut des 도 우트 데스　네가 주기 때문에 내가 준다.
> Do ut facias 도 우트 파치아스　네가 하기 때문에 내가 준다.
> Facio ut des 파치오 우트 데스　네가 주기 때문에 내가 한다.
> Facio ut facias 파치오 우트 파치아스　네가 하기 때문에 내가 한다.

　이 네 가지 도식은 모두 상호계약에 그 기원이 있는데 중요한 것은 상호주의에 입각한 쌍방 간의 성실한 의무이행이 계약 체결 때뿐만 아니라 계약기간 내내 유지되어야 한다는 겁니다.
　또 이 말은 기원 면에서 국교주의, 성직주의, 근본주의 개념과 함께 그리스에서 유래한 유럽의 비판 정신 가운데 하나인 세속주의를 풀어나갈 귀중한 실마리가 되었습니다. 특히 '도 우트 데스'는 세속주의를 설명하고 그 개념을 적용하는 데 중요한 이론입니다. 서구에서 세속주의는 이성주의, 반독단주의, 관용과 대화 같은 용어

---

* Federico del Giudice 편저, *Il Latino in Tribunale*, Edizioni Giuridiche Simone, 2005, pp. 69-70 참조.

의 기초를 형성합니다.* '도 우트 데스'는 관용과 대화의 기본 원리로서 '상호주의' '상호성의 원리'로 작용했어요. 그 이후에도 이 말은 국제 관계와 조약에서 상대국이 우호적이면 우호적으로 대응하고, 비우호적이면 역시 비우호적으로 대응한다는 상호주의 원칙의 기반이 됐습니다. 또한 국제무역에서도 수출입품의 제한, 관세, 기업활동과 금융의 자유화 같은 것들을 결정할 때 상대국이 자국을 어떻게 대하느냐에 따라 적용하는 룰이 달라지는 기초가 되기도 했고요.

그런데 오늘날 국제사회 여기저기에서 이런 상호주의 원칙이 흔들리는 조짐이 보입니다. 세계적으로 장기적인 경기침체가 계속되는 가운데 세계 여러 국가의 '마초이즘' 지도자들을 볼 수 있고, 이들은 전 세계를 쥐락펴락한다고 해도 과언이 아니죠. 이 같은 안하무인격인 마초이즘은 공통된 메시지를 전달합니다.** "우리나라(민족)만 아니면 돼"라는 거죠.

하지만 이런 인식은 무역과 양자협정의 사슬에 얽힌 국제사회에서 당연히 불협화음을 불러올 거예요. 2005년 파리 교외에서 발생한 인종 폭동과 그 이후 계속되는 유럽 도시에 대한 테러, 급격한 이슬람계 이주민의 증가로 프랑스, 독일, 스페인, 영국, 이탈리아 등의 주요 유럽 국가의 극우 보수정당 정치인들은 다문화 정책의 실

---

* E. Severino, *Lo spirito critico che viene dalla Grecia*, in *Corriere della sera*, 20 giugno, 2004, p. 1.

** 문예연 기자, [세계는, 왜?] 푸틴부터 트럼프까지··· '마초이즘' 지도자는 누가 만들었는가?, 《헤럴드 경제》, 2016년 5월 18일 인터넷판 기사 참조.

패를 선언하고 반 이민 정책과 유럽연합의 탈퇴를 선거 공약으로 내세우기도 했죠.

한편 다수 종교가 국교나 그에 버금가는 대우를 받는 이슬람 국가들에서는, 소수 종교 신자들이나 다른 신념을 가진 사람들이 부당한 대우나 탄압을 받고 있어요. 무슬림들은 유럽연합 안에서는 자신들의 종교적 신념과 자유, 그들의 고유한 전통과 생활방식을 온전히 누리고 있지만, 이슬람 국가들에서는 그리스도교를 포함한 소수 종교의 자유가 이처럼 동등하게 보호되지 않습니다. 무슬림들은 유럽연합에서 그들의 종교생활을 위한 모스크 건설을 줄기차게 주장하면서도, 정작 사우디아라비아에서는 300만 필리핀 이주 노동자들이 요구했던 교회 건립 청원을 부결시켰어요. 이 사례를 보면서 국민 대다수가 무슬림임을 천명하는 국가에서 그리스도교를 포함한 소수 종교를 존중하고 보호하겠다는 약속이 과연 제대로 지켜질지에 대해 유럽인들은 우려의 시선을 보내고 있죠. 그와 동시에 터키 공화국이 중동 이슬람 지역 국가들 가운데 가장 먼저 세속주의를 통해 근대화와 정치 발전을 도모했지만 여전히 보이지 않는 차별이 존재함을 지적하고 있고요.***

이렇게 오늘날 세계는 상호주의 원칙이 여기저기서 흔들리고 있습니다. 여기서 우리는 '도 우트 데스'의 상호주의 원칙의 붕괴로

*** 서재만, 「터키공화국의 정치발전과 이슬람」, 『중동정치의 이해 3』, 한울 아카데미, 2006, 54쪽 참조.

인해 인류가 겪어야 했던 인간의 추악함과 잔인함을 잊지 말아야 합니다.

특히 제2차 세계대전은 나치와 일본이 행한 전쟁범죄로 인해 상호주의 원칙이 깨짐으로써 벌어진 인류의 가장 잔인한 역사였습니다. "네가 주기 때문에 나도 준다"라는, 이 단순해 보이는 믿음 없이는 개인과 사회, 국가와 국가는 존립할 수 없습니다.

여기에서 간과할 수 없는 것이 하나 있습니다. 결국 '네가 주기 때문에 나도 준다'라고 말할 수 있으려면 개인이든 국가든 상대에게 줄 수 있는 그 무언가가 준비되어 있어야 한다는 사실입니다. 그렇다면 우리는 생각해봐야 합니다. 과연 나는 타인에게 무엇을 줄 수 있을까요? 어떤 것을 준비해야 할까요?

국가와 국가 간의 관계에서도 마찬가지입니다. 우리는 다른 나라와 관계를 맺을 때 우리가 얻고자 하는 바를 위해 상대에게 줄 수 있는 것이 무엇인지 살펴봐야 합니다. 그리고 그것을 갖출 수 있도록 준비해야 하고요. 줄 수 있는 무언가를 갖추는 것, 그것이 결국은 힘이 되고 자존심을 지킬 수 있는 길일 겁니다.

어쩌면 삶이란 자기 자신의 자아실현만을 위해 매진하는 것이 아니라 타인을 위한 준비 속에서 좀 더 완성될 수 있는 것인지도 모릅니다. 그 안에서 자아실현은 덤으로 따라오는 것이 아닐까요? '도우트 데스.' 이 시간이 이 짧은 말 속에 담긴 많은 의미들을 생각해보는 기회가 되었으면 합니다.

시간은 가장 훌륭한 재판관이다

Tempus est optimus iudex

❖ '시간이 가장 훌륭한 재판관이다'라는 속담은 '시간이 모든 일의 가장 훌륭한 재판관이다Tempus est optimus iudex rerum omnium'를 줄여서 말한 것입니다. '시간'을 뜻하는 라틴어 '템푸스tempus'는 '시간의 이어짐'을 의미하는 산스크리트어 's-stem'에서 유래합니다. 또한 여기에서 추상명사 '템페스타스tempestas(시간, 시기)', 부사 '템페스티부스tempestivus(적당한 때, 자기의 때)', 형용사 '템포랄리스temporalis(일시적인)', '시간은 이어지고 계속된다'라는 원래의 의미에서 변형된 '절제하다, 억제하다'라는 의미의 동사 '템페로tempero'가 파생합니다. 이중에서 추상명사 '템페스타스'는 이탈리아어 '템페스타

tempesta', 프랑스어 '탕페트tempête', 스페인어 '템페스타드tempstad', 포르투갈어 '템페스타지tempestade', 영어 '템페스트tempest'가 됩니다. 이 라틴어를 어머니로 두고 그 아래 형제자매와 같은 각종 유럽어가 태어난 것이죠.

아울러 시간이라는 명사 '템푸스'와 연관된 많은 속담과 명문들이 있습니다. 그 가운데 잘 알려진 영어 속담 '타임 플라이스Time flies'도 라틴어 '템푸스 푸지트Tempus fugit'의 단순 번역에 불과합니다. 이 말은 시간이 쏜살같이 가버림을 나타낼 때 쓰는데, 원래는 '기회가 왔을 때 그 기회를 놓치지 마라'는 의미로 로마 시인이었던 베르길리우스가 사용한 표현입니다.

시간과 공간을 표현하는 단어만큼 인간 존재와 함께 실존하는 단어도 드뭅니다. 어떤 철학자들은 시간과 공간을 가리키기 위해 '여기 그리고 지금'을 의미하는 '힉 에트 눈크hic et nunc'라는 부사를 사용하여 인간 실존의 절박함을 표현하기도 하죠.

지금 이 글들은 말씀드린 대로 서강대학교에서 〈초급 라틴어〉 수업 때 학생들에게 했던 강의 내용을 바탕으로 합니다. 저는 당시 수업을 위해 학교 교정을 걸을 때면 언제나 설레고 기분이 좋았습니다. 강의실에 들어서면 초롱초롱한 눈빛으로 이 부족한 선생의 수업을 듣기 위해 온 학생들로 가득했어요. 240여 명의 학생들이 졸음이 오는 것을 참아가며 선생의 한 마디라도 놓치지 않으려 애쓰는 모습을 보면 제가 오히려 긴장이 됐습니다. 강의 준비를 더 잘해야겠다고 다짐했어요. 그러니 제 강의를 실제보다 더 훌륭하게 만들어준 것은 바로 학생들입니다. 『카르페 라틴어 1- 라틴어 품사론』과 『카르페 라틴어 2- 라틴어 구문론』이라는 문법책을 쓰게 된 것도 수업이 끝나고 궁금한 것을 질문하러 찾아왔던 학생들 덕분입니다.

하지만 강의를 지속해나가기에는 현실적으로 어려움이 많았습니다. 결국 2016년 1학기를 끝으로 라틴어 수업은 폐강을 하기로 했습니다. 그러나 문제는 끊임없이 생겼어요. 여러 가지 상황들로 제가 하고자 하는 일들을 해나가기가 어려웠고 그래서 적지 않게 속을 끓이며 지냈습니다.

사실 제가 살아 있는 동안 꼭 하고자 했던 일이 있었습니다. 그 첫 단계는 학문의 기초를 닦는 작업이었는데요, 그 일환으로 세 개의 사전을 계획했습니다. 『교회법률 용어사전』『이탈리아어 관용어 사전』『라틴어 사전』이 바로 그겁니다. 그중에서 『교회법률 용어사전』은 이탈리아의 여러 교회법 사전 중 가장 권위 있는 것으로 꼽히는 『새 교회법 사전』을 옮긴 것입니다. 이 사전의 저자는 현존하는 교회법의 최고 대가들이었고, 어떤 교회법 사전보다 보편성과 객관성을 담보하고 있습니다. 저 역시 교회법에 관한 논문을 쓸 때 이 사전을 가장 먼저 참조했었고요.

문제는 본문 내용을 우리말로 옮기는 작업이 생각처럼 만만치 않다는 것이었습니다. 사실 이 작업을 하면서 제 호기와 무모함에 얼마나 탄식했는지 모릅니다. 본문을 해독하는 어려움은 정말 상상을 초월했어요. 이 사전의 절반가량은 원래 스페인어로 출간된 것을 이탈리아어로 옮긴 것이었고, 제가 가지고 있던 『이탈리아어-한국어 사전』도 별 도움이 되지 않았습니다.

결국 이 작업을 잠시 멈추고 저만의 『이탈리아어 관용어사전』을 먼저 만들기로 했습니다. 이 일이 어느 정도 마무리되고 다시 『교회법률 용어사전』 번역 작업을 시작했지만 중간중간 원문 그대로 나오는 라틴어 때문에 애를 먹었어요. 결국 작업을 다시 중단하고 라틴어 문법책부터 끝을 내기로 했습니다.

그런데 다시 이 작업을 시작했을 때는 이 사전이 담고 있는 방대한 유럽법의 역사, 즉 로마법, 교회법, 보통법의 서양 법제사가 벽으로 나타났습니다. 특히 중세법은 정말 생소하게 다가왔어요. 시험을 통과하기 위해 준비했던 공부와는 차원이 달랐습니다. 그래서 또다시 가던 길을 멈추고 『유럽법의 기원』(문예림, 2013)*이라는 책을 쓰게 됐습니다. 그러고 난 뒤에야 저는 다시 『교회법률 용어사전』 번역에 온 힘을 다하기 시작했습니다.

사전이라는 건 참 난감한 책입니다. 어떤 책보다도 전 분야를 망라하는 것이니까요. 그렇지 않습니까? 신학, 철학을 비롯해 정치, 법, 심리, 사회 등 여러 분야의 전문 용어들을 담고 있으니까요. 딱

---

* 2018년 개정판 『법으로 읽는 유럽사』(글항아리)로 재출간 되었다.

죽을 맛이더군요. 매일 간절한 기도가 터져나올 수밖에 없었어요. 제가 이 작업을 시작한 것이 2005년 즈음이었는데 2015년 부처님 오신 날에 초역을 마쳤습니다. 10여 년의 대장정이었어요. 이 사전은 원고 분량만 해도 A4 용지로 1,300쪽이 넘었습니다. 이게 어느 정도 분량이냐면, A4 150쪽 정도면 350 페이지 내외의 단행본 한 권입니다. 어느 정도인지 감이 오나요?

그러고 나서도 그 다음 작업들을 하나둘 계획하고 있었지만 진행하지는 못했습니다. 작업 자체가 너무 힘들기도 했지만 외부로부터 오는 문제들이 많았어요. 모든 게 순조롭게 흘러가도 쉽지 않은 상황에서 오히려 자꾸 문제가 생기니 참 어렵더군요. 제가 공부하는 방식이나 스타일이 조금 달라서 튀는 부분이 있거든요. 게다가 앞서 몇 번 말씀 드리기도 했지만 공부만 하다 보니 성격도 유별나서 둥글둥글하게, 좋은 게 좋은 거라는 식으로 가질 못해요. '모난 돌'이랄까요? 결국 무슨 일이든 생각처럼 진행이 되지 않으니 힘이 빠져버렸어요. 그러고 나니 원망만 늘어가더군요.

모든 작업들을 그만둬버리고 한참 시간이 흘렀습니다. 그리고 그 시간 속에서 저 자신을 돌아봤습니다. 지나온 일들이 그렇게 된 원인이 무엇이었을까, 좀 더 깊이 생각해보았어요. 현실적으로 외부 요인이 절 방해하기도 했지만 그 단초가 되었던 것은 제 태도가 아니었을까, 어쩌면 일을 좀 더 잘 풀어갈 수 있지는 않았을까 돌아봤습니다. 혹 저의 태도가 타인의 어떤 부분을 자극시켜 그에게 저를 밉보이게 만든 것은 아닐까 싶었어요.

어떤 사람의 성취는 그 자체만으로 평가되어야 한다고 이야기하지만 현실적으로 그건 쉬운 일이 아닙니다. 세상은 관계로 이루어져 있기도 하니까요. 결국 누군가의 생각이나 성취를 인정하더라도 그의 태도에 상처를 받거나 불쾌감을 느낀다면 더 중요하게 보아야 할 것들을 더는 보지 않고 고개를 돌려버리게 됩니다.

한참의 시간을 돌아와 생각해보니 일이 제대로 풀리지 않은 데는 바깥의 문제도 있지만 저의 태도 역시 바람직했다고는 할 수 없었습니다. 지나온 시간 속에서 저의 능력이나 제가 하는 일을 제대로 인정받지 못했다고 생각하기보다, 오랜 시간 타인과 신뢰를 쌓지 못했던 나의 문제도 성찰하고 인정해야 했습니다. 그걸 느끼는 순간 제 안에 차 있던 원망과 미움이 잦아들더군요.

'베아티투도beatitudo'라는 라틴어가 있습니다. '행복'을 뜻하는 단어인데 '베오beo'라는 동사와 '아티투도attitudo'라는 명사의 합성어입니다. 여기에서 '베오'는 '복되게 하다, 행복하게 하다'라는 의미이고 '아티투도'는 '태도나 자세, 마음가짐'을 의미합니다. 즉 '베아티투도'라는 단어는 '태도나 마음가짐에 따라 복을 가져올 수 있다'라는 뜻이기도 합니다. 행복을 의미하는 라틴어 단어에는 여러 가지가 있지만 그중에서도 이 단어가 유독 마음에 남는 것은 마음가짐에 따라 행복해질 수 있다는 의미 때문입니다.

살면서 겪게 되는 어려움 가운데는 외적인 요인도 많지만, 찬찬히 들여다보면 우리 자신이 뿌려놓은 태도의 씨앗들 때문인 경우가 더 많은 것 같습니다. 그 씨앗의 열매들 중 어떤 열매는 위에서 말한 '베아티투도'처럼 기쁨과 행복으로 돌아오겠지요. 하지만 어떤 열매는 고통과 괴로움이 되어 오기도 할 겁니다. 그때 우리는 그 누구도 원망할 수 없습니다. 그저 이제 다시 그런 일이 벌어지지 않기를 바라며 내가 뿌린 씨앗을 생각해보게 되겠지요. 그때 시간은 진정 모든 일의 가장 훌륭한 재판관이 될 겁니다.

여러분은 어떤 태도를 지니고 살고 있습니까? 그리고 여러분이 겪는 모든 일에 대한 가장 훌륭한 재판관으로 어떤 시간을 맞이하고 싶은가요?

모든 동물은 성교 후에 우울하다

Post coitum omne animal triste est

Post coitum omne animal triste est.

포스트 코이툼 옴네 아니말 트리스테 에스트.

모든 동물은 성교(결합) 후에 우울하다.

❖ 로마 유학 중 노 교수님이 강의하던 법의학 수업 시간에 들었던 명문입니다. 수강하던 학생들은 대략 120명 정도였는데 라틴어와 이탈리아어, 영어를 섞어 말씀하시던 교수님의 이야기가 너무 재미있어서 모두 깔깔대고 웃었습니다. 그때 함께 웃지 못한 단 한 명의 학생이 있었는데 그게 바로 접니다. 이야기가 재미없어서가 아니라

알아듣지 못했기 때문입니다. 라틴어와 이탈리아어가 반반 섞인 교수님의 강의를 그 뜻을 이해하는 것은 고사하고 제가 듣고 있는 게 이탈리아어인지 라틴어인지조차 제대로 구분하지 못할 정도였습니다. 교수님이 저 문장을 이야기하셨을 때에도 이해하지 못하고 옆에 있는 친구에게 다들 왜 웃는 거냐고 물었어요. 그 친구가 이 문장을 말해주었지만 그래도 이해하지 못해서 아예 적어달라고 부탁했습니다. 하지만 그 친구 글씨를 알아볼 수가 없어서 다시 다른 친구에게 또박또박 써 달라고 했죠. 그걸 사전을 찾아가며 찬찬히 분석하고 나서야 웃을 수 있었어요. 성격은 급한데 모든 게 더디고 이해가 되지 않으니 스스로에게 화가 나고 상상력만 늘어가던 시절이었습니다.

저는 2001년 법학을 공부하기 위해 로마로 유학을 떠났습니다. 유학 첫 해에는 페루자에서 이탈리아어를 익히고 변변치 못한 이탈리아어 실력으로 법학을 공부하기 시작했습니다. 모르면 용감하다고 처음에는 당당하게 수업에 들어갔지만 제대로 깨졌어요. 페루자에서 분야별로 언어 선생님을 세 분이나 모시고 공부했고 법학개론 책까지 미리 읽으며 선행 학습을 조금씩 해왔건만 실전에 부딪치니 법률 용어조차도 제대로 알아들을 수가 없었습니다.

정말 '헉!' 아니면 '헐!'이었습니다. 제가 요즘 학생이라면 분명 이런 외마디 탄식을 내뱉었을 겁니다. 처음부터 절망의 나락으로 떨어졌어요. 용어조차도 이해할 수 없으니 전체 내용을 이해하려면 얼마나 더 공부해야 할지 감도 잡히지 않았습니다. 로스쿨은 법학 전공자들도 어려워하는데, 비법학 전공자들에게는 오죽하겠어요. 용어 하나하나가 모두 큰 벽으로 다가왔어요. 저는 그 용어를 우리말도 아닌 이탈리아어와 라틴어로 받아들여야 했으니 미칠 노릇이었죠. 수업을 들어도 무슨 말인지 도통 모른 채 첫 해를 보냈습니다.

법학 용어가 조금 익숙해졌다고 생각했을 때 법의학과 법심리학 수업은 또 다른 벽이었습니다. 이제는 의학과 심리학 용어가 저를 엄청나게 괴롭혔어요. 절망의 연속이었습니다. 수업을 마치고 기숙사로 돌아와서는 공부를 그만두고 한국으로 돌아갈까 하고 수없이 생각했습니다. 때로는 기숙사 옥상에 올라가 지나가는 사람들과 차를 내려다보다가 그대로 아래로 뛰어내리고 싶은 충동이 일기도 했습니다. 그런데 그 지옥 같은 일상 속에서 한편으론 이런 오기가 스멀스멀 올라왔어요. '수업하는 교수님들은 모두 그 분야의 대가로 칭송받는 저명한 석학들이다. 내가 이렇게 못 알아듣는 건 너무나 당연하지. 하지만 언젠가는 저 분들의 말씀을 알아듣고 말리라. 끝내 못 알아듣는다고 해도 뭐 어떤가? 저런 대가들의 목소리를 들을 수 있다는 것만으로도 얼마나 영광인가? 세상 사람들 중에, 우리나라 학생들 중에 몇이나 이런 특권을 누릴 수 있을까? 지금 여기에 만족하고 지나가자.' 이렇게 생각하고 나니까 한결 마음이 편해졌습니다. 이후의 수업 시간은 그야말로 나 홀로 놀이터였습니다.

저는 라틴어 수업을 듣는 학생들에게 이때의 제 경험을 이야기해주곤 했습니다. 이 어려운 라틴어 수업을 듣고 있으니 스스로 대견하게 생각하고 자부심을 가지라는 것도 이런 맥락에서 나온 말입니다. 그러면서 저는 학생들에게 "모든 동물은 성교 후에 우울하다"라는 말을 반드시 경험해보라고 합니다. 그런데 이 말을 하고 나면 학생들이 다소 부끄러운 듯 제 눈을 피해요. 하지만 제가 말하고 싶은 건 문장 그대로의 의미가 아닙니다.

"포스트 코이툼 옴네 아니말 트리스테 에스트"라는 이 문장 속 라틴어 단어들을 여러분이 알고 있는 영어 단어와 대비시켜보세요. 한 문장에 사용된 6개의 단어 가운데 적어도 '포스트post'와 '아니말animal'은 쉽게 알 겁니다. 이제 남은 단어 네 개는 어쩔 수 없이 사전의 도움을 받아야 합니다.

사전을 찾아보면 '코이툼coitum'이라는 단어는 없습니다. 이 단어는 '결합, 성교'를 의미하는 명사 '코이투스coitus'가 명사의 대격을 요구하는 전치사 '포스트post'를 만나 대격의 형태 '코이툼'으로 바뀐 겁니다.

그 다음에 나오는 '옴네omne'는 처음 보는 단어 같지만 우리는 이 단어에서 파생된 것을 국어 교과서와 모 통신사 광고에서 들어본 적이 있습니다. 그것은 '옴니부스, 옴니아'라는 단어입니다. 이 두 단어는 모두 '옴네'에서 나온 형용사로 그 뜻은 둘 다 '모두'라는 뜻입니다.

'트리스테triste'는 이탈리아어나 스페인어를 공부한 사람이라면 금방 알 수 있지만, 그렇지 않은 사람은 좀 유추하기 힘들지도 모릅니다. 그러나 영어 어휘가 풍부한 사람이라면 영어의 '트리스트 triste'라는 단어에서 힌트를 얻어 '슬픈, 우울한'이라는 의미를 유추할 수 있을 겁니다.

마지막으로 '에스트est'를 설명하기 전에 저는 학생들에게 이 단어만큼은 꼭 외우라고 말합니다. '에스트'는 영어의 'is' 동사이기 때문입니다. 즉 영어의 'be 동사'라고 보면 됩니다. 우리는 일상에서 '에스트' 동사의 동사원형을 정말 자주 접해요. 모 담배회사의 담배 이름인 '에쎄ESSE'가 바로 '에스트' 동사의 동사원형이기 때문입니다. 그리고 '에쎄'의 어원은 역시 산스크리트어에서 왔습니다.

그럼 본격적으로 문장의 뜻을 살펴보죠. 이 명문은 그리스 출신의 의사이자 철학자인 갈레노스 클라우디오스(Γαληνός Κλαύδιος, 129~199/201, 혹자는 217년에 사망하였다고도 함)가 한 말입니다. 어떤 사람들은 그가 로마 시대 검투사gladiator의 외상 치료 전문의라고도 말합니다. 그가 말한 이 문장은 법의학뿐만 아니라 종교학에서도 사용되는데, 그 의미는 **열정적으로 고대하던 순간이 격렬하게 지나가고 나면, 인간은 자기 능력 밖에 있는 더 큰 무엇을 놓치고 말았다는 허무함을 느낀다는 겁니다.** 즉 사랑하는 사람이 곁에 있어도 개인적, 사회적인 자아가 실현되지 않으면, 인간은 고독하고 외롭고 소외된 실존과 마주해야 한다는 말로 해석할 수 있습니다. 이렇게 소외되고 고독한 인간, 특히 윤리적 인간이 비윤리적 사회에서 고통받고 방황하는 모습에서 인간은 영적인 동물로서 이성적 인간^{homo sapiens}이자 종교적 인간^{homo religiosus}을 지향하게 된다는 것입니다. 이것이 종교학에서 이 명문을 해석한 내용입니다.

어떤 의미에서 인간은 스스로 인간이라고 자각하고 난 뒤부터 신을 경배하기 시작했다고 할 수 있습니다. 따라서 종교는 인간이 단순히 강력한 절대자에게 순종하기 위해서가 아니라, 그 시대를 지배하는 냉혹한 체제와 부조리한 가치관으로부터 고통받는 삶 속에서 삶의 의미와 가치를 재발견하기 위한 몸부림에서 시작되었다고 말할 수도 있습니다. 즉 **초기의 인류는 삶의 가치와 의미를 신神적인 것에서부터 '유추^{analogia}'하려고 했던 것**이죠. 신이 인간을 필요로 한 것이 아니라, 인간이 신을 필요로 했다는 말입니다.* 여기에서 '만들어진 신'이라는 개념이 등장하게 됩니다.

> Deus non indiget nostri, sed nos indigemus Dei.
> 데우스 논 인디제트 노스트리, 세드 노스 인디제무스 데이.
> 신이 우리를 필요로 한 것이 아니라, 우리가 신을 필요로 한다.

이렇게 시작된 종교는 임금이나 황제의 정통성이 신에게서 유래한다는 지배계급의 주장을 정당화하는 것은 물론이고 민중의 대소

---

* 한동일, 『법으로 읽는 유럽사』, 글항아리, 2018, 62쪽 참조.

사를 좌지우지하는 일상에까지 깊숙이 침투하게 되었습니다.

오늘날 이 명문을 우리 일상과 접목하면 "인간이 원하고 목표하던 사회적 지위나 명망을 취한 뒤 느끼는 감정은 만족이 아니라 우울함이다"라고 해석할 수 있습니다. 실제로 **열정적으로 고대하던 순간이 격렬하게 지나가고 나면 인간은 허무함을 느낍니다.** 대중의 갈채와 환호를 받는 연주자나 가수가 공연을 마치고 집으로 돌아가 홀로 있을 때 느끼는 감정이 바로 이 문장이 의미하는 것입니다. 실제로 법의학 교수님은 이 문장을 말하면서 연예인들이 쉽게 향정신성 의약품에 노출되는 환경에 대해서도 설명했습니다.

자, 이 문장의 진의가 무엇인지 이해하겠죠? 제가 이 문장이 말하는 바를 경험해보라고 한 것도 같은 맥락입니다. 저는 여러분이 이런 우울을 느끼게 되는 위치까지 올라가 그 감정의 정체가 무엇인지를 알게 되기를 바랍니다. 공부를 해보지 않은 사람이 "공부, 그거 별거 아니야"라고 말할 수 있을까요? 성공과 실패를 해보지 않은 사람이 그것에 대해 논한다면 그 말에 무게가 실릴까요? 성공한 많은 사람들이 이렇게 하면 잘될 거라고 이야기합니다. 혹은 저렇게 하면 실패를 극복할 수 있다고 이야기해요. 하지만 만일 그 사람이 성공하거나 실패해본 경험이 없다면 그들이 하는 말에 귀 기울일 수 있을까요? 한 분야에서 최선을 다해 노력해보지 않은 사람이 "그것쯤이야"라고 말한다면 우리는 그 말에서 어떤 진정성도 느낄 수 없을 겁니다.

또한 그 달리기 끝에서 느끼는 우울함이나 허망함과 같은 감정들은 결코 부정적인 것만은 아닙니다. 거기에서 우리는 또 다른 나를 만날 수 있기 때문입니다. '내가 원하는 것은 이거다'라고 생각해서 열심히 달려갔다가, 막상 이루고 나서야 자신이 정말 원하는 것은 그게 아니었다는 걸 깨닫기도 합니다. 내가 어떤 사람이고 무엇에 기뻐하고 슬퍼하는지, 나에게 무엇이 필요한지는 달려본 사람만이 압니다. 또 그게 내가 꿈꾸거나 상상했던 것처럼 대단한 게 아니라는 사실을 알게 되는 만큼 불필요한 집착이나 아집을 버릴 수도 있어요. 그만큼 내가 깊어지고 넓어지는 겁니다.

그래서 저는 우리가 할 수 있는 한 치열하게 달려갈 수 있었으면 좋겠어요. 공부든 사랑이든, 일이든 무엇이든 간에 그럴 수 있는 뭔가를 만나고 그만큼 노력을 한 다음에 찾아오는 이 우울함을 경험해보기를 바랍니다. 그러고 나면 아마도 또 다른 세계가 여러분 눈앞에 펼쳐질 겁니다.

당신이 잘 계신다면, 잘되었네요.
나는 잘 지냅니다

Si vales bene est, ego valeo

❖ 2014년 11월 어느 날 전주 송천정보통신학교 관계자에게서 전화가 걸려왔습니다. 이 낯선 이름의 학교는 전주 소년원입니다. 제가 쓴 『그래도 꿈꿀 권리』라는 책을 독서릴레이를 통해 전교생과 전 직원이 읽었고, 이후 소년원 학생들이 저자인 저에게 쓴 편지와 독후감을 모아 초청 강연을 부탁한 것입니다. 부족하고 부끄러운 점이 많은 저의 글을 읽고도 만나고 싶다는 분들이 있다니 감사한 마음으로 단박에 그곳에 가겠다고 했습니다.

학교에 가니 원장 선생님과 여러 교직원들이 따뜻하게 반겨주었습니다. 강연을 하기에 앞서 원장님이 방명록에 글을 남겨달라고 부탁을 했는데 "Si vales bene est, ego valeo"라는 이 문구가 생각났어요. 제가 이걸 방명록에 쓰자 원장님이 소리 내 읽다 끝까지 가지 못하고 머쓱하게 웃더군요. "씨발레스……, 허허. 참 거시기 하네요, 잉."

그럴 만도 합니다. 사실 틀리게 읽은 것도 아니에요. 단지 억양과 장단의 미묘한 차이가 있죠. "시 발레스 베네 에스트, 에고 발레오"라고 원장님에게 읽는 방법을 알려드리고 그 글의 의미를 설명해드렸어요. 곧 여러분에게도 설명하겠지만 방명록에 그 글을 쓴 취지는 학생들이 잘 있는 것이 제가 잘 있는 것이라는 마음을 전하기 위해서였습니다.

강의실에서 만난 아이들은 얼핏 보기에도 엄청 앳된 모습이었습니다. 보통 이런 강연이나 교육에 참석하라고 하면 마지못해 불려 나와 자리를 채울 경우가 많고 그래서 다들 졸거나 딴짓을 하기 일쑤인데 그날 원생들의 모습은 참으로 진지했습니다. 강연을 마치고 자유롭게 질의응답 시간을 가졌는데, 한 원생이 손을 들고 이렇게 묻더군요.

"저희는 과거에 저지른 잘못을 거두고자 마음의 용기를 냈습니다. 그리고 그럴 수 있었던 데에는 선생님의 책이 힘이 되었고요. 그런데 이곳을 나가도 계속 잘못을 저지르고 싶은 유혹이 제 안에 일어난다면 그것을 어떻게 이겨내야 할까요?"

저는 이 질문에 숨이 턱 막혔어요. 가슴이 먹먹해졌습니다. 한창 부모에게 응석을 부릴 중학생 정도의 아이에게서 나온 질문이라고 하기에는 참 어마어마한 것이었어요. 그리고 저는 그 질문에 명확한 답을 해줄 수도 없었습니다. 어느 누가 그 질문에 제대로 답을 하겠어요. 훨씬 나이 많은 어른들도 여전히 자기 안의 크고 작은 유혹과 싸우며 살고 있는데요. 게다가 그 아이들 역시 사회로부터, 어른들로부터 보호 받아야 할 미성년자들입니다. 그러니 지금 그 아이들이 저지른 잘못의 일부는, 아니 어쩌면 더 많은 부분은 어른들에게 책임이 있을 겁니다. 명확한 대답을 해줄 수 없는 무력한 저 자신을 보며 돌아오는 기차 안에서 내내 마음이 무척 무거웠습니다. 그리고 방명록에 남기고 돌아온 그 한 문장을 다시 생각해보게 되었습니다.

'시 발레스 베네 에스트, 에고 발레오.' 이 문장은 로마인들이 편지를 쓸 때 애용한 첫 인사말입니다. "당신이 잘 계신다면 잘되었네요. 저는 잘 있습니다"라는 뜻입니다. 당시에는 종이가 귀했기 때문에 이 문장 전부를 다 쓰지 않고 각 단어의 첫 글자를 따 'S.V.B.E.E.V.'라는 약어로 표시했습니다. 혹은 "시 발레스 베네, 발레오Si vales bene, valeo"라고 쓰기도 했는데 이렇게 줄여 쓴 문장은 "당신이 잘 있으면, 나도 잘 있습니다"라는 뜻입니다.

말이 나온 김에 로마의 인사법에 대해 알려드릴게요. 로마인은 인사할 때 상대가 한 명이면 '살베Salve!' 또는 '아베Ave!'라고 인사하고 여러 명일 경우는 '살베테Salvete'라고 인사했습니다. 그 뜻은 모두 '안녕하세요'라는 의미입니다. 우리가 한 번쯤 들어보았을 '아베 마리아Ave Maria'라는 것도 로마인의 인사법으로 '안녕하세요, 마리아'라는 뜻입니다. 로마인은 편지를 쓸 때 사용한 것처럼 헤어질 때에는 한 명에게는 '발레Vale', 여러 명에게는 '발레테Valete'라고 인사했고, 그 뜻은 모두 '안녕히 계세요'라는 의미입니다. 오늘날 유럽어 가운데 로마인이 사용한 이 인사말이 가장 잘 남아 있는 것은 스페인어입니다. 스페인어로 '발레vale'는 '좋아, 됐어!'라는 의미로 일상회화에서 자주 사용하는데 '안녕'이라는 작별인사의 의미도 있습니다.

자, 다시 편지로 돌아올까요? 로마인은 편지를 쓸 때 늘 여격으로 표시한 발신인의 이름으로 시작했고, 그 다음 수신인의 이름과 인사말을 적었습니다. 인사말은 "살루템 디치트Salutem dicit(인사를 드립니다)" 또는 "살루템 플루리맘 디치트Salutem plurimam dicit(극진한 인사를 드립니다)"라고 썼어요. 그런데 여기도 역시 종이를 아끼기 위해 각각의 첫 글자를 따 'S.D.'와 'S.P.D.'라는 약어로 쓰곤 했습니다.

Cicero Attico S. P. D.
키케로가 아티쿠스에게 극진한 인사를 전합니다.

반면 편지를 끝맺을 때는 "발레/쿠라 우트 발레아스Vale/cura ut valeas(잘 지내세요)"라는 인사말과 함께 'D. pri. Non. Nov.

Brundisio'라는 식의 정보를 덧붙였는데요, 이 내용은 '다타(다밤) 프리디에 노나스 노벰브레스 브룬디시오Data(dabam) pridie Nonas Novembres Brundisio'의 약어로, 그 뜻은 '11월 4일 브룬디시에서 집배원에게 전함'입니다. '디.D.'는 '집배원에게 전함'이란 뜻의 약어이고, '프리. 논. 노브.pri. Non. Nov.'는 편지를 보낸 날짜, '브룬디시오Brundisio'는 편지를 보낸 장소입니다.

또한 로마인들은 편지를 쓸 때 수신인이 편지를 받아 읽을 때에야 비로소 자신의 생각이 전해진다고 생각해서 그 때를 맞춰 시제를 작성했습니다. 가령 현재는 과거로, 과거는 과거완료로, 미래는 능동 미래분사로 표현했어요. 그래서 서간체에서는 시간 부사도 달리 사용합니다.

hodie 오늘 → eo die 그날
heri 어제 → pridie 전날에
cras 내일 → postridie, postero die 다음 날에
nunc 지금 → tum 그때에
adhuc 아직까지 → ad id tempus 그때까지

한편 고대의 우편 제도는 국가 권한의 일환으로, 특히 국가 안보와 직결하여 군사적 목적으로 사용했습니다. 이 때문에 로마 시대 우체국은 황제가 신임하는 집정관의 감독 아래 있었습니다. 통치권

행사와 집행을 위해 황제의 칙령을 수도 로마에서 각 속주로 발송했는데, 이때 가장 중요한 수단은 말이었습니다. 따라서 말 한 필이 전속력으로 달리다 지칠 시점에 말을 교체해야만 가장 신속하게 우편물을 배달할 수 있었고, 이를 위해 각 거점마다 '역statio'을 설치하고 우체국장을 임명했습니다.

여기에서 '역'이라는 뜻의 영어 '스테이션station'이 유래합니다. 우체국장의 임무는 오늘날과 달리 말의 교환, 마부 관리, 수의사들의 관리·감독 등이었습니다. 일설에는 로마에서 황제가 칙령을 반포하면 파리까지 전달되는 데 이틀이 걸렸다고 해요. 이것은 로마가 단지 군사력만을 통해 '팍스 로마나Pax Romana', 곧 '로마식의 평화'를 유지한 건 아니었다는 것을 보여줍니다. 로마는 당시로서는 첨단의 통신 체계를 구축하여 다른 고대사회에서는 볼 수 없는, 잘 정비된 도로망인 사회간접자본을 통해 지배했다는 것을 알 수 있습니다.

그렇다면 일반인들은 어떻게 우편 제도를 이용했을까요? 일반인은 오늘날의 퀵서비스에 해당하는 '쿠르소르Cursor'라는 심부름꾼을 이용하거나, 우편배달부 '타벨라리우스Tabellarius'를 이용했습니다. 그러나 요금이 비쌌기 때문에 쿠르소르나 타벨라리우스는 부자들만 이용하고, 서민들은 같은 방향을 가는 지인을 통해 인편으로 전하는 게 보통이었습니다.

Si vales bene est, ego valeo.

당신이 잘 계신다면 잘되었네요, 나는 잘 지냅니다.

Si vales bene, valeo.

당신이 잘 있으면, 나는 잘 있습니다.

"그대가 잘 있으면 나는 잘 있습니다"라는 로마인의 편지 인사말을 통해 생각해봅니다. 타인의 안부가 먼저 중요한, 그래서 '그대가 평안해야 나도 안녕하다'는 그들의 인사가 문득 마음 따뜻하게 다가옵니다. 내가 만족할 수 있다면, 내가 잘 살 수 있다면 남이야 어떻게 되든 별로 신경 쓰지 않는 요즘 우리의 삶이 위태롭고 애처롭게 느껴집니다. 사실 우리의 사고가 어느새 그렇게 변해버린 건 사람들의 마음이 나빠서가 아니라 누군가를 위해 마음을 낼 여유가 점점 없어지기 때문입니다.

오랜 경기침체와 출구가 보이지 않는 실업률, 각박해지는 근로환경에 젊은이들은 연애와 결혼, 출산을 포기하고 불안한 미래 속에서 점점 여유를 잃어갑니다. 중장년층 역시 크게 다르지 않습니다. 바라는 삶을 영위하기 위해서 자기 자신을 할애하죠. 사회 전체적으로 숨 쉴 틈이 없고 각박해지니 '함께'하기보다는 '혼자' 편하기를 선호합니다. 물론 저도 매일 거의 '혼밥'을 하지만 이런 경향이 사회적으로 점차 증가하는 것은 그것이 마냥 좋기만 해서는 아닐 겁니다. 1인 가구가 늘어나는 이유도 있지만 젊은 친구들과 이야기하다보면 '함께', '더불어'를 피곤하고 부담스럽게 느낄 정도로 지쳐 있는 것을 발견하게 됩니다.

과거에 비해 '더치페이' 문화가 자연스러워졌는데, 거기서 더 나아가 내 돈 내고 밥 먹으면서 편치 않은 게 싫고, 홀로 할 때보다 함께할 때 비용이 더 드는 것도 부담스럽기만 합니다. 내 주머니 사정에 맞게 꼭 필요한 것에만 쓰고, 내가 먹고 싶을 때 내가 술 마시고 싶을 때 다른 사람 눈치 안 보고 당당하게 즐긴다는 생각이 반영된 것이죠. 역사적 관점에서 볼 때 긍정적 의미에서든 부정적 의미에서든 공동체 의식이 강한 한국인의 의식이 큰 전환기를 맞고 있다는 생각이 듭니다. '각자도생'이라는 말이 이 불의한 시대를 살아가는 최고의 방법처럼 회자되는 것은, '혼족'을 선택할 수밖에 없는 역설적 현실을 드러내줍니다.

하지만 뭐든 혼자 하는 '혼족의 시대'는 시간이 지나면 필연적으로 고독사의 증가와 같은 쓸쓸한 사회적 현상을 동반할 겁니다. 어제의 인사가 오늘의 안녕으로까지 이어지는 걸 장담할 수 없고, 각자 사는 일에 바쁘다보면 그 사람이 며칠씩 안 보여도 그도 바쁜 모양이라고 지레 짐작하고 지나치게 되는 것이죠. 그는 어디에선가 도움의 손길을 기다리며 아파하고, 힘들어하고 있을지도 모르는데요. 물리적으로든 심리적으로든 가장 가까운 곳에 있는 사람이 나일 수도 있는데, 그게 나인 줄도 모르고 그냥 무심하게 살아갈 수도 있습니다. 억지스러운 기우라고 할지 모르지만 실제 그런 일들이

이미 사회 곳곳에서 일어나고 있는 걸 봅니다. 실제로 저 역시 일상에 파묻혀 도움이 필요한 사람들을 무심코 지나쳤고 결국 부고를 통해 그들의 소식을 접하기도 합니다. 그러고 나면 여러 상념으로 괴로워지고 엄청난 아픔이 밀려옵니다.

'함께cum'하고 '더불어cum'하는 걸 즐거워하라고 강요할 수는 없습니다. 하지만 '함께'와 '더불어'의 가치가 폄하되어서는 안 된다고 생각해요. 혼자 밥 먹고 혼자 술 마시고, 혼자 영화 보고 혼자 여행을 가더라도, '함께'하고 '더불어'하는 일에 무심하고 귀찮아하지 않길 바랍니다. 내 작은 힘이나마 필요한 곳엔 '더불어' '함께' 하겠다는 따뜻한 마음을 가지고 주위에 대한 관심을 버리지 않는다면, 삶이 지금보다 훨씬 좋아질 거라고 장담할 수는 없어도 적어도 더 나빠지지는 않을 겁니다. 아니, 지금보다 조금은 좋아지지 않을까요? 수업을 마치며 이와 같은 질문을 던져봅니다.

우리는 그대가 안녕하기를 바라는가?

우리 사회는 얼마나 이웃이 안녕하기를 바라는가?

당신이 잘 있는 것이 바로 나와 또 우리가 잘 있는 것이 아닐까?

우리 사회에 만연한 이 극심한 이 통증을 누가 멈출 수 있을까?

사실 우리는 그 해답을 알고도 해결하려는 노력조차 하지 않는 것은 아닐까?

오늘은 나에게, 내일은 너에게

Hodie mihi, Cras tibi

❖ 저는 시간이 허락할 때마다 집 뒤에 있는 산에 오릅니다. 오전부
터 번역이나 집필 같은 고도의 집중력이 필요한 작업에 몰두하다보
면 오후엔 머리가 멍하거나 아파올 때가 있습니다. 그러면 작업하
던 것을 모두 놓고 집 뒤의 산으로 갑니다. 산길을 걷다 보면 언제
그랬냐는 듯이 두통이 사라져요.

뿐만 아니라 특별한 일이 없어도 매일 산책을 나가는데 숲은 매
번 다른 느낌으로 다가옵니다. 비가 오면 비가 와서, 비가 그치고 나
면 비가 그쳐서, 해가 내리쬐면 햇살이 나뭇잎 사이로 살랑살랑 비
쳐서 좋습니다. 특히 비가 온 다음에는 물을 머금은 숲이 색다른 향

기를 내 나도 모르게 깊게 숨을 들이마십니다. 묵은 낙엽과 비가 어우러져 풍기는 향기에 스트레스도 풀리고 기분도 좋아집니다.

식물은 봄에는 신록으로, 여름에는 녹음으로, 가을에는 단풍으로, 그리고 겨울에는 낙엽과 그 낙엽이 썩어가는 향으로 우리를 기쁘게 합니다. 그렇다면 인간인 우리는 어떨까요? 우리는 태어나서 아이, 청소년, 청년, 장년, 노년이 되어가면서 각기 어떤 향을 풍길까요? 죽음이라는 마지막 관문을 넘어선 인간의 육신은 썩어갈 때 낙엽처럼 향기로울 수 있을까요? 인간이 나무와 다른 것 중 하나는 살아 있는 동안 향기롭지 못하다면 죽어서도 절대 향기로울 수 없다는 점일 겁니다. 가식적이고 인위적이며 고약한 냄새를 풍기며 살다가는 죽어서도 악취만 내뿜는 존재가 될 거예요. 그 어떤 인간도 삶을 풍요롭고 향기롭게 가꾸며 살지 않으면 죽어서도 식물처럼 감미로운 향기를 풍기지 못합니다.

작년에 어머니가 아프셔서 중환자실에 입원하셨어요. 어머니의 손을 꼭 잡고 "다시 한 번 힘을 내서 버티셔야 해요"라고 말씀드렸지만 어머니의 눈빛이 흔들렸습니다. 그간 수차례 생의 고비를 넘기셨던 어머니께 다시 한 번 버텨달라고 부탁드렸어요. 하지만 어머니의 상태는 더 나빠졌고 중환자실에 면회를 갔을 때 어머니의 눈에서 눈물이 흘러내렸습니다. 그때 직감적으로 '이번에는 힘들겠구나' 하는 생각이 들었습니다. 어머니는 곧 상태가 악화되어 의식을 잃고 인공호흡기로 숨을 연명하셨습니다.

그리고 며칠 후에 어머니는 제 앞에서 마지막 숨을 고요히 몰아 쉬기 시작하셨습니다. 옆에 있는 의사가 어머니의 사망 시간과 원인을 선언하는 그 순간에도 저는 어머니가 돌아가신 줄 몰랐습니다. 어머니는 숨 쉬고 계신데 왜 사망선언을 하느냐고 묻기까지 했습니다. 그렇게 어머니는 가셨습니다. 간호사들이 어머니 몸에 부착된 기기들을 떼고 시신을 수습하는 동안 저는 중환자실 밖에서 하염없이 눈물을 흘렸습니다. 평생 어머니는 좋은 음식, 좋은 옷 한 번 먹지도 입지도 못하고 여행 한 번 해보지도 못하고 고생만 하시다 그렇게 가셨어요.

어머니의 시신을 수습해 장례식장으로 옮긴 뒤 빈 영안실을 홀로 지키면서 그때 처음으로 형제가 좀 많으면 좋았겠다는 생각이 들었습니다. 그렇게 덩그러니 앉아 어머니의 영정을 바라보는데 그 속에서 제 얼굴이 보였습니다. 언젠가는 저 자리에 제 영정이 놓일 겁니다. 그 순간 내 몫의 '죽음'이라는 단어가 실체가 되어 다가오더군요. 그날 저는 어머니의 죽음에서 저의 죽음을 생각하게 되었습니다.

로마인의 장례 풍습은 우리처럼 복잡하고 엄숙합니다. 사람이 죽으면 '폴린크토르pollinctor'라고 부르는 장의사가 집 안마당atrium 관대 위에 망자의 발이 문 쪽을 향하게 올려놓고 시신을 닦고 연고를 바른 다음 수의를 입혔습니다. 망자의 입 안에는 이승에서 저승으로 가는 데 필요한 노잣돈으로 동전을 넣었어요. 관 안에는 도굴의 위험 때문에 금은 넣지 못하도록 했습니다. 다만 치아에 사용한 금은 망자와 함께 매장하거나 화장하도록 했고요(12표법 X). 만일 망자가 명사라면 밀랍으로 얼굴 본을 떴습니다. 관은 집에서 보이는데 놓고 장례를 진행했는데, '디씨냐토르dissignator'라는 장례지도사가 운구 행렬의 앞에 서고 그 뒤에 죽음을 슬퍼하는 노래를 부르는 이들과 초상집에 고용되어 곡하는 여자들이 뒤따랐습니다. 그들 중에는 무언극 공연자와 로마 시대 고관의 권위를 드러내는 표식을 들고 다니던 길라잡이와 횃불 운반자도 있었습니다. 그리고 영정은 남아 있는 가족과 함께 장지로 향했습니다.*

시신은 위생 목적에서 "도시에서 망자를 매장도 화장도 하지 마라Hominem mortuum in urbe ne sepelito neve urito"는 12표법의 규정에 따라 성 밖 공동묘지로 옮겨졌습니다. 매장과 화장 가운데 화장이 좀 더 엄숙하고 부자들이 하는 장례식이었고 매장은 빈자와 노예들만이 했습니다.

Hodie mihi, cras tibi
호디에 미기, 크라스 티비
오늘은 나에게, 내일은 너에게

로마나 천주교 공동묘지 입구에 새겨진 문장입니다. 오늘은 내가

---

* Davide Astori, 앞의 책, p. 118.

관이 되어 들어왔고, 내일은 네가 관이 되어 들어올 것이니 타인의 죽음을 통해 자신의 죽음을 생각하라는 뜻의 문구입니다.

인간이란 존재는 영원으로부터 와서 유한을 살다 다시 영원으로 돌아갑니다. 하지만 숨이 한번 끊어지면 그만인데도 영원에서 와서인지 인간은 영원을 사는 것처럼 오늘을 삽니다. 저는 그날 또렷이 어머니의 죽음을 통해 저의 죽음을 바라볼 수 있었습니다. 하지만 이내 그 생각은 잊고 상주가 되어 어머니의 장례를 치렀습니다. 며칠의 시간이 어떻게 지나갔는지도 모르게 지나갔습니다. 아버지가 계신 곳에 어머니를 합장해 모시고 그렇게 보내드렸습니다.

그리고 마지막 순간까지 어머니를 보살펴주셨던 청원에 위치한 '은혜의 집'을 찾아갔습니다. 그곳 분들에게 감사인사를 드리는데 원장 수녀님께서 제게 어머니의 유품을 건네주셨습니다. 유품에는 얼마 안 되는 연금의 일부를 수년간 적금으로 부어 마련한, 당신 장례비를 위한 통장이 하나 있었습니다. 당신의 죽음이 아들에게 폐가 되지 않도록 손수 준비하셨던 겁니다. 그 통장을 받고 저는 또 한없이 울었습니다. 그리고 유품 가운데는 제가 로마에 유학 중일 때 보냈던 손편지와 몇 장의 사진이 있었습니다. 어머니는 그 편지를 몇 번이고 읽고 또 읽으셨다고 합니다. 나중에 당신이 직접 읽으실 수 없을 때, 또 건강이 악화되었을 때는 간호사 선생님이 소리 내어 읽어주셨다고 해요.

어머님께 올리는 글

지금까지 어머님께 편지를 드린 적이 언제일까 생각해보니 참으로 오래된 일이라 생각됩니다. 군대 가서 신병교육대에서 드렸을까요. 지난번 뵈었을 때 이전보다 많이 기력이 쇠하신 모습을 보며 많이 마음이 아팠습니다.

저는 로마에 잘 도착했고 연일 일상의 학업에 매진하려고 노력하고 있습니다. 모친께서 건강하셨다면 이곳 로마를 꼭 보여드리고 싶었는데 아쉬움만을 마음에 간직합니다. 저는 이 편지를 드리면서 그간 어머님께 감사드리지 못했던 저의 불충을 깨달으면서 부족한 글을 씁니다. 남달리 성격이 까다롭고 음식 타박도 많은 저를 키우시느라 얼마나 고생이 많으셨습니까. 그런 저를 무던히도 인내하시면서 지켜봐주심에 감사드립니다. "경제에는 공짜 점심이 없다"라는 말처럼 성장과 성숙에도 공짜가 없나봅니다. 일상의 생활에서 수없이 부딪히고 아파하는 가운데 어머님의 노고와 수고에 감사하게 되는, 이 무디고 어리석은 자식을 용서해주십시오. 그리고 가족들보다는 늘 친구들과 함께했던 시간이 더 많았던 저를 용서해주십시오. 또한 때로는 무례하고 오만하며 잘난 척 많이 했던 저를 인내로 지켜봐주심에 감사드립니다. 저는 학문적으로나 인간적인 성숙에 있어 갈 길이 먼 부족한 사람이지만 지금까지 한국 사람이 가지 않았던 길을 걸을 수 있는 세계와 인간미를 가르쳐주신 어머님과, 특히 고인이 되신 부친께 감사드립니다. 이제 앞으로 남은 2년간의 학업에 최선을 다해 그 영광을 어머니 목에 걸어드릴 테니 아무쪼록 건강하십시오.

끝으로 제 어머니를 잘 돌봐주시는 '은혜의 집' 수녀님들과 선생님들께 깊이 머리 숙여 감사의 인사를 올립니다.

2008. 1. 9. 로마에서 아들 동일 올림

추신: 어머니께 또박또박 큰 소리로 읽어주세요.

어머니는 이렇게 제가 보낸 편지를 유품으로 남겨 제게 돌려주셨습니다. 어머니는 유품을 통해 죽은 육신이 아니라 당신에 대한 향기로운 기억으로 제게 다가왔습니다. 그때 문득 인간은 죽어서 그육신으로 향기를 내지 못하는 대신 타인에 간직된 기억으로 향기를 내는 게 아닐까 생각했습니다. 그 기억이 좋으면 좋은 향기로, 그 기억이 나쁘면 나쁜 향기로 말입니다.

가끔 언뜻언뜻 돌아가신 부모님을 생각하면 애잔한 마음과 함께 아련함이 느껴집니다. 어떻게 자식에게 그렇게 하실 수 있었을까요. 무엇엔가 홀린 듯 현실에 대한 불만과 원망이 펄펄 끓어넘쳐 한시도 마음이 평화로울 수 없었던, '패악'에 가까운 젊은 아들의 언행에 부모님은 한 번도 큰 꾸중이나 훈계라는 걸 하지 않으셨습니다. 한 번 따끔하게 야단치기보다 그대로 받아주고 기다려주기는 더 어려웠을 텐데, 제 부모님은 조금 더 어려운 선택을 하셨던 것 같습니다.

하지만 죄송스럽게도 제가 못되게 굴었던 데에는 부모님이 헤아려주셨던 것처럼 합당한 이유 같은 게 있었던 것 같지는 않습니다.

사춘기의 그 뜨거운 불만의 에너지를 설명하기 어려운 것처럼, 그 당시의 저는 뚜렷하게 기억나는 이유 없이 부모님을 향해 독설과 냉대를 서슴지 않았습니다. 훗날 부모님의 인내와 믿음이 거대한 사랑이었다는 것을 깨닫고 나서야 그때 비로소 철이 들었어요. 인간이란 이렇게 알 수 없는 존재입니다. 어제의 내가 오늘의 나를 몰랐던 것처럼, 오늘의 내가 미래에는 어떤 모습일지 온전히 알 수 없습니다.

Hodie mihi, cras tibi
오늘은 나에게, 내일은 너에게

인간은 타인을 통해 기억되는 존재입니다. 어머니는 관이 되어 제게 기억으로 남았고, 제 죽음을 바라보게 하셨습니다. 내일은 저 역시 관이 되어 누군가에게 기억으로 남을 것이고, 또 그 자신의 죽음을 마주하게 할 겁니다. 인간은 그렇게 "오늘은 내가, 내일은 네가" 죽음으로써 타인에게 기억이라는 것을 물려주는 존재입니다. 이제 거기에서 한 가지를 더 생각해봅니다. 부모님이 남긴 향기는 제 안에 여전히 살아 있지만 그 다음을 만들어가는 것은 제 몫이라는 사실입니다. 그 기억을 밑거름 삼아 내 삶의 향기를 만들어낼 수 있도록 해야 합니다.

가끔 이런 생각도 해봅니다. 제 부모님에 대한 기억을 가슴에 담고 오늘을 살아가고자 하는 저를 통해 신은 어떤 일을 하고 무엇을 말하고 싶은 걸까, 또한 그렇게 해서 제 삶은 어떤 기억으로, 어떤 향기로 남게 될까 하고요. 아마도 그것은 제가 살아가는 동안 끊임없이 묻고 또 물어야 하는 질문일 겁니다. 그런 맥락에서 '호디에 미기, 크라스 티비'와 더불어 다음의 말 한 마디를 함께 떠올려봅니다.

Si vis vitam, para mortem.
시 비스 비탐, 파라 모르템.
삶을 원하거든 죽음을 준비하라.

어머님께 올리는 글.

지금까지 어머님께 편지를 드린 적이 언제일까 생각해 보니
참으로 오래 된 일이라 생각됩니다. 군대 가서 신병교육대에서
드렸을까요 ….

지난번 뵈었을 때 이전보다 많이 기력이 쇠하신 모습을 보며
많이 마음이 아팠습니다.

저는 로마에 잘 도착했고 연민 일상의 학업에 머진하려고
노력하고 있습니다. 모친께서 건강하셨다면 이곳 로마를 꼭 보여드리고
싶었는데 아쉬움만을 마음에 간직합니다.

저는 이 편지를 드리면서 그간 어머님께 감사드리지 못했던
저의 부족을 깨닫으면서 부족한 글을 씁니다.

남달리 성격이 까다롭고 음식타박도 많은 저를 키우시느라 얼마나
고생이 많으셨습니까. 그런 저를 무던히도 인내하시면서 지켜 봐 주심에
감사드립니다. "경제에는 공짜 점심이 없다"는 말처럼 성장과 성숙에도
공짜가 없나 봅니다. 일상의 생활에서 수 없이 부딪히고 아파하는
가운데 어머님의 노고와 수고에 감사하게 되는 이 무디고 어리석은
자식을 용서해 주십시오. 그리고 가족들 보다는 늘 친구들과 함께
행던 시간이 더 많았던 저를 용서해 주십시오. 또한 때로는
무례하고 오만하며 장난끼 많이 행던 저를 인내로 지켜봐
주심에 감사드립니다. 저도 학업적으로나 인간적인 성숙에 있기
갈 길이 먼 부족한 사람이지만 지금까지 한쪽 사람이 가지 않았던
같은 길을 갈 수 있는 세계나 인간미를 가르쳐 주신 어머님과,
특히 고인이 되신 부친께 감사드립니다. 이제 앞으로 남은
그 년간의 학업에 최선을 다해 그 영광을 어머니 목에 걸어
드릴테니 아무쪼록 건강하십시오. 끝으로 저의 어머님을 잘 돌봐주시는
수녀원 집 수녀님들과 수생님들께 깊이 머리숙여 감사의 인사를
올립니다.

2008. 1. 9. 로마에서 아들 동일 올림.

Lectio XV

오늘 하루를 즐겨라

Carpe Diem

❖ 장엄한 백파이프 연주가 울려퍼지는 가운데 중세의 수도원을 연상시키는 강당으로 교기校旗를 앞세운 행렬이 들어섭니다. 신입생들은 숨소리마저 함부로 내지 못해요. 100년이 넘는 역사를 자랑하는 웰튼 아카데미의 입학식입니다. 졸업생의 70퍼센트 이상이 아이비리그로 진학하는 명문 중의 명문입니다. 학교 측은 이 장엄하고 엄숙한 의식을 통해 신입생들에게 학교의 전통과 권위를 보여줍니다. 첫 강에서도 잠깐 언급했던 영화 〈죽은 시인의 사회〉의 한 장면입니다.

영화 속에서 웰튼 아카데미의 교직원들은 전통과 명예를 존중하고 최고의 교육을 제공한다는 자부심이 강하지만 그 안을 들여다보면 사실 이 학교가 지향하는 바는 대단히 세속적입니다. 명문대학 진학을 통해 학생들이 법조계, 정치계, 금융계, 의료계로 진출하여 사회에 영향력을 과시하게 하고, 이를 통해 다시 학교의 명성을 더욱 드높이는 것이죠.

입학식에서 소개되는 영어 교사 존 키팅은 이 학교 출신이지만 어딘지 모르게 이 학교와는 어울리지 않아 보입니다. 어울릴 수 없는 파티에 끌려나온 듯 어색하다고 해야 할까요? 그는 신입생들과 만나는 첫 번째 수업 시간에 휘파람을 불며 앞문으로 들어왔다가 곧장 뒷문으로 나가버립니다. 학생들이 얼떨떨해하는 사이 다시 교실로 들어와서는 학생들을 이끌고 학교의 명예를 드높인 졸업생들의 사진과 트로피가 진열된 곳으로 향합니다. 그리고 학생들에게 사진에 가까이 다가가 그들의 얘기를 들어보라고 권해요. 몇몇 학생은 실소를 터뜨리지만 몇몇 학생은 진지한 표정으로 벽에 귀를 기울입니다. 그때 키팅은 학생들 뒤에서 낮은 음성으로 속삭입니다.

"카르페 디엠…… 카르페 디엠……."

1989년에 만들어진 이 영화는 오늘날과 별반 다를 바 없는 학교의 모습을 보여줍니다. 영화에서 빚어지는 비극적 상황은 입시와 경쟁에 짓눌린 대한민국 청소년들의 상황과 다르지 않아요.

영화를 본 사람들은 '카르페 디엠'과 '오 캡틴, 마이 캡틴' 등의 명대사와 몇몇 인상적인 장면들을 기억할 겁니다. 하지만 그 덕분에 한국 사회에서 카르페 디엠이란 말은 식상하게 들리죠. 첫 강에서 말했다시피 '현재에 충실하게 살라'는 의미로 여기저기에서 남발하듯이 쓰이고 있으니까요. 그런데 대체 이 말은 어디에서 온 걸까요?

'카르페 디엠'은 원래 농사와 관련된 은유로서 로마의 시인인 호라티우스(Quintus Horatius Flaccus, B.C. 65~B.C. 8)가 쓴 송가^{頌歌}의 마지막 부분에 있는 시구입니다.

> Carpe diem, quam minimum credula postero.
> 카르페 디엠, 쾀 미니뭄 크레둘라 포스테로.
> **오늘을 붙잡게, 내일이라는 말은 최소한만 믿고.**

'카르페^{carpe}'란 말은 '카르포^{carpo}(덩굴이나 과실을 따다, 추수하다)'라는 동사의 명령형입니다. 과실을 수확하는 과정은 사실 굉장히 고되고 힘들지만, 한 해 동안 땀을 흘린 농부에게 추수란 그 무엇과도 비교할 수 없는 행복일 겁니다. 그래서 '카르포' 동사에 '즐기다, 누리다'란 의미가 더해져 '카르페 디엠^{carpe diem}', 곧 '오늘 하루를 즐겨라'라는 말이 됐습니다. 시의 문맥상 '내일에 너무 큰 기대를 걸지 말고 오늘에 의미를 두고 살라'라는 뜻으로 풀이할 수 있습니다. 지금은 숱한 의역을 거쳐 '오늘을 즐겨라'라는 뜻으로 정착되었는데, 주목할 건 이 말이 쾌락주의 사조의 주요 표제어가 되었다는 겁니다.*

호라티우스가 속했던 에피쿠로스 학파는 쾌락주의를 지향한 것으로 알려져 있는데요, 이들이 추구한 쾌락은 세속적이고 육체적이며 일시적인 쾌락이 아니라 정신적인 쾌락, 다시 말해서 충만한 삶과 마음이 흐트러지지 않는 영혼의 평화로운 상태, 동양식으로 표현하자면 안분지족安分知足을 의미합니다. 그래서 호라티우스의 '오늘을 즐겨라'라는 의미도 당장 눈앞의 것만 챙기고 감각적인 즐거움에 의존하여 살라는 뜻이 아닙니다. 매 순간 충만한 생의 의미를 느끼면서 살아가라는 경구입니다.

대부분의 사람은 더 나은 미래를 위해 오늘 인내하고 절제하는 것을 미덕으로 여깁니다. 미래를 지향하는 이러한 삶의 태도는 칭찬받아 마땅하죠. 지금 당장의 즐거움과 편안함을 뒤로하고 눈앞의 작은 것을 취하기보다는, 시선을 멀리 두고 앞으로 묵묵히 나아간 사람들이 써내려간 삶의 이야기는 경이롭고 아름답습니다.

하지만 우리의 청소년과 청년들을 생각하면 내일을 위해 오늘을 희생하며 살아가는 태도가 과연 온당한가 하는 의구심이 듭니다. 우리 사회가 청춘들에게 너무 큰 것을 요구하고 있기 때문이에요. 지금 대한민국 사회는 청년들에게 당장의 즐거움과 편안함을 포기하는 차원을 넘어서 아예 청춘을 송두리째 희생하라고 강요하고 있습니다.

＊　한동일, 『카르페 라틴어 제1권-라틴어 품사론』, 문예림, 2014, ii 참조.

청소년과 청년들이 바라보는 '내일'이 근시안적이라는 것도 문제입니다. 청소년들은 '입시'라는 내일만 바라보고, 청년들은 '취업'이라는 미래에 모든 것을 걸어요. 학력 성취도 부분에서 세계 최고를 자랑하는 우리나라 청소년들이 대학생이 되고 나면 다른 나라 인재들보다 현격히 뒤처집니다. 취업에 성공한 청년들 역시 삶의 만족도가 떨어지는 것은 오로지 '대입'과 '취업'이라는 내일만 바라보고 달려온 결과가 아닐까요?

청소년과 청년들만 그런 게 아닙니다. 부모 세대 역시 마찬가지죠. 자녀의 미래를 위해 오늘을 할애하고, 또 '나중에 돈 벌어서'를 되뇌며 오늘을 다 바쳐요. 하지만 청소년이나 청년들보다도 내일이 얼마 남지 않은 사람들이 바로 우리 부모님들이에요. 노년이 되어서도 쉴 수가 없습니다. 청년 세대의 어려움과 중장년 세대의 어려움은 별개가 아니에요. 서로 엮여 있죠. 어쩔 수 없는 것이 현실이지만 악순환이 아닐 수 없어요. 결국 그 누구도 행복하지 않습니다.

그런데 또 한 가지 생각해볼 것은 사람들이 내일을 위해 오늘을 할애하는 만큼 과거에 매여 있다는 겁니다. 앞에서 얘기했던 중간고사 과제 '데 메아 비타(나의 인생에 대하여)'를 기억할 겁니다. 수업 시간에 학생들이 제출한 과제에 대해 분석해주는데 이때 글의 내용이 아니라 바로 시제에 대해서 이야기를 합니다. 학생들의 글을 보면 문장의 시제가 대부분 과거시제입니다. 과거시제가 제일 많고, 현재시제가 일부분, 미래시제는 극히 드뭅니다. 아마도 지나간 날들에 대해서는 할 말이 많지만 내일은 불명확하고 오늘은 이야기하기 애매한, 그런 생각이 반영되었을 거예요.

인간은 오늘을 산다고 하지만 어쩌면 단 한순간도 현재를 살고 있지 않은지도 모릅니다. 과거의 한 시절을 그리워하고, 그때와 오늘을 비교합니다. 미래를 꿈꾸고 오늘을 소모하죠. 기준을 저쪽에 두고 오늘을 이야기합니다. 그때보다, 그때 그 사람보다, 지난번 그 식당보다, 지난 여행보다 어떤지를 이야기해요. 나중에, 대학 가면, 취직하면, 돈을 벌면, 집을 사면 어떻게 할 거라고 말하죠. 재미있는 것은 우리만 그런 건 아니라는 거예요. 1강에서 소개한 라틴어 동사 활용표를 다시 한 번 살펴보세요. 과거와 관련된 부분이 훨씬 많습니다. 그 시절의 로마도 다르지 않았다는 의미일 겁니다.

내일의 행복을 위해 오늘을 불행하게 사는 것도, 과거에 매여 오늘을 보지 못하는 것도 행복과는 거리가 먼 것이 아닐까요? 10대 청소년에게도, 20대 청년에게도, 40대 중년에게도, 70대 노인에게도 바로 지금 이 순간이 가장 아름다운 때이고 가장 행복해야 할 시간이에요. 시인 호라티우스와 키팅 선생의 말은 내게 주어진 오늘을 감사하고 그 시간을 의미 있고 행복하게 보내라는 속삭임입니다. 오늘의 불행이 내일의 행복을 보장할지 장담할 순 없지만 오늘을 행복하게 산 사람의 내일이 불행하지만은 않을 것이기 때문입니다. 그러니 카르페 디엠, 오늘 지금 여기에서 행복하기를 바랍니다.

로마인의 욕설

Improperia Romanorum

❖ 로마에서 박사학위를 준비할 때 자료를 찾아 이 대학 저 대학 도서관을 헤매던 시절이 있었습니다. 여러 도서관 가운데 성 안셀모 대학의 도서관은 작지만 조용하고 아늑해서 자주 찾았던 곳입니다. 안셀모 대학의 정문을 나오면 바로 몰타 공화국 소유의 건물이 있습니다. 그런데 이 건물 앞문에는 늘 관광객들이 무언가를 보기 위해 길게 줄을 서 있었어요. 저는 이곳을 수년 동안 드나들었지만 그곳에 무엇이 있는지 생각해볼 여유나 구경해볼까 하고 시도해볼 시간도 없었습니다.

그런데 하루는 왜 수많은 관광객이 매일 저 앞에 줄을 서 있는지 궁금했습니다. 그래서 사람들이 없는 어느 날 저도 그 건물 앞으로 갔습니다. 철문에 열쇠 구멍이 하나 있었는데 거기에 눈을 대고 보니 그 작은 구멍으로 놀라운 광경이 펼쳐졌습니다. 제가 본 것은 바로 바티칸 대성당(성 베드로 성당)이었어요.

그 열쇠구멍이 있는 건물을 지나 아벤티누스 언덕을 넘어가면 중세 시대에 지어진 산타 사비나 성당이 나오고 1만 평방미터 크기의 '시립 장미 정원Il Roseto Comunale'이 나옵니다. 이 정원에는 장미뿐만이 아니라 열매가 주렁주렁 열린 오렌지 나무도 볼 수 있어요. 무엇보다 이 정원이 좋았던 것은 로마 시내를 한눈에 조망할 수 있었기 때문입니다. 공부에 지치고, 불확실한 미래를 걱정하고, 낯선 타국 땅에서 이방인으로서 겪어야 하는 피로감이 쌓이면 이곳 정원을 찾아 로마 시내를 내려다보았습니다. 그러면 마음속 답답함도 조금은 가시는 것 같았어요.

그런데 이 정원의 입구에는 오늘날 관광객들이 입장료를 내고 찾는 '진실의 입'이 있습니다. 영화 〈로마의 휴일〉 촬영지로 유명해진 산타 마리아 인 코스메딘 성당에 있는 '진실의 입La Bocca della Verità'과 생김새가 비슷합니다. 이곳을 통과해야만 정원 안으로 들어갈 수 있었는데 이곳에는 늘 한 명의 걸인이 지키고 있었어요. 그는 낮이나 밤이나 늘 술에 취해 있었는데 꼭 제가 들어갈 때마다 "너 일본 사람이니?"하고 물었습니다. 제가 아니라고 대답해도 볼 때마다 일본 사람이냐고 물어요. 이해는 했습니다. 동양인이 유럽이나 미국

시립 장미 정원(로제토 코무날레)에서 바라본 로마 시내 전경

으로 여행가는 것이 드물던 시절, 동양인 여행자의 대부분은 일본인과 중국인이었으니까요. 하지만 한두 번도 아니고 아니라고 대답을 했음에도 불구하고 매번 볼 때마다 똑같은 질문을 하니 어느 날은 정말 힘들더군요. 이쯤이면 제 얼굴을 알아볼 법도 한데 말이죠. 그 친구에게 욕을 하고 싶은 마음이 불쑥 솟더군요. 하지만 마음속으로 한참 갈등만 하다가 그날도 지나갔습니다.

그리고 다음 날도 평소처럼 도서관에서 공부하다가 중간에 좀 쉬려고 정원을 찾았습니다. 그런데 그는 그날도 제게 똑같은 질문을 했어요. 그래서 저는 그가 들릴 듯 말 듯 내뱉었습니다.

"스툴투스 에스Stultus es!"

라틴어로 "멍청한 X!"라는 욕입니다. 다행히 그는 제 말을 못 들은 것 같았습니다. 라틴어의 '스툴투스'에서 '멍청한, 바보'라는 의미의 이탈리아어 '스투피도stupido'와 영어의 '스투피드stupid'가 유래합니다.

사실 저는 로마로 유학을 가기 전까지 욕이란 걸 하지 않았지만, 로마 생활은 저에게 욕의 필요성을 일깨워주었습니다. 로마는 혼잣말로 욕이라도 하고 나면 마음이 한결 편해진다는 것을 깨닫게 해준 곳이었어요. 욕에 이런 순기능이 있구나 하는 생각이 들었습니다.

동서고금을 막론하고 욕설이 없는 민족과 문화는 없는 것 같습니다. 각 세대는 그 시대의 욕설과 음담패설을 가지고 있고 로마도 예외는 아닙니다. 로마인이 내뱉는 욕의 성격은 말을 무기로 조롱과 무례를 변형시킨 것으로도 유명합니다. 로마인들은 단순한 욕설로는 모욕으로 느끼지 않았고, 그래서 욕은 좀 더 세련되고 섬세한 형태로 발전했습니다. 라틴어로 정제되어 언어적으로 정교한 형태의 조롱을 사용한 점이 특징입니다. 그래서 영어의 '스투피드'가 엄청 무례한 말이 되는 것도 여기에서 영향을 받은 겁니다.

라틴어의 대표적인 욕설을 살펴보면 다음과 같아요.

> Sane ineptus es! 사네 인엡투스 에스   너 정말 바보다!
> Abi pedicatum! 아비 페디카툼   빌어먹을! 꺼져버려!
> Mentula es! 멘툴라 에스   머저리 XX!
> Stultus es! 스툴투스 에스   멍청한 X!
> Sane coleus es! 사네 콜레우스 에스   시부랄!
> Sacer esto! 사체르 에스토   저주 받아라!

이러한 형태의 욕설은 로마인의 생활 깊숙이 스며들어 있었는데 마지막 욕설은 좀 설명이 필요합니다. 어원학을 바탕으로 할 때 '거룩한sacro, sacer'이란 말은 분리의 개념, 의식의 순결에 해당하는, 특별 조건이 아니면 다가설 수 없는 불가촉의 어떤 것이라는 개념을 말합니다. 라틴어 '사체르sacer'는 '거룩한'이란 뜻도 있지만 '저주받은'이란 뜻도 있는, 양가감정이 함께하는 단어이기도 합니다. 그래서 로마인들은 "거룩할지어다Sacer esto"라는 말로 저주를 나타냈고, 이 문구는 로마인들의 단죄 양식이 되었어요.

아울러 비속어도 광범위하게 사용됐는데 폼페이 유적지의 낙서가 증명하는 것처럼 외설적인 표현도 넘쳐났습니다. 어떤 이들은 "많은 여성과 사랑을 나누었다multas puellas futuisse"는 것을 자랑하기 위해 그 내용을 길거리의 벽에 쓰기도 했습니다. 교차로의 모퉁이에는 '메레트리체스meretrices'라고 부르는 많은 매춘부들이 호객행위를 했었다고 하고요. 정치인들은 정적인 상대에게 "매일 X이나 잡고 있어라cottidie in manu penem tenere!" 등의 아주 원색적인 표현도 서슴지 않았습니다.

제가 그 걸인에게 비록 들릴 듯 말 듯 하게 내뱉었지만 "스툴투스 에스!"라는 욕을 하고 났을 때 뭔지 모를 후련함이 밀려왔습니다. 그런데 어느 순간부터 "멍청한 X"는 그가 아니라 오히려 나였던 것은 아닌가 하는 생각이 들었어요. 어쩌면 그 걸인은 제가 매일 정원 입구를 지나갈 때 "너 일본 사람이니?"라는 말이라도 걸어서 동전 하나라도 얻고 싶었는지도 모릅니다. 하지만 저는 그의 매번 같은 질문에 화를 냈을 뿐 단 한 푼의 동전도 내어준 적 없습니다. 봉사奉仕가 필요한 순간 눈뜬 봉사로 있었던 것이죠. 상대방이 무엇을 필요로 하고 바라는지, 누군가의 가슴이 무엇을 말하는지를 모르는 저야말로 진정 '스툴투스 에스'였던 겁니다.

그런데 이 글을 쓰고 있는 지금도 여전히 마음이 무겁습니다. 아직도 저는 그 상태에서 조금도 진보하지 못했기 때문입니다. 고故

김수환 추기경님이 "사랑이 머리에서 가슴으로 내려가는 데 70년이 걸렸다"고 하였으니 '나는 아직 괜찮은 걸까?' 하며 잠시 위안을 삼아보지만 그것도 변명일 뿐입니다. 적어도 사람 사이의 일에서 오해나 오판이 없으려면, 그리고 가장 중요한 것들을 놓치지 않으려면 사랑으로 무장한 통찰이 있어야 합니다. 그건 누구와 비교해서 "남들도 그렇다는데"라며 적당히 합리화할 수 없는 부분이니까요.

Tempus fugit, amor manet.
템푸스 푸지트, 아모르 마네트.
시간이 흘러도 사랑은 남는다.

오래도록 스툴투스 에스로 남지 않으려면 멍청한 누군가가 겉으로 내뱉는 말 뒤에 숨은, 가슴이 하는 말에 귀 기울여야겠습니다.

나는 정작 사랑을 빼고 무엇을 남기려고 하는 것일까?
사랑이 빠지면 그 무엇이 얼마나 큰 의미를 가질까?
나는 무엇을 남기려고 이렇게 하루를 아등바등 사는가?

로마인의 나이

Aetates Romanorum

❖ 세월과 나이. 유한한 생명을 가진 인간에게 이 단어들만큼 부담과 압박을 주는 단어가 있을까요? 특히 우리 사회는 나이에 민감합니다. 어디서 모르는 사람끼리 시비가 붙어도 누군가 먼저 "너 몇 살이나 먹었어?" 이렇게 나오면 그때부터 본 싸움이 시작되죠. 한 살이라도 더 먹었다고 생각하는 사람은 목소리가 커지며 "내가 너 같은 아들이 있다" "너 같은 동생이 있다"라는 식으로 상대를 제압하려 들고, 상대편은 "나이 많은 게 자랑이냐?" "나이를 먹었으면 나잇값을 해라. 어디로 나이를 먹었냐?"라는 식으로 팽팽히 맞설 때 싸움의 본질이나 원인은 이미 어디론가 달아나고 없습니다.

우리 사회가 참으로 아이러니한 게 나이와 지혜가 정비례하기라도 하는 양 몇 년 몇 개월까지 따지며 나이의 권위를 내세우다가도 경제 논리 앞에서는 그 나이가 갑자기 불리한 조건이 되어 한 살이라도 줄이고 싶어한다는 겁니다. 취업은 한 살이라도 어린 사람이 유리하다고 하죠. 기업은 어린 사람을 뽑아서 정년까지 길게 일을 줄 것도 아니면서 나이 많은 사람(실제로 많지도 않지만)은 은근히 배제합니다. 경력자들의 경험과 연륜을 제대로 대접해주자면 비용만 올라간다는 식으로 계산하니 젊고 값싼 노동력을 선호하게 되는 겁니다. 부속품 취급 당하는 인간의 가치에 절망하고 구성원 간의 경쟁은 심화되면서 '나이'에서 오는 세대 간의 갈등은 점점 심해질 수밖에 없습니다.

또한 우리 사회는 나이에 따라 윗사람은 아랫사람에게 반말을 해도 되고 아랫사람은 윗사람에게 존댓말을 해야 하는 수직적인 언어 구조를 가지고 있습니다. 고작 또래 친구들끼리만 서로 말을 트고 편하게 말할 수 있어요. 반면 유럽어는 우리처럼 동갑내기 친구들만 말을 놓을 수 있는 것은 아닙니다. 서로 어느 정도 알고 지내면 선생과 학생 간에도 말을 놓을 수가 있습니다. 이탈리아어의 경우 그렇게 말을 놓을 때 "파를리아모 델 투Parliamo del tu"라고 말합니다. "우리 말을 놓자"라는 의미입니다. 독일어의 경우도 '두젠duzen (너라고 부르다, 말을 놓다)'과 '지이첸siezen (Sie라는 호칭, 존칭을 쓰다)'이라고 하여 서로 어느 정도 알고 지내면 서로가 동의할 때 '너'라고 말해도 전혀 무례함을 느끼지 않습니다.

이탈리아어나 독일어 등의 유럽어가 이러한 수평적 언어가 가능한 것은 바로 라틴어 덕분입니다. 라틴어의 많은 어법 가운데 특별히 접속법은 화자나 글쓴이의 바람, 생각과 추측, 가정과 희망, 조건과 권고를 나타낼 때 사용됩니다. 그리고 이 라틴어의 접속법이 가장 많이 사용된 곳은 바로 법조문인데요, 로마법의 조문은 '~을 하지 마라'는 식의 직설법적 표현이 아니라 '~을 하지 마시기 바랍니다', '삼가시기 바랍니다' 등의 완곡한 접속법적 표현으로 나타냈습니다. 그래서 정복지의 주민조차 로마를 공동의 조국으로 생각하게 만들었어요.

가끔 저는 라틴어를 연구하다 보면 우리 언어도 이런 수평적 성격이 발달했으면 좋겠다는 생각을 합니다. 언어의 수평적 성격이 발달하면 회의나 모임에서 자유롭게 자신의 생각을 피력하는 데 도움이 되는 것은 물론이고, 사고나 사회구조도 좀 더 유연해질 수 있지 않을까요?

가끔 가르쳤던 제자들 가운데 면담을 요청하는 친구들이 있어서 만나보면 대부분 취업, 상급학교로의 진학 문제로 심각하게 고민합니다. 또 어떤 친구들은 준비한 시험에서 거듭 낙방하여 만신창이가 되어 절망하고 아파합니다. 그리고 나이 한 살 더 먹을 때마다 느끼는 심리적 부담감에 그들의 자존감은 밑도 끝도 없는 나락으로 떨어지고 말아요. 여기에 어떤 말이 위로가 될 수 있을까요.

사실 우리의 아픔은 위로가 필요한 것이 아니라 사회구조에 대한 근본적인 개혁이 필요한 문제일 겁니다. 그런데 기득권을 누리는 사회 일각에선 자꾸 개인의 문제로 돌려 청년들의 삶을 더 피폐하게 만들어요. 개신교의 신학자인 라인홀드 니버(Reinhold Niebuhr, 1892~1971)가 말한 '윤리적 인간, 비윤리적 사회'라는 말이 시시때때로 간절히 생각납니다. 우리 사회는 어떤 한 개인이 윤리적으로 잘 살고 싶어도 살기 힘든 그런 사회가 되어버렸습니다. 불법을 부추기고 합법엔 인내를 발휘해야 합니다. 정직하고 바르게 살면 무능한 것이고 약삭빠르고 초법적으로 살면 능력 있다는 소리를 듣습니다.

하지만 이런 이야기는 지금 고통이 턱밑까지 차오른 이들에게 해봐야 전혀 위로가 되지 않습니다. 당신 탓이 아니라 해도 "그런데 나는 왜?" "그러면 어쩌라고?" 하는 울분에 찬 볼멘소리밖에 돌아올 게 없습니다. 이들의 울분과 아픔을 근본적으로 해소해주기 위해서 어른들은 위로할 일이 아니라 팔을 걷어붙여야 합니다. 그들이 자기 목소리를 낼 수 있게 도와주고 지원사격을 해줘야 해요. 기성세대는 '우리도 힘든데 왜 젊은 애들 밥그릇을 우리가 신경써줘야 하나' 하겠지만 청소년과 청년들은 우리의 미래이기 때문입니다. 그들이 곧 우리 삶의 허리 세대가 될 것이기 때문이에요.

애초부터 빈 밥그릇마저 주어지지 않는 불공정한 게임이라면, 또 청년들이 살아가는 데 필요한 최소한의 양을 채우기도 빠듯하거나 부족하다면 그들의 절망은 고스란히 사회에 대한 분노로 차곡차곡 쌓일 겁니다. 우리는 북유럽 사회를 부러워만 하지 그들이 미래 세대에 투자하는 제도적, 사회적 노력은 간과합니다. 봄날에 산에 가서 나무를 보면 모든 에너지와 역량을 나무의 가장 끝인 꽃과 이파리에 몰아줍니다. 자연은 그렇게 누가 가르쳐주지 않아도 미래 세대에 모든 것을 투자합니다.

저 역시 기성 세대지만 가슴만 답답해질 뿐, 마치 약장수처럼 라틴어의 생애주기별 호칭만을 이야기하고 있을 땐 힘없는 선생임을 절감하게 되어 제자들 볼 면목이 없습니다.

infans 인판스 아기, 유아
parvulus 파르불루스 어린이, 만 7세, 초등학교 입학
puer 뿌에르 소년, 만 14세
puella 뿌엘라 소녀, 만 12세
adulescens 아둘레센스 청소년, 만 20세까지
iuvenis 유베니스 젊은이, 만 20세부터 만 45세까지
vir 비르 성인 남성, 만 60세까지
senex 세넥스 노인, 만 60세 이상[*]

라틴어에서 아기라는 단어 '인판스'는 '인in + 판스fans'의 합성어

---

[*] V. Tantucci, A. Roncoroni, *Latino Grammatica descrittiva Teoria della lingua latina*, Casa editrice Poseidonia Milano, 2006, p. 215 참조.

입니다. '인'은 동사(형용사, 명사, 분사) 앞에 붙어서 부정, 박탈, 반대의 의미를 나타냅니다. '판스'는 '말하다'를 의미하는 '파로faro' 동사의 현재분사입니다. 따라서 '인판스'는 '말 못하는'이라는 의미가 되고, 실제로 로마법에서 "유아는 말을 할 줄 모르는 자infans qui fari non potest"라고 규정했습니다.** 그리고 유스티아누스 황제 때에 7세 미만은 유아로 규정했습니다.

라틴어에서 어린이를 가리키는 단어는 '작은'이라는 의미의 형용사 '파르불루스parvulus'에서 나왔습니다. 라틴어에서는 형용사가 명사의 의미로 고착되기도 합니다. 로마법에서 소년은 14세 이상이고 소녀는 12세 이상입니다. 남녀 각각 14세와 12세가 되면 결혼할 수 있었습니다. 중세 시대엔 남녀 각각 16세와 14세가 되면 결혼할 수 있었고요. 하지만 법적 능력의 시작은 성년maior aetas이 되는 만 25세에 주어졌습니다. 즉 남자는 14세, 여자는 12세가 되면 결혼할 수는 있었지만 로마법상 25세 이하는 미성숙자로 '미성년'이라고 했고, 그들에게는 자기 의사에 따른 법률 생활의 개입이 금지되었습니다.***

젊은이를 가리키는 말로는 '유베니스' 외에도 '유벤투스iuventus'라는 단어도 있습니다. 이탈리아의 어느 프로 축구팀 이름인 유벤

** D. 44, 1, 13.('D.'는 유스티니아누스 황제가 입법한 법률집 이름의 약자를 딴 것으로, 이 책은 통상 『학설휘찬』이라고 한다.)

*** L.Vela *Età per il matrimonio*, in *Nuovo Dizionario Diritto Canonico*, 앞의 책, 474쪽 참조 ; 한동일, 「혼인 연령」, 『교회법률 용어사전』, 1050-1051쪽.

투스도 여기에서 나온 것이에요. 그런데 로마법에서는 유독 젊은이를 가리키는 나이대가 만 20세부터 만 45세까지 무척 넓습니다. 젊은이로 규정하는 연령대가 이렇게 길었던 이유는 군대에 충원할 병사를 원활히 공급하기 위해서였습니다. 로마법은 만 20세부터 만 45세까지의 남성을 병역 적령자라고 불렀어요. 분명 로마 시대에 젊은이라는 호칭은 국가의 필요에 의한 수단에 불과했습니다.

하지만 어떤 경우는 수단이 정화되는 경우도 있습니다. 로마법이 젊은이의 나이를 길게 잡았던 것은 병력의 원활한 공급이라는 다소 부정적인 이유가 있었지만, 유구한 역사가 흐른 지금에 와서 돌아보면 유럽인들에게 나이에 대한 강박을 덜어주는 순기능의 역할을 했음을 인정하게 됩니다.

실제로 제가 "아, 난 무언가를 공부하기엔 너무 늦었어!"라고 했을 때, 대부분의 이탈리아 친구들은 '넌 아직 젊어!'라고 말해주었어요. 재미있는 건 그 옆에서 똑같은 소리를 하던 70세 할아버지한테도 '당신은 아직 젊어!'라고 했다는 겁니다. 저는 처음에 이게 듣기 좋으라고 하는 소리인 줄 알았어요. 그런데 나중에 알고 보니 라틴어에서 쓰던 생애주기별 호칭이 그런 인식의 바탕이 되었던 겁니다. 당시의 평균 수명이 오늘날보다 훨씬 짧다는 것을 생각해보면, 라틴어의 젊은이라는 호칭은 인간의 가능성을 아주 크고 길게 볼 수 있도록 도와주지 않았나 싶어요.

우리도 이런 이탈리아 사람들의 나이에 대한 너그러운 태도를 배우면 좋을 것 같습니다. 우리는 보통 나와 같은 또래의 사람이 무언가 큰 성취를 이루었을 때, 나는 그동안 뭐했나 싶은 생각을 하거나 아무것도 이룬 게 없다는 생각에 좌절감과 열등감을 느낍니다. 하지만 절대 그럴 필요가 없습니다. 그것은 나 스스로를 미워하고 학대하는 것과 같아요. 사회로 나가면 언제든 대체로 내가 처한 상황은 불리합니다. 나를 칭찬하는 사람들보다 나를 폄하하는 사람들이 많고, 나를 치켜세우려는 사람보다 깎아내리려는 사람이 더 많죠. 그런데 이런 환경 속에서 나마저 나를 미워한다면 더 이상 누가 날 사랑하겠습니까? 나마저 자기 자신을 힘들게 하지는 말아야 합니다. 내 나이 또래의 사람이 무언가를 이뤘지만 나는 아직 눈에 띄게 이룬 것이 없다면, 그와 내가 걷는 걸음이 다르기 때문이지 그 이상도 이하도 아닙니다. 나와 그가 가는 길이 다를 뿐이죠.

하늘의 새를 보세요. 그 어떤 비둘기도 참새처럼 날지 않고, 종달새가 부엉이처럼 날지 않아요. 각자 저마다의 비행법과 날갯짓으로 하늘을 납니다. 인간도 같은 나이라 해서 모두 같은 일을 하지 않고 같은 방향으로 가지는 않습니다. 한 사람 한 사람 모두 저마다의 걸음걸이가 있고 저마다의 날갯짓이 있어요. 나는 내 길을 가야 하고 이때 중요한 것은 '어제의 자기 자신으로부터 나아가는 것'입니다. 그리고 아직은 정확히 모르는 내 걸음의 속도와 몸짓을 파악해나가는 겁니다.

공부는 무엇을 외우고 머릿속에 지식을 채우는 것이 아니라 나만의 걸음걸이와 몸짓을 배우는 것이 아닐까 생각해봅니다. 그런 점에서 우리가 오늘 인생이라는 학교에서 배워야 할 걸음걸이는 무엇일까요? 어떤 몸짓과 날갯짓을 배워야 할까요?

In omnibus requiem quaesivi, et nusquam inveni nisi in angulo cum libro.

내가 이 세상 도처에서 쉴 곳을 찾아보았으되, 마침내 찾아낸, 책이 있는 구석방보다 더 나은 곳은 없더라.

－토마스 아 켐피스(Thomas à Kempis, 1380~1471), 독일의 수도자이자 종교사상가

로마인의 음식

Cibi Romanorum

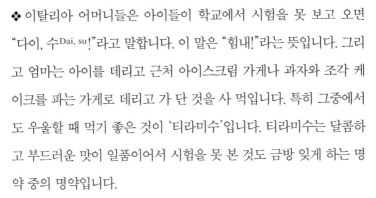

❖ 이탈리아 어머니들은 아이들이 학교에서 시험을 못 보고 오면 "다이, 수[Dai, su!]"라고 말합니다. 이 말은 "힘내!"라는 뜻입니다. 그리고 엄마는 아이를 데리고 근처 아이스크림 가게나 과자와 조각 케이크를 파는 가게로 데리고 가 단 것을 사 먹입니다. 특히 그중에서도 우울할 때 먹기 좋은 것이 '티라미수'입니다. 티라미수는 달콤하고 부드러운 맛이 일품이어서 시험을 못 본 것도 금방 잊게 하는 명약 중의 명약입니다.

그런데 티라미수라는 말이 참 재미있습니다. 이탈리아어로 티라미수는 '끌어당기다, 잡아끌다'라는 의미의 타동사 '티라레[tirare]'의

2인칭 명령 형태인 '티라tira'에 직접 목적어 '미mi'가 결합하고, 여기에 방향을 가리키는 '위에, 위로'를 의미하는 전치사 '수su'가 합쳐져 '나를 위로 끌어올리다'라는 의미를 가집니다. 그래서 티라미수의 이름은 이 케이크를 먹으면 울적했던 기분이 사라지고 기분이 좋아진다는 뜻을 내포하고 있습니다. 중간고사가 끝나고 시험 성적 때문에 얼굴빛이 어두웠던 학생들에게 이런 이야기를 들려주면 눈빛이 반짝거립니다. 꼭 다른 이야기를 더 들려달라는 것처럼 느껴져요. 그러면 시험을 치르느라 고생한 학생들에게 작은 선물이 될 수 있도록 로마인의 음식 이야기를 들려주기도 합니다.

로마인의 하루 세 끼는 어떤 것이었을까요? 로마인은 아침식사 ientaculum로 치즈와 꿀, 마른 과일을 먹었고 점심prandium은 간식처럼 간단히 때웠습니다. 고대 로마인의 참다운 식사는 저녁식사로, 해가 질 무렵 일과를 마치고 집으로 돌아와서 밥을 먹었습니다. 저녁식사에는 전식primae mensae과 후식secundae mensae을 먹었는데, 전식은 입맛을 돋우는 전채요리와 육류나 생선이 나오는 주요리로 이루어져 있었습니다. 전식이 끝나면 후식으로 여러 가지 과자를 먹었어요.

음식과 관련해서 로마인의 조리법을 읽게 된다면 라틴어로 "데구스티부스 논 에스트 디스푸탄둠De gustibus non est disputandum!"이라고 말하는 것을 이해할 겁니다. 이 말은 "맛에 대해서는 논쟁의 여지가 없다"라는 뜻으로 '더 말할 필요 없이 맛있다'라는 의미입니다. 로마의 음식 문화가 상당히 발달했다는 것을 간접적으로 알 수 있는 대목입니다.

　로마인의 음식 가운데 가장 일반적인 전채요리는 '아피치오Apicio' 인데요, 삶은 달팽이, 닭의 모래주머니와 사탕무, 파, 샐러리 등의 채소를 함께 삶습니다. 여기에 올리브유, 포도주와 식초, 다마스쿠스 산 다진 자두, 후추, 생강과 달걀을 넣어 섞고, 이 위에 전분가루, 건포도, 스위트 와인, 신맛이 나는 소스와 아욱 잎을 뿌려줍니다. 이렇게 하면 지중해식 샐러드인 아피치오가 완성됩니다. 그리고 로마인은 오늘날 흔히 먹는 빵이나 파스타는 알지 못했어요. 그 대신 밀가루에 올리브유와 소금을 뿌려 구운 크고 둥근 포카치아focaccia와 지금의 피자 비슷한 것을 빵 대용으로 먹었습니다.

　로마인의 전식은 육류나 생선을 먹었지만, 오늘날처럼 전채요리를 먹은 다음 '첫 번째 요리il primo piatto'를 먹고 '두 번째 요리il secondo piatto'를 먹는 식습관은 근대에 생긴 겁니다. 이탈리아 사람은 전채요리 후 첫 번째 요리로 파스타를 먹고 두 번째 요리에서 육류나 생선을 먹습니다. 로마에서는 그리스도교가 국교가 되면서부터 생선 요리는 주로 금요일에 먹는데 그리스도가 수난하고 죽은 날인 금요일을 기리며 통회의 마음으로 육류 대신 생선을 먹는 풍습이 전해내려온 겁니다.

　로마인들이 먹었던 육류 중에서 특이한 것들을 이야기해볼까 합니다. 그중 깜짝 놀랄 만한 것이 있는데 바로 기니피그의 일종인 '집 쥐'입니다. 로마인은 이 고기에 돼지고기 소시지, 후추와 잣, 각종 소스를 넣어 화덕이나 냄비에 익혀 먹는 것을 좋아했습니다. 로마인들이 키웠던 반려동물 중에는 고양이와 족제비과에 속하는 흰 가슴 담비가 있는데* 애완용으로 키웠던 것이 아니라 집 쥐를 잡게 하려는 게 목적이었다고 합니다.

또한 가금류 가운데는 타조와 홍학, 앵무새 요리를 즐겼습니다. 타조는 후추와 허브, 꿀, 겨자, 식초와 올리브유로 양념하여 삶아 먹었고, 학은 무와 다른 채소를 넣고 후추와 허브, 전분으로 양념하여 삶아 먹었다고 해요.

항구 도시나 강 주변에 사는 사람들은 생선요리를 무척 좋아했습니다. 요리법은 생선에 소금을 넣어 끓이거나 삶거나 튀겨 먹는 정도로 단순했지만, 연어의 알과 내장은 오늘날의 통조림 형태로 가공해서 영국에 주둔한 로마 병사의 영양 공급을 위해 보냈습니다. 그 가공 공장은 스페인 남부 클라우디아에 있었다고 합니다.

계란은 주로 프라이를 해서 먹었습니다. 포도 식초에 졸이거나 올리브유에 후추와 허브 잎을 뿌려 구워먹거나 후추와 잣, 꿀과 식초를 넣어 익혀 먹었어요. 로마인의 요리에서 채소는 음식의 기본 재료를 넘어 찻잎이나 약재를 우려낸 것까지 포함했고, 로마인들은 설탕을 몰랐기 때문에 설탕 대신 꿀을 사용했습니다. 또한 과일을 저장하는 것이 몹시 중요했는데 과일 종류에 따라 끓이거나 꿀에

---

* Davide Astori, 앞의 책, p. 92 참조.

담그거나 포도액으로 덮어 저장했습니다. 과일 보존법을 아는 것이 로마 요리사의 중요한 능력이기도 했습니다.

자, 그리고 빼놓을 수 없는 게 있죠. 바로 술입니다. 예상했겠지만 로마인들의 술은 포도주였습니다. 다만 포도주를 그냥 마시지 않고 항상 물에 타서 마셨어요. 맛있는 포도주가 무척 귀했기 때문에 포도주에 꿀, 독주나 사프란 등을 섞어서 마셨습니다. 로마 시대 때 귀한 포도주는 볼쉬 지방에서 만들었는데요. '볼쉬'는 옛 지명으로 오늘날 프로시노네, 론굴라, 사트리코, 아르피노 등이 속하는 지역입니다.

로마 시대 최상의 포도주 산지는 '팔레르노'와 '마시코'입니다. 이곳은 오늘날 이탈리아 남부 캄파니아 주에 속하는 고대 도시로 지금도 여전히 포도주 애호가들 사이에서 포도주 산지로 유명해요. 제국이 팽창하면서 포도주의 소비가 늘어나자 로마 인근 도시와 이탈리아만으로는 공급에 한계가 있었어요. 결국 포도 농장은 로마군의 점령지인 스페인과 프랑스 전역으로 퍼져 현지에서 자체적으로 포도주를 생산하고 소비하게 했습니다.

로마인에게 양조 기술은 정확성이 요구되는 기술이었습니다. 그리스인은 과음만 하지 않는다면 포도주는 영혼의 해방자이자 인간으로 하여금 자신의 내면적 자아에 더 깊이 도달할 수 있게 해준다고 생각했습니다. 그 영향 때문에 로마인도 똑같이 포도주를 중요하게 생각했어요. 조주의 신성함은 먼 옛날 그리스인이 디오니소스라고 부르고 로마인이 바카스라고 부르던 술의 신에 대한 경배와 연결됩니다. 그 뒤 포도주는 필수적인 음식으로 여겨져 노예들에게도 하루에 1리터 정도를 배급했습니다. 반면 맥주는 북부 게르만족의 수입 음료였고, 과실주를 선호한 로마인들은 맥주를 별로 좋아하지 않았습니다.

한편 로마인의 식문화에서 빠뜨릴 수 없는 것이 바로 '연회'입니다. 연회를 통해 당시의 식문화뿐만 아니라 복식문화와 사회상까지 엿볼 수 있는데요, 연회에 초대된 손님들이 노예들과 함께 도착해 집에 들어서면, 자유롭고 편안하게 행동할 수 있도록 실내용 샌들soleae과 일명 '신테시스synthesis'라고 하는 그리스풍의 소매가 없고 무릎까지 내려오는 가볍고 헐렁한 옷으로 갈아입었습니다. 이렇게 편안한 복장으로 갈아입는 것은 화려하고 격식이 있는 옷을 그대로 입고서는 비스듬히 누워서 음식을 먹기에 불편했기 때문입니다.

사실 로마인의 복식문화가 화려했을 것이라고 짐작은 했지만 구체적인 의복의 형태는 자세히 알 수가 없었는데요, 터키 이스탄불에 있는 성 소피아 대성당에서 프레스코화 하나가 발견되면서 로마인의 복식을 엿볼 수 있는 기회가 생겼습니다. 소피아 대성당은 동로마 제국이 패망한 뒤 이슬람 사원이 되었고, 이전의 그리스도교의 흔적을 감추기 위해 그 위를 모두 이슬람 문양으로 덧칠했었습니다. 그런데 시간이 지나고 그 덧칠이 떨어져나가면서 원래의 그리스도교 장식인 프레스코화의 일부가 발견되었던 겁니다. 이를 통해 로마인의 복장이 얼마나 화려했는지, 또 로마인이 왜 실내로 들어가면 신테시스라는 옷을 입고 식사를 했는지도 알게 되었습니다.

손님이 저녁 연회에 참석하면 세 명의 노예가 곁에서 시중을 듭니다. 우선 도착한 손님의 이름을 소개하는 노예인 '노멘클라토르 nomenclator'가 있었습니다. 그 다음 지배인격으로 연회의 책임을 맡은 '스트룩토르structor'라는 노예가 연회의 메뉴를 정하고, 음식이 준비되면 '카르프토르carptor'라고 부르는 노예가 먹을 것을 먹기 좋게 잘라 나누어줍니다. 또한 공화정 시기에 이르러서는 비스듬히 누워서 점심을 먹는 것과 저녁식사를 위한 특별 공간을 준비하는 것이 일반화되었습니다. 비스듬히 누워 식사를 하기 위해 로마인은 세 개의 침대와 같은 좌석을 다음과 같이 배치했습니다.

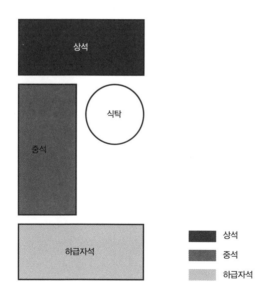

각각의 침대와 같은 좌석에는 세 부류의 손님을 맞을 수 있는데, 그 각각의 자리는 상석, 중석, 하급자석으로 구분되었습니다. 왕정시대부터는 침대형 식당 좌석이 그리스어 알파벳 시그마$^\Sigma$ 형으로 바뀌었는데 이 좌석은 8명까지 앉을 수 있었어요. 제일 높은 사람이 가장 모퉁이 자리에 앉고 하급자들은 서로 몸이 맞닿은 채로 음식을 먹었다고 합니다.

일반 연회가 소박한 저녁식사였다면, 특별 연회는 늦은 저녁 시간까지 호화롭게 이어졌습니다. 식사가 끝나면 어린 아이들이 와서 식탁을 정리했고, 젊은 하인들에게는 향수를 뿌리고 화관을 씌워, 그들 가운데서 음주에 봉사할 연회의 지배인과 바텐더$^{\text{arbiter bibendi}}$를 뽑았습니다. 이들이 필요했던 이유는 로마인들 가운데 포도주에 물을 타서 마시거나 포도주를 뜨겁게 해서 마시는 사람이 있었기 때문입니다. 지금도 여름에는 찬물에 화이트 와인이나 레드 와인을 몇 방울 타서 마시기도 합니다. 반면 몸에 한기가 느껴지고 감기 기운이 있을 때는 화이트 와인을 중탕해 알코올을 날려버리고 마시면 온몸에 열기가 돕니다.

바텐더는 술 항아리에 담긴 포도주를 국자로 손님들의 잔에 퍼주었고 따뜻한 포도주를 원하는 사람에게는 뜨거운 물이 담긴 가죽 주머니에 포도주가 담긴 잔을 넣어 따뜻하게 데운 후 내주었습니다. 시인들은 이를 '여과하다'라는 의미의 '리쿠오^{liquo}'라는 동사로 사용하게 됐는데, '리쿠오르^{liquor}'라는 단어에 알코올 음료나 술이

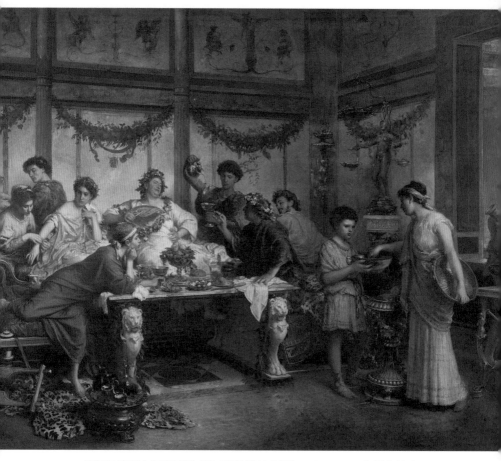

로베르토 봄피아니, 〈로마의 연회〉, 1821-1908년, 캔버스에 유화, 50×64.5 inch, LA 게티센터 미술관

라는 의미가 추가된 것은 그런 이유 때문이죠. 그래서 영어에서도 철자 그대로 'liquor'라고 사용합니다.

잔에 술이 모두 차면 건배를 하고 광대scurra가 나와 재밌는 이야기와 춤으로 간단한 쇼를 펼칩니다. 그밖에도 7현금을 타는 악사와 합창 반주의 플루트 주자와, 캐스터네츠를 치며 춤추는 여자, 여자처럼 생긴 남자 무희, 줄 타는 광대, 익살 광대 및 만담가 등이 연회의 분위기를 돋우었습니다. 여자처럼 생긴 남자 무희는 '치내두스cinaedus'라고 불렀는데, 이들은 통상 14세에서 20세의 남성으로 동성애의 상대가 되기도 했습니다.

그렇다면 로마 시대에는 동성애가 합법이었을까요? 아뇨, 그렇지 않습니다. 당시 로마법상으로도 동성 간의 성행위나 추행은 '남성 간의 음란죄stuprum cum masculo'라고 하여 민회의 정무관이나 안찰관에 의해 제소되었습니다. 또한 동성 간의 성행위는 기원전 149년 '스칸디나 법lex Scantina'에 따라 동화 1만 또는 금화 100닢의 벌금형에 처해졌어요. 금화 한 닢은 대략 3.75그램이므로 금화 100닢은 375그램의 금액입니다. 이 금액을 오늘날 시세로 환산하면 대략 2천만 원 가까운 금액인데요, 이를 인플레를 감안해서 역으로 추정하면 천문학적 금액의 벌금임을 유추할 수 있습니다.

다만 오해의 여지가 없어야 합니다. 당시 로마 제국이 동성 간의 성행위를 금지시킨 것은 윤리적 이유라기보다 국가 전략적인 이유에서였으니까요. 미래 산업의 자원을 확보하는 차원에서 혼인과 가정을 통해 인구가 증가해야 한다고 보았기 때문입니다. 그런 시선으로 보자면 동성애는 생산적이지 않았던 것이죠.

다시 연회 이야기로 돌아와 '로마인의 음식'에 대한 내용을 마무리할까 합니다. 지식층의 경우 저녁 연회에서 책을 읽어주는 노예가 철학 문구나 문학책을 읽어주기도 했는데요, 이 전통은 로마 가톨릭 교회의 수도원에 전수되어 수도원의 저녁식사 때 회원들 가운데 한 명이 나와 성서나 자기가 몸담고 있는 수도회의 규칙을 읽어주는 관습으로 정착됩니다.

강의 중에 이런 로마인들의 생활상을 이야기해주면 학생들은 훨씬 덜 지루해하고 흥미진진해합니다. 사실 라틴어 수업이라고 해도 문장 자체를 모두 쪼개 분석하고 이야기하다 보면 듣는 사람은 지루해지기 십상이죠. 게다가 어려운 말이다 보니 어디 가서 배운 대로 이야기하거나 아는 체하기가 쉽지 않은데, 지엽적이긴 하지만 로마인들의 생활에 대한 이야기는 다른 곳에서도 대화 소재로 삼기 좋습니다. 재미있어서 기억에 오래 남기 때문입니다.

사실 어른들도 마찬가지일 겁니다. 우리의 학창시절을 생각해보면 수업 내용은 잘 기억나지 않지만, 선생님들의 첫사랑 이야기나 영화 이야기 같은 건 오래오래 기억에 남아 있습니다. 저 같은 경우는 라틴어가 역사, 문화, 예술 등 다방면으로 영향력이 대단했던 언어라는 점 때문에 학생들에게 우스갯소리로 이렇게 말하기도 합니다. "라틴어를 공부해서 좋은 점은 남들 앞에서 현학적 허세를 부릴 수 있기 때문이다"라고요. 어떤 친구는 이 말을 살짝 진담으로 받아들여 '허세를 위해 공부하다니!'라고 생각할지 모르지만, 남들이 잘 모르는 걸 내가 안다는 데서 오는 즐거움도 상당히 큰 것이죠.

어떤 동기든 공부를 해나가는 데 도움이 된다면 그걸 십분 이용해서 공부의 동력을 만들어나가는 것은 나쁘지 않다고 생각합니다. 어쩌면 조금은 지루해졌을 라틴어 공부 중에 로마인들의 생활 이야기가 활력이 되었기를 바라는 마음입니다.

로마인의 놀이

Ludi Romanorum

❖ 로마 시대는 엄청난 콘텐츠의 보고입니다. 로마 시대를 배경으로 한 콘텐츠는 지금까지도 새로운 소재로 창작되거나 기존의 작품들이 새롭게 변주되어 만들어지고 있죠. 영화만 해도 로마 시대를 배경으로 한 작품들이 많습니다. 저와 같은 세대의 분들이라면 〈쿼바디스〉〈벤허〉〈칼리굴라〉 같은 영화들을 떠올릴 것 같고, 학생들이라면 〈글래디에이터〉〈아고라〉〈트로이〉〈킹덤 오브 헤븐〉 같은 영화들을 꼽을 것 같습니다.

그중 제가 기억하는 〈벤허〉는 1959년 윌리엄 와일러 감독의 작품으로, 2016년에 리메이크되기도 했습니다. 2016년 버전은 원작

보다 아쉬운 점이 많았습니다. 이 영화를 보고 나니 1959년 당시 윌리엄 와일러가 "오, 주여! 이 영화를 정녕 제가 만들었단 말입니까?"라고 했다는 말을 이해할 수 있었어요. 디지털 기술이 엄청나게 발전하고 막강한 자본으로 움직이는 오늘날의 영화 산업이 컴퓨터 그래픽 기술은 상상도 할 수 없었던 1959년 실사판 〈벤허〉를 따라가지 못한다는 게 아이러니합니다. 이 영화를 두고 생각해보면 영화 예술이란 단순한 기술력으로만 완성되는 게 아닌, 종합예술이라는 걸 실감할 수 있습니다.

기원전 500년경부터 기원후 500년경까지 무려 1천 년 가까이 존재했던 로마 시대의 정치, 군사, 문화, 과학 등의 문명은 현대 문명과 기술이 찬란히 도래하는 지금까지도 많은 영감을 주고 있습니다. 이번 강의에서는 지난 '로마인의 음식 이야기'에 이어 로마인들은 무엇을 하고 어떻게 놀았는지, 로마인의 놀이와 여가 문화에 대해 살펴보려고 합니다.

우선 놀이에는 '동전 던지기' 게임이 있었습니다. 동전의 앞면에는 황제의 얼굴이, 뒷면에는 배의 모양이 새겨져 있어서 이 게임을 '머리와 배capita et navia'라고 불렀습니다. 이것이 영어의 동전 던지기 '크로스 앤 파일cross and pile'이 됩니다. 축구 경기의 시작에 앞서 하는 동전 던지기도 여기에서 유래했습니다.

도박은 어느 시대 어느 사회나 사라지지 않는, 인간 본성을 건드리는 마력이 있는 게 분명합니다. 로마의 상류 사회에서도 도박이

성행했는데 클라우디우스 황제(Claudius, B.C. 10~B.C. 54)는 도박에 관한 설명서를 출판할 정도로 도박에 심취해 있었어요. 로마법에서는 도박을 금지했지만 지금의 크리스마스 무렵에 행해진 '농신제Saturnalia' 축제 때는 예외적으로 허락했습니다.

대표적인 도박이었던 주사위 던지기에는 크게 두 종류의 주사위가 사용되었습니다. 하나는 작은 뼈로 네 개의 평면과 두 개의 곡면이 있는 '탈루스talus'라는 주사위였고, 또 하나는 오늘날 주사위와 비슷한 6면에 수가 새겨진 주사위 돌 '테쎄라tessera'였습니다. 탈 모양의 '피르구스pyrgus'나 '프리틸루스fritillus'라는 놀이는 둥근 주사위통에 주사위를 넣어 흔든 다음 던진 네 개의 주사위에 최고점이 나오면 이기는 게임입니다.

장기판이나 체스와 비슷한 '돌 게임ludus calculorum'은 일종의 군사 전략 보드 게임입니다. 장기판의 말은 졸의 역할을 하며 고대 용병에서 이름을 따온 '라트르쿨루스latrunculus', 전투를 수행하는 군인 '밀레스milites' 또는 '벨라토르bellator'가 있었습니다. 말은 처음에는 조약돌로 만들었지만 후대에는 상아나 금, 은으로 만들어져 고급스러워졌어요. 장기판에서 모든 대형의 목적은 상대방의 큰 숫자의 말이 움직이지 못하도록 포위하는 데 있었습니다. 16명의 군인bellator인 말은 각기 다른 이름과 역할이 있었는데 두 개의 백인대장, 두 마리 코끼리, 두 개의 기병, 두 개의 호위병, 8개의 보병으로 이루어졌습니다.

로마 시대의 동전(위)과 돌 게임(ludus calculorum, 아래)

호라티우스가 전하는 바에 따르면 아이들에게 널리 퍼진 놀이로는 '집짓기^{aedificare casas}', '작은 상자에 쥐를 넣고 하는 경주^{adiungere mures plostello}', 긴 채찍으로 말 타기^{equitare in harundine longa}' 등이 있었습니다. 그밖에 굴렁쇠 놀이가 있었는데, 굴렁쇠는 방울로 장식하여 긴 막대로 밀면서 놀았습니다. 로마 시대의 아이들은 구슬은 몰랐고, 대신에 호두로 구슬놀이를 했다고 합니다.

또한 춤이 있습니다. 고대 로마의 춤^{saltatio}은 종교적 제례의식에서 탄생한 것이다 보니 늘 엄격하고 장엄한 성격을 띠었습니다. 춤에 좀 더 동양적인 방식을 도입한 것은 그리스인이었습니다. 이는 보수적인 로마인의 눈에는 부패하고 타락한 것으로 보였는데, 관습의 타파에도 불구하고 보수적인 사람들은 로마인에게 춤은 없다고 보았어요. 로마인들은 춤은 단지 남자 무희이자 때로 남색의 상대가 됐던 '치내두스'만 추는 것으로 생각했고, 그래서 평범한 로마 남성이 춤을 춘다는 것은 남성성에 커다란 흠집을 내는 일로 받아들였습니다.

로마의 극장은 그리스의 기술 및 감각과, 로마인보다 먼저 이탈리아 반도에 살았던 에투리아인의 전통을 물려받았습니다. 로마식 극장은 리비오 안드로니코가 그리스의 희곡을 각색하여 로마식 연극으로 공연한 기원전 240년에 탄생했는데, 로마인은 항상 극장의 형태로 원형극장을 선호했습니다.

또한 로마인은 '원형 경기장에서의 경기대회^{ludus circenses}'를 좋아했고, 이를 아주 주요한 소비재로 생각했어요. 이 경기에는 공적인 경기와 사적인 경기, 유혈 경기와 운동 경기가 있었습니다.

로마의 지성인이었던 세네카는 검투 경기와 그 관람자들을 경멸했는데요, 원형 경기장 안에서 사람들이 죽어가는 것을 즐긴 사람들은 일반 백성들만이 아니었습니다. 사실 피를 보기 바라는 군중을 제일 먼저 선동한 인물은 바로 황제였어요. 아마 영화에서 본 적 있을 겁니다. 황제가 엄지손가락으로 패배한 검투사를 죽이라는 표시를 하는데, 이 행위를 '폴리체 베르소Pollice verso'라고 합니다. 그런데 놀라운 건 검투 경기가 장례 의식에 동반된 것이기도 했다는 사실입니다. 고대 로마에서는 망자를 기리기 위해서는 인간의 희생이 동반되어야 한다고 생각해 장례 예식에 검투 경기가 따랐습니다.

검투 경기가 로마에 최초로 도입된 것은 기원전 264년경으로 처음엔 평지의 원형 경기장에서 시작되었다가 이후 계단식 원형 경기장에서 열렸습니다. 경기의 목적은 관중의 선동에 따라 상대방을 죽이거나 상해하는 데 있었습니다. 관중은 손수건을 흔들며 '미테Mitte!', 즉 '공격해!'라고 외쳤죠. 관중이 패자를 살려달라고 하면 황제는 그 청을 받아들여 패자를 살려주었고, 관중이 "유굴라Iugula!", 즉 "목을 쳐라!"라고 외치면, 황제는 '폴리체 베르소', 즉 엄지손가락을 세웠다 내려 패자의 목을 치도록 했습니다. 그런데 관객의 청원이라는 게 다소 모호합니다. 검투 경기에 베팅 시스템이 있었기 때문입니다. 경기에서 벌어지는 이 내기를 '스폰시오sponsio'라고 했습니다.

원형 경기장에서 관중을 열광시키는 또 다른 경기는 앞서 말한 영화 〈벤허〉의 장면 중에서도 압권으로 회자되는 전차 경주입니다. 전차 경주는 모두 네 개의 조가 함께 경기를 했는데 각 조를 홍색조, 녹색조, 백색조, 청색조로 구별했습니다. 각 조마다 전차를 모는 사람이 있고 원형 경기장의 결승점을 돌아 출발점에 가장 먼저 도착하면 이기는 경기였습니다.

물론 원형 경기장에 이렇게 피를 부르는 격렬한 경기만 있었던 건 아닙니다. 정해진 명절과 특정한 신에게 봉헌되는 축제에 그 신의 위엄이나 행적을 연극으로 공연하기도 했습니다.

또한 잘 알려져 있다시피 로마인은 목욕을 즐겼습니다. 목욕탕은 아주 부유한 사람들의 집에만 있었기 때문에 공공시설인 온천장은 대중의 위생을 위해서뿐만 아니라 사교의 장소로서도 매우 중요했어요. 그래서 만남의 장소로 이용되었죠. 온천시설은 국가 예산으로 건설되었고 통상 황제의 뜻에 따라 도급업자와 계약을 했는데, 일부 후원자나 정무관들은 특히 선거 유세 기간 동안 온천의 운영 경비를 기부하여 사람들이 공짜로 입장할 수 있게 했습니다.

무엇보다 로마의 온천시설은 고도의 기술력을 자랑합니다. 온천의 다양한 온도는 뜨거운 공기를 다루는 독창적인 기술로 통제되었는데요, 온천의 온도는 온천 지하실에 위치한 중앙 증기난방기 vaporarium로부터 올라온 뜨거운 열기가 바닥 아래와 벽에 설치된 특

수 배관을 통해 순환하는 구조였어요.

그런데 지금은 로마에 가도 온천을 발견하기가 힘듭니다. 로마 유학 생활 중 한 가지 그리웠던 것이 뜨거운 욕조에 몸을 담그는 것이었어요. 하지만 로마 교외에 있는 온천까지 가려면 차로 몇 시간이나 걸리기 때문에 로마에 대중목욕탕이 있으면 얼마나 좋을까 생각한 적이 많았습니다. 믿거나 말거나지만 이탈리아 친구들에게 왜 옛날처럼 로마에 대중목욕탕이 없느냐고 묻자 "목욕탕 때문에 망해서 더 이상 목욕탕을 만들지 않는다"라고 답하더군요.

로마 시대의 젊은이들은 공놀이도 즐겼습니다. 다양한 형태의 경기가 있었는데 이것이 현대 공놀이 경기의 시초라고 할 수 있습니다. 공놀이 경기는 원래 그리스에서 온 것으로, 수시로 광장이나 시장 앞, 원형 경기장의 모래 위나 실내 경기장, 그리고 공놀이를 위해 특별 설계된 온천 근처의 광장에서 둘이나 그 이상의 팀을 짜서 손으로 하는 공놀이를 했습니다.

공의 종류는 경기에 따라 달랐습니다. 속에 털을 넣어 만든 '필라pila', 시골 지역에서 사용한 깃털을 넣은 '파가니쿠스paganicus', 삼각형 모양으로 세 명이 놀도록 말 털을 넣어 만든 '트리곤trigon', 원형 경기장의 모래 위에서 사용했던 '아레나리아arenaria', 두 팀으로 나누어 상대편 경계선 밖으로 내차는 경기에 사용된, 오늘날 축구공의 시조인 '하르파스트룸harpastrum', 가죽 주머니란 의미로 가죽 안에 공기를 넣어 만든 '폴리스follis', 배구 경기에 적합하도록 얇은 가

죽에 공기를 넣어 만든 '알루타aluta' 등이 있었습니다. 자세히 보면 축구, 배구 같은 구기 종목의 기원을 발견할 수 있습니다.

로마인의 놀이와 여가 이야기가 라틴어 수업 중에 왜 필요하냐고요? 이것은 공부를 설명하기 위한 제 나름의 전략입니다. 학생들과 마찬가지로 여러분 역시 "아, 기승전결 공부라니!"라며 싫어할 수도 있겠습니다. 하지만 제 의도는 공부만큼 휴식도 중요하다는 이야기를 하려는 겁니다.

많은 사람들이 공부를 할 때 자신이 이용할 수 있는 최대의 시간을 공부하는 시간으로 잡습니다. 하지만 저는 '과연 그러한 계획이 가능할까?' 하는 생각이 듭니다. 무엇보다 제 경험상 불가능했다는 점을 먼저 말해야 할 것 같습니다. 로마 유학 초기에 저는 대중교통을 이용해 통학했는데요, 유학을 마치고 가는 선배가 자신이 타던 낡은 오토바이를 선물로 주고 갔습니다. 그 덕에 학교에 오가는 시간을 줄일 수 있었어요. 급하게 도서관에 갈 일이 있으면 오토바이를 타고 가 자료를 찾기도 했습니다. 몹시 편하고 좋았습니다.

그런데 어느 순간부터 체중이 급격하게 늘기 시작했어요. 그때 알았습니다. 오토바이가 없었을 때는 학교와 도서관을 가려면 하루에 몇 킬로미터 이상씩 걸어야만 했는데, 그게 자연스럽게 운동이 됐다는 것을요. 그런데 오토바이가 생긴 뒤로는 운동량이 줄어서인지 컨디션은 더 나빠졌습니다. 길에서 보내는 시간이 줄면 공부할 시간을 더 확보할 수 있겠다고 여겼지만 건강을 잃고 유학 중에 병원 신세를 많이 졌습니다. 그때 생각했어요. 운동도 공부하듯이 꾸준히 해야 건강을 지키고 공부도 더 잘할 수 있다고요.

공부는 고도의 집중이 요구되는 것이죠. 이건 때로 머리가 자연스럽게 받아들이고 싶지 않은 것을 머릿속에 마구 구겨넣어야 하는 강제 노동이기도 합니다. 그런데 그걸 하루 10시간 이상 한다면 몸에서 탈이 날 수밖에 없고 효율도 오르지 않습니다. 시간을 많이 들인다고 효율이 높아지는 게 아닙니다. 시간 대비 최고의 집중력을 발휘해야 최고의 효과를 얻을 수 있는 겁니다.

머리와 몸은 이미 여러 가지 것을 강제로 수용하는 과정에서 엄청난 스트레스를 받습니다. 휴식은 그런 머리와 몸을 풀기 위해 반드시 필요합니다. 휴식의 종류와 방법에 대해서는 따로 말할 필요가 없습니다. 아마 각자에게 가장 적합한 방법이 있을 겁니다. 누군가는 한두 시간씩 산책을 하는 게 좋을 수 있고, 누군가에게는 영화나 만화책을 보는 것도 휴식이 될 겁니다. 혹은 게임도 지나치지만 않다면 휴식의 일환이 될 수 있고요.

운동은 특히 권하는 바입니다. 일이든 공부든 체력이 받쳐주지 않으면 오래 할 수 없기 때문입니다. 때로는 너무 집중하다 보면 욕심이 생기고 쉬는 것을 잊어버릴 수도 있습니다. 쉬는 시간마저 아깝게 느껴지는 지경에 이르기도 합니다. 소위 이런 사람들을 '워커홀릭'이라고도 하죠? 그럴수록 의식적으로 공부로부터, 일로부터 스스로를 떼어놓아야 합니다. 이것은 장기 레이스에 임하려면 필수적인 자세입니다.

여러분이 지금 공부하거나 일하고 있다면 한 번쯤 생각해보면 좋겠습니다. 하루에 얼마만큼의 시간을 휴식에 떼어놓고 있는지, 그 휴식의 방법은 여러분에게 진정한 쉼이 되는지 말입니다.

아는 만큼 본다

Tantum videmus quantum scimus

❖ 베니토 무솔리니^{Benito Mussolini}. 그는 1883년 이탈리아 북동부의 프레다피오^{Predappio}에서 대장장이의 아들로 태어났습니다. 훗날 그는 아버지의 직업을 이유로 자신이 비천한 출생이라며 '인민의 아들'임을 자처했지만 사실 그의 형편은 비천하다 할 수는 없었습니다. 교사였던 어머니의 뜻에 따라 명석한 두뇌를 바탕으로 교사 자격 시험까지 합격했지만 적성에 맞지 않아 교사생활을 얼마 하지 못하고 그만두었습니다. 더 공부를 하기 위해 스위스로 건너갔고, 그곳에서 많은 시간을 들여 책을 읽고 틈틈이 사회주의 신문에 논설을 기고했습니다.*

저널리스트이자 대중 연설가로서 무솔리니의 기묘한 매력과 특출한 말솜씨는 사람들을 서서히 선동하며 사로잡았습니다. 연극배우 같은 과장된 태도에 앞뒤가 맞지 않는 언변은 모순투성이였고, 인용도 바르지 않은 데다 악의에 찬 공격조차 자주 방향을 잃었지만 그가 구사하는 단어에는 생동감이 있었어요. 은유는 때로 감탄이 나올 정도로 적절했으며, 반복적으로 이어지는 열정적인 모션은 집회장의 군중을 열광시켰습니다. 그는 전쟁에 참전하고 정치에 참여하며 점점 세를 확장했죠.

1922년 9월 무솔리니는 혁명을 공개적으로 선언하고 그해 10월 28일 5만 명의 파시스트 민병대인 '검은 셔츠단'을 이끌고 수도 로마로 입성합니다. 다음 날 '검은 셔츠단'은 무혈로 이탈리아 정권을 장악했고 비토리오 엠마누엘레 3세는 무솔리니를 수상에 임명했어요. 수상에 임명된 무솔리니는 고물가, 투기, 부당 이득 행위와 더불어 계속되는 인플레이션, 부족한 일자리로 인해 피폐해진 민중의 삶에 과거 로마 제국의 화려한 영광을 부활시키겠다는 기치를 내세워 선동정치를 시작합니다. 국가주의, 민족주의, 군국주의 이념에 따른 여러 정책을 실시했고요.[**]

무솔리니는 '위대한 이탈리아'를 외치며 대형 건설 공사를 진행

---

[*] 베니토 무솔리니 지음, 김진언 옮김, 『무솔리니 나의 자서전』, 현인, 2015, 11-24쪽 참조.

[**] E. M. 번즈, R. 러너, S. 미첨 지음, 손세호 옮김, 『서양 문명의 역사 하』, 소나무, 2009, 1148-1152쪽 참조.

했는데, 가장 먼저 노동자들을 수용할 수 있는 계획적인 위성 도시를 로마 인근에 건설합니다. 1938년 포메지아Pomezia를 비롯해 이 시기에 로마 주변의 많은 위성 도시가 탄생했습니다. 이곳을 가보면 마치 우리나라의 저층 아파트 단지를 연상시켜요. 그곳에 사는 주민도 주거지 이상의 의미를 두지 않습니다.

무솔리니 건축물의 특징은 파시즘을 상징할 수 있도록 웅장하고 위압적이라는 겁니다. 건축가이자 도시 계획자인 마르첼로 피아첸티니Marcello Piacentini와 함께 바티칸 광장에서부터 콜로세움에 이르는 거대한 도로 건설 프로젝트를 준비하여 바티칸 광장과 콜로세움 두 부분에서 동시에 공사가 진행됐습니다. 그 시대 바티칸 광장 앞에는 여러 건물들이 있어서 광장까지 가기 위해서는 골목들을 지나야 도달할 수 있었는데, 무솔리니는 광장 앞에 있는 건물을 모두 허물고 도로를 내기 시작했어요. 독재자가 사유재산 문제를 해결하는 것은 그리 큰 어려움이 아니었습니다. 공사는 순조롭게 진행되었고, 그 덕에 오늘날 바티칸을 방문하는 사람들은 광장에 이르는 '화해의 거리'라는 뜻의 '비아 델라 리콘칠리아지오네Via della Riconciliazione'를 볼 수 있습니다.

콜로세움 앞에서 진행된 공사는 바티칸 광장 공사장에서 발생한 사유재산 문제보다 훨씬 복잡한 문제가 있었습니다. 콜로세움 인근이 모두 고대 로마 문화의 시작을 알리는 거대한 유적지였기 때문입니다. 많은 고고학 학자들의 반대에도 불구하고 무솔리니는 이곳을 흙으로 메꾸고 돌을 깔았어요. 그래서 콜로세움부터 베네치아 광장까지 이르는 '비아 데이 포리 임페리알리Via dei Fori Imperiali'라는 커다란 도로가 생깁니다. 오늘날에도 이 도로는 국군의 날 행사가 있을 때 군인들이 시가행진을 하는 곳이기도 합니다.

문제는 예상치 못한 곳에서 발생했는데, 바티칸 광장에서 출발하여 '코르소 비토리오 엠마누엘레 IICorso Vittorio Emanuele II'를 지나 콜로세움 쪽에서 공사해온 길과 마주할 순간이 얼마 남지 않았을 때였습니다. 길을 내기 위해 1927년 '토레 아르젠티나Torre Argentina'에 있는 건물을 부수기 시작했는데 그 아래 땅에서 뭔가가 발굴되기 시작한 것이죠. 로마의 지하철역을 가본 사람이라면 알겠지만, 도심 통과 구간에서 지하철을 타려면 에스컬레이터가 무척 깊게 내려갑니다. 땅을 파기만 하면 유물이 발견되는, 도시 전체가 박물관인 로마의 특성 때문입니다.

학자들은 토레 아르젠티나에서 발견된 유적지가 무엇인지 조사해나가기 시작했습니다. 그곳은 로마의 역사에 있어서 아주 의미심장한 장소였어요. 바로 이곳은 율리우스 캐사르(카이사르)가 기원전 44년 3월 15일 독재정 타도를 외친 브루투스와 가티우스 등이 주도한 집단적 음모에 의해 암살당한 장소였던 겁니다.* 일설에는 캐사르가 암살당할 때 이렇게 말했다고 합니다.

---

* Filippo Coarelli, *Rome and Environs: An Archaeological Guide*, University of California Press, 2014, p. 284 참조.

"Caesar, Caesar! Caesar eam videt! Caesar, cape eam!"

캐사르, 캐사르! 캐사르 에암 비데트! 캐사르, 카페 에암!

캐사르, 캐사르다! 캐사르가 그를 본다! 캐사르, 그를 잡아라!

"Et tu, Brute?"

에트 투, 브루테?

그래 브루투스야, 너냐?

한때 세계를 주름잡았던 로마의 역사 속에는 그 위엄만큼이나 흥미진진한 스토리가 가득한데, 그중에서도 로마의 황제인 캐사르(Gaius Iulius Caesar, B.C. 100~B.C. 44)의 일생은 지금까지도 희곡과 같은 많은 예술 작품에 영향을 미치고 있습니다. 캐사르는 국립 조폐청을 신설하여 금과 은의 가치를 1대 12로 정했으며 동전의 주조는 원로원에 일임했어요. 그런데 금화와 은화의 주조권을 종신 독재관인 자신이 독점하려 하는 과정에서 이처럼 비극적인 죽음을 맞이했습니다. "베니, 비디, 비치Veni, vidi, vici!" 곧 "왔노라, 보았노라, 이겼노라!"라는 유명한 말처럼 캐사르의 삶은 극적인 승리로 가득했지만, 그의 인생은 자신이 양자로 삼았던 브루투스에게 죽임을 당함으로써 최후까지도 극적인 여정으로 마무리되었습니다. 어쨌든 캐사르가 암살당한 장소가 발견되자 이탈리아 여론은 술렁이기 시작했습니다. 그리고 무솔리니의 '바티칸 광장에서 콜로세움까지' 이르는 도로 건설 프로젝트도 무산되었죠.

빈센조 카무치니, 〈캐사르의 죽음〉, 1804–1805, 캔버스에 유채, 112×95cm, 로마국립현대 미술관 소장

이곳이 캐사르가 암살당한 장소라는 것을 알게 된 것은 법의학 수업 때였습니다. 캐사르가 브루투스 외의 여러 사람의 칼에 찔려서 자상으로 사망하려면 몇 사람이 동시에 어떤 자세로 찔러야 가능한가에 대한 수업이었습니다. 교수님은 수업을 위해 캐사르가 암살당한 장소를 슬라이드 사진으로 보여줬습니다. 하지만 제 귀에는 더 이상 어떤 자세로, 몇 번의 가격으로 사람이 죽는가 하는 수업 내용이 들리지 않았습니다. 캐사르가 암살당한 역사적인 장소가 제가 늘 무심히 지나다니던 곳이라는 사실에 충격을 받았기 때문이었습니다.

로마에서 공부할 때 저는 기숙사에서 살았어요. 흔히 기숙사는 대학 안에 있을 것 같지만 그건 우리나라와 미국이 그런 편이고 이탈리아나 유럽의 대학 기숙사는 대부분 학교 밖에서 운영됩니다. 저는 석사과정 기간과 가톨릭 교회의 최고 법원과 대법원의 사법연수원 최종 변호사 자격시험을 다시 준비할 무렵, 레오니아노 기숙사에서 살았습니다. 이 기숙사는 바티칸 광장에서는 걸어서 15분 거리에 있고, 지하철 A선 레판도 역에서는 걸어서 5분 정도의 거리에 있었습니다.

라테라노 대학의 석사와 박사과정 기간과 로타 로마나 사법연수원 1, 2년차에는 마로니타 기숙사에서 생활했는데 이곳은 지하철 A선 바르베리니 역에서 걸어서 10분 거리에 있었습니다. 이 기숙사는 로마의 주요 관광지의 중심에 있었는데 스페인 광장과 트레비 분수, 로마의 영화 거리인 비아 베네토, 포로 로마노와 콜로세움까

캐사르가 암살당한 유투르나(Juturna) 신전

지, 세계적인 명소들이 제가 일상적으로 오가는 길목에 있었어요. 하지만 정작 저는 큰 관심이 없었어요. 지금 그때를 돌아보면 정말 관심이 없었다기보다 마음의 여유가 너무 없었던 것 같습니다. 해야 할 공부, 해야 할 일만 생각하기에도 벅찰 때였고, 그런 명소에서조차 감흥을 느낄 새가 없었던 겁니다. 그러니 '토레 아르젠티나' 역시 일상의 동선 안에 있으면서도 무심코 그냥 지나다녔던 거죠.

Tantum videmus quantum scimus.
탄툼 비데무스 콴툼 쉬무스.
우리가 아는 만큼, 그만큼 본다.

이 말을 절감하는 순간이었습니다. 로마의 대부분은 그 유구한 역사만큼 역사적인 장소가 아닌 곳을 찾기가 어려울 정도예요. 하지만 알지 못하면 보이지 않습니다. 제가 매일 지나치는 곳이 오늘날까지 이름이 회자되는 황제가 최후를 맞은 곳이란 점은 제 기분을 이상하게 건드렸어요. 이 먼 이국땅에 있는, 아주 오래전에 살았던 한 황제가 죽은 장소를 몰랐다고 한들 제가 사는 데 무슨 큰 문제가 생기겠어요? 그럼에도 불구하고 무솔리니 같은 어느 독재자가 캐사르가 암살당한 곳에 왔다면 어땠을까, 그는 이곳을 그냥 지나쳤을까, 나름 명석한 두뇌와 언변을 가졌던 그가 이곳이 캐사르가 암살당한 곳이라는 것을 알고 왔다면 무슨 생각을 했을까, 이런 생각들이 몰려왔습니다.

하지만 어쨌든 알 수 없는 일입니다. 알고 왔다고 해도 아무런 생각이 없었을 수도 있고, 아주 마음이 불편했을 수도 있겠지요. 반면 "나는 다르다. 나는 당하지 않는다"라고 아전인수 격으로 해석하고 마음 편히 돌아갔을 수도 있습니다. 중요한 건 아는 사람은 그만큼 잘 보겠지만, 거기서 더 나아가 성찰하는 사람은 알고, 보는 것을 넘어서 깨달을 수 있다는 사실입니다. '토레 아르젠티나'에 온 그 어떤 독재자가 알고 본 것에서 더 나아가 성찰하는 사람이었다면, 저 멀리 이국에서 온 저와는 아주 다른 인생의 전환점을 맞았을지도 모를 일입니다.

사람마다 자기 삶을 흔드는 모멘텀이 있을 수 있습니다. 나를 변화시키고 성장시키는 힘은 다양한 데서 오는데 그게 한 권의 책일 수도 있고, 어떤 사람일 수도 있고, 한 장의 그림일 수도 있고, 한 곡의 음악일 수도 있습니다. 또 이렇게 잊지 못할 장소일 수도 있고요. 그 책을 보았기 때문에, 그 사람을 알았기 때문에, 그 그림을 알았기 때문에, 그 음악을 들었기 때문에, 그 장소를 만났기 때문에, 새로운 것에 눈뜨게 되고 한 시기를 지나 새로운 삶으로 도약하게 되는 것이죠.

하지만 그런 모멘텀은 그냥 오지 않습니다. 아는 만큼 보인다고 했습니다. 그것은 어쩌면 늘 깨어 있어야 한다는 말과도 같을 겁니다. 자기 자신에 대해서도 깨어 있고 바깥을 향해서도 열려 있어야 하는 것이죠. 그래야 책 한 권을 읽어도 가벼이 읽게 되지 않고 음악 한 곡을 들어도 흘려듣지 않게 될 겁니다. 누군가와의 만남도 스쳐지나가는 만남이 아니라 의미 있는 만남이 될 겁니다. 한순간 스치는 바람이나 어제와 오늘의 다른 꽃망울에도 우리는 인생을 뒤흔드는 순간을 만날 수 있습니다.

그런 의미에서 여러분에게 묻고 싶습니다. 여러분의 영혼을 뒤흔든 무언가가 있습니까? 그렇다면 그것은 무엇인가요? 그처럼 흔들리고 나아가 무엇을 깨달았습니까? 혹 그와 같은 뭔가를 아직 만나지 못했다면 천천히 돌아보면 좋겠습니다. 내가 알고자 하는 마음조차 없었던 것은 아닌지, 깨어 있으려 하지 않았던 것은 아닌지 말입니다.

나는 욕망한다,
그러므로 나는 존재한다

Desidero ergo sum

❖ 일을 하다가 잠시 머리를 식힐 겸 숲을 걸을 때가 많습니다. 그럴 때 저는 제 마음 안에 고이는 생각들을 바라봅니다. 저는 끊임없이 '욕慾'하고 '망望'하고 있습니다. 저에 대한 정당하지 않은 사람들의 평가에 늘 마음이 상해 있었어요. 또 어느 날에는 뭔가에 부족함을 느껴 끊임없이 무언가를 가지고자 했습니다. 부처님의 가르침처럼 욕망을 끊을 수만 있다면 좋으련만 저는 그러지 못했습니다. 하지만 저는 욕망을 끊기보다 오히려 욕망하기로 했습니다. 스피노자의 말처럼요.

Desidero ergo sum.

데지데로 에르고 숨.

나는 욕망한다. 그러므로 나는 존재한다.

스피노자는 위와 같이 주장합니다. 그러면서 욕망에 대해 선하다
거나 악하다고 단정하기에 앞서 욕망이라는 것이 무엇인지 이해해
야 한다고 이야기했어요. 이제까지 사람들은 욕망에 대해 비난하기
만 했지 정작 누구도 인간의 정서와 욕망에 대해 제대로 규명한 적
은 없었다는 겁니다(『에티카』 3부 부록). 스피노자는 욕망을 대할 때
전통적인 견해와 달리 기하학적 방식으로 다가갑니다. 욕망은 단순
히 심리적 현상도 아니며, 종교적·도덕적 차원에서 단죄되어야 할
것도 아니라는 것이죠. 그에게 욕망이란 그 자체로 선하거나 악하
지도 않습니다. 그에게 욕망이란 모든 자연 만물이 따르는 동일한
자연법칙에서 생겨난 것에 불과합니다.*

한편 "나는 욕망한다, 그러므로 나는 존재한다"라고 하니 누군가
의 말이 생각납니다. 데카르트 (René Descartes, 1596~1650)의 유
명한 말이죠. "코지토/코기토 에르고 숨Cogito, ergo sum (나는 생각한다,
그러므로 나는 존재한다)." 이 말은 데카르트가 자신의 저서 『철학의
원리』에 남긴 철학적 언명으로 서구 철학의 기본 요소가 되었습니

---

* 손기태 지음, 『고요한 폭풍, 스피노자』, 글항아리, 2016, 167-168쪽 참조.

다. 사실 이 책은 원래 학자들이 아니라 프랑스 독자들을 위해 프랑스어로 쓰였습니다. 그래서 "나는 생각한다. 그러므로 나는 존재한다"라는 말 역시 라틴어가 아닌 프랑스어, "쥬 뺑스(빵스) 동끄 쥬 쒸 Je pense donc je suis"로 쓰였습니다. 그러나 데카르트 철학의 중심인 중세와의 단절을 나타내기 위해 프랑스어 대신 라틴어 표현을 더 많이 쓰게 되었고, 그것이 현재에 와서는 프랑스어 원문보다 라틴어 표현이 더욱 유명해진 계기가 됐습니다. 여기서 데카르트가 인간의 존재 원리로 주장하여 지금까지 수많은 철학가들과 사상가들에게 영향을 준 '생각'에 대해 한 걸음 더 들어가 살펴보고자 합니다.

데카르트의 '생각하는 인간'은 인간 정신을 존재의 근본적인 규정으로 삼고 있으며, 인간의 감각이나 정서, 욕망마저도 모두 정신에 의해 지배받는 사고의 구조를 전제합니다. 그러나 스피노자는 인간의 정신이 신체를 지배한다는 데카르트의 주장과는 다른 생각을 하죠. 그는 정신과 신체 가운데 어느 하나가 다른 하나를 지배하지 않으며 이들은 모두 동일한 자연의 법칙을 따른다고 생각했습니다. 여기서 인간의 정신과 신체가 공통으로 따르는 법칙을 스피노자는 '힘 potentia' 또는 '능력 potestas'이라고 규정합니다. 신체에서 일어나는 충동이나, 정신의 의지 모두가 동일한 '힘' 또는 '능력'에 의해 발생한다는 것입니다. 그리고 그 '힘'의 원천이 바로 '욕망'입니다. 따라서 인간의 정신과 신체는 각기 다른 방식으로 동일한 힘인 욕망을 표현합니다.*

욕망을 없애려 하거나 억압하려고 하면 오히려 인간을 무기력하고 굴종적인 존재로 만들기 때문에, 스피노자는 이성으로 인간 욕망을 지배하거나 억압해야 한다고 생각하지는 않았습니다. 그는 오히려 욕망을 통해 창조적이고 능동적인 인간을 바라보고자 했어요. 다만 스피노자가 말하는 욕망은 인간의 능력, 자유와 예속의 문제와 관련된 것이기 때문에 무작정 쾌락을 즐기라고 말하지 않습니다. 그에게 있어 욕망은 긍정적이고 능동적인 것이죠. 중요한 것은 욕망과 관련하여 무엇이 자기 능력을 증대시키고 자유롭게 만드는지 아는 데 있다고 말합니다.**

스피노자는 "예속적인 인간은 자신의 능력으로 활동하지 못하고 그저 운에 따라 이리저리 휩쓸리거나, 자신보다 강한 능력을 지닌 개체에 압도되어 수동적으로 존재할 수밖에 없다. 우리는 예속적일수록 무엇이 자기에게 유리한 것인지를 판단할 능력을 잃으며, 이로 인해 자신의 능력을 증대시킬 적합한 관계를 형성할 수 없게 된다. 여기서 욕망은 그저 맹목적인 채로 남아 있고, 자신의 능력이나 활동을 확대시키지 못한 채로 무수한 단절과 실패만을 경험하게 되는 것이다(『에티카』 4부 정리 60 증명)"라고 말합니다.***

그렇다면 인간인 우리는 어떻게 욕망으로부터 자유로울 수 있

---

*　앞의 책, 171쪽 참조.
**　앞의 책, 186-188쪽 참조.
***　앞의 책, 199쪽 참조.

으며 예속에서 벗어날 수 있을까요? 이를 위해 스피노자는 자신의 욕망과 능력을 긍정하는 방식에서 출발합니다. 하지만 이러한 내용은 자기계발서에서 내세우는 철학과 윤리학만의 문제가 아니라 정치와 사회의 문제이기도 합니다. 하지만 여기에서 거창하게 정치와 사회의 문제를 논하고 싶지는 않습니다. 저는 먼저 제가 일상에서 할 수 있는 것이 무엇인지부터 바라봅니다. 그리고 이 글을 쓰고 있는 순간조차 저는 '욕'하고 '망'합니다. 그리고 이렇게 생각하기로 했습니다.

Desidero sed satisfacio.
데지데로 세드 사티스파치오.
욕망한다. 그러나 나는 만족한다.

아니, 좀 더 정확히 말하자면 저는 욕망하지만 만족하고 싶습니다. '만족하다'라는 의미의 라틴어 '사티스파체레satisfacere'는 '충분한'을 의미하는 '사티스satis'라는 형용사와 '하다, 만들다'라는 의미의 동사 '파체레facere'의 합성어입니다. '사티스'는 '충분한, 넉넉한'이란 뜻으로 인도 유럽어에서 왔는데, 인도 유럽어에서는 이 단어 자체가 '만족'을 의미합니다. '사티스파체레'란 동사는 '충분히 무언가를 하다'라는 의미로, 충분히 무언가를 하면 거기에 만족감이 따라온다는 뜻입니다. 그래서 라틴어 '사티스파체레'란 동사는 '만족시

키다, 만족을 주다'라는 의미로 확대되었습니다.

역사적으로 이 동사는 고대 로마의 희극 작가인 플라우투스(Titus Maccius Plautus, B.C. 254~B.C. 184)가 처음 쓴 단어입니다.* 그리고 '사티스파체레'란 동사에서 '사티스팍티오satisfactio'란 명사가 파생하고 여기에서 영어의 '새티스팩션satisfaction'이 유래합니다.

인간은 현실에 존재하지 않는 것을 보면서 이를 현실과 연결시켜 더 풍요롭게 하는 능력이 있습니다. 풍요로운 가상의 연결이 축적되어 언어가 탄생하고, 그 가상을 통해 예술과 여러 다채로운 삶을 체험하게 됩니다. 그 대표적인 예가 '행복'이라는 겁니다. 만질 수 없고 도달할 수 없는 이 가상에 우리는 모두 강박적으로 집착하는 것은 아닐까, 생각해봅니다.

또한 이 가상의 최고치는 아마도 '수數'가 될 겁니다. 사실 '수'를 포함한 모든 수학적 개념은 인간이 만들어낸 최고의 가상입니다. 그래서인지 인간은 어느 순간부터 행복의 기준으로 또 다른 가상인 수에 집착하는 것 같습니다. 집 평수, 집값, 연봉과 같은 수치가 내 행복의 조건이 되고 통장에 있는 잔고가 행복의 척도가 되는 것이죠. 이 숫자에 집착하며 그 자산의 액면가에 손상이 생기지만 않는다면, 가족들끼리 소통이 없고 관계가 소원하고 유대감이 부족해도 문제로 생각하지 않거나 위기감을 느끼지 못하는 경우가 흔합니다.

---

* Michiel de Vaan, 앞의 책, p. 540 참조.

어르신들이 돌아가시면 남은 유품 중에 생각지도 못하게 꼬깃꼬깃 모아둔 돈이나 통장이 발견되었다는 이야기를 듣곤 합니다. 자식들이 맛있는 거 사드시고 사고 싶은 것 사시라고 드린 돈을 제대로 쓰지도 못하고 꼬깃꼬깃 모아두고만 있다가 가신 어르신들의 이야기는 언제 들어도 짠하고 서글픕니다. '내 새끼'가 애써 일하며 번 돈을 차마 못 쓰시고 가신 부모님들의 자식 사랑이 짠하고, 날로 기운이 빠지고 팔다리에 힘이 없어도 고기 한 번을 제대로 사드시지 않고 늘어나는 통장 속 액수에 든든해했을 그 노년의 마음 한끝이 전해져 서글퍼집니다.

우리는 어쩌면 실제 돈의 가치보다 가상의 수치에 마음을 빼앗기며 사는지도 모르겠습니다. 만질 수 없고 도달할 수 없는 가상의 어떤 곳, 혹은 어떤 것을 행복으로 여기며 상처받고 아파하는 것은 아닐까요? 그러기보다 지금 여기에서 내가 할 수 있는 것을 하고 그것을 통해 작은 만족을 구하는 것이 더 현실적이지 않을까요? 온 정신과 마음을 모아 무언가를 해내면 거기에서 만족을 찾을 수 있다는 선인의 말을 귀담아 들을 때입니다.

저는 인간이기에 욕망합니다. 그러나 만족합니다. 아니 만족하고 싶습니다. 그리고 여기서 더 나아가 만족할 수 있는 그 무언가를 찾고 싶습니다. 하지만 요즘은 청년들을 비롯해 많은 사람들이 마음껏 욕망하는 것조차 주제넘다고 생각할 정도로 빠르게 많은 것을 포기하는 것 같습니다. 이건 그들 개인의 문제가 아닙니다. 사회 시스템이 제대로 뒷받침되어 있지 않고, 과거처럼 노력하면 될 거라고 이야기할 수 없는 현실이 문제입니다. 그러한 현실에 가슴이 아프지만 그럼에도 불구하고 우리는 욕망하기를 멈출 수 없습니다. 그게 인간으로서 우리가 존재하는 이유이기 때문입니다.

한 걸음 더 나아가 생각해봅니다. 어쩌면 문제는 욕망하는가 아닌가에 있지 않고, 무엇을 욕망하는가에 있지 않은가 하고요. 무엇을 욕망하고, 무엇을 위해 달릴 때 존재의 만족감을 느끼는지 생각해볼 필요가 있습니다. 본질적으로 나를 충만하게 하는 욕망이 필요한 때입니다.

한국 사람입니까?

Coreanus esne?

❖ 2007년 9월의 어느 날 저녁 캄포바쏘^{Campobasso}라는 소도시의 법원에서 일을 마치고 로마로 돌아오고 있었습니다. 여느 때와 같이 라디오의 클래식 음악 방송을 듣는데 제 귀를 의심하지 않을 수 없었습니다. 연주회 실황 중계방송이었는데요, 이탈리아 방송에서 귀에 익은 우리 가락이 흘러나왔습니다. 우리 악기 소리가 나는 순간 저는 가슴이 뛰고 눈은 반사적으로 커졌어요. 라디오의 볼륨을 높였습니다.

행사를 주관한 곳은 밀라노와 토리노 두 도시 약자를 따서 지은 '미토^{MiTo} 국제 음악제'였어요. 진행자는 한국의 '민속음악'이라고 소개했지만, 연주된 곡은 정확히 말하면 우리의 '정악'이었습니다. 이국땅에서 듣는 우리 소리는 애국가만큼이나 가슴을 뭉클하게 합니다. 연주가 끝나자 해설자와 진행자는 모두 감탄하며 흥분해서 떨리는 목소리로 말했어요.

"이러한 연주와 이러한 소리는 처음 들어봤다."

"정말 환상적이란 말밖에 다른 할 말이 없다."

"이 소리와 음악을 어떻게 이야기할 수 있을까? 환상적이다!"

"우리는 이러한 소리와 음악을 왜 알지 못했을까!"

가끔 우리나라의 안 좋은 소식을 현지 언론이 보도할 때면 어디론가 숨고 싶을 정도로 부끄럽다가도, 이런 때는 누군가에게 우쭐대고 싶은 마음이 들었습니다. '내가 이런 음악을 하는 나라에서 온 한국인이다!' 그런 마음이랄까요?

외국에 살다보면 한국인으로서의 정체성이 더 또렷해집니다. 종종 우리나라가 부끄러운 일로 온 세계 언론에 대서특필 된다고 해도, 그래서 한국인임을 잠시 부정하고 싶어도 그 정체성을 드러내야 하는 상황은 자주 일어납니다. 늘 어디를 가든 "어느 나라 사람인가요?"라는 질문을 받게 되고 대답해야 하기 때문이죠.

그럼 여기서 국적에 대한 문답을 라틴어로 어떻게 하는지 살펴보겠습니다.

문(Quaestio) & 답(Responsio)

Q: Cujas es(estis)? Cuius gentis(populi, civitatis) estis?

쿠야스 에스(에스티스)? 쿠유스 젠티스(포플리, 치비타티스) 에스티스?

당신/당신들은 어느 나라 사람입니까?

R: Ego sum Coreanus / Sinicus / Hispanus.

에고 숨 코레아누스 / 시니쿠스 / 히스파누스.

나는 한국 / 중국 / 스페인 사람입니다.

Nos sumus Coreani / Italii / Germani / Anglii.

노스 수무스 코레아니 / 이탈리이 / 제르마니 / 안글리이

우리는 한국 / 이탈리아 / 독일 / 영국 사람들입니다.

한국인은 라틴어로 '코레아누스^{Coreanus}', 중국인은 '시니쿠스
^{Sinicus}', 일본인은 '야포니우스^{Japonius}'라고 합니다. 공자는 '콘푸치우
스^{Confucius}', 맹자는 '멘티우스^{Mentius}'라고 하고요. 이런 단어들은 서
양 라틴어 사전에는 없지만, 1582년 중국으로 파견된 예수회 선교
사 마테오 리치의 노력으로 한국인, 중국인, 일본인 등과 같은 말도
라틴어 단어로 생길 수 있었습니다.

지금은 "당신은 어느 나라 사람입니까?"라고 묻지만, 과거에는
'어느 민족, 어느 백성, 어느 도시 사람이냐'라고 물었습니다. 그 이
유는 '국가', '나라'라는 개념이 15세기 이탈리아 도시국가^{Stato} 개념

을 거쳐 근대에 와서야 생겼기 때문입니다. 심지어는 '누구의 민족, 백성'인지, 즉 어느 영주의 소속인지를 따지기도 했어요. 이는 근대에 종교 자유의 원칙을 규정한 1555년 아우크스부르크 평화 회의에서 잘 나타납니다. 이 평화 회의는 예속민(국민)들에게 영주가 믿는 종교를 따를 의무를 천명한 겁니다. 이를 '영주의 신앙 결정권'이라고 하는데 '영주에게 속한 영토는 그의 종교cuius regio eius religio'를 따르라는 원칙이 제정되었습니다. 다시 말해 영주가 천주교 신자이면 예속민들은 천주교 신앙을, 영주가 개신교 신자이면 개신교 신앙을 따라야만 했다는 말입니다. 이는 오늘날처럼 독립된 '개인'의 개념이 생기기 전이기 때문에 가능했던 일입니다. '개인'이라는 개념은 근대 이후 인권 개념의 신장과 함께 나타났으니까요.[*]

이유가 어떠하든 외국에서 생활하다 보면 "어느 나라 사람인가요?"라는 질문은 피하려야 피할 수가 없습니다. '체류허가증'을 신청하거나 갱신할 때도, 입국 심사를 받을 때도 늘 따라다니는 질문이죠. 10년간의 로마 유학 중에 단지 '한국 사람'이라는 사실 때문에 겪어야 했던 특별한 일은 두 가지가 있습니다.

> "Sei Coreano 세이 코레아노?" "자네 한국인인가?"
> "Si 시." "네."
> "Vai Via 바이 비아!" "꺼져 버려!"

---

[*] Giuseppe Dalla Torre, 앞의 책, p. 75 참조.

오후 3시. 헌법상 기본권을 바탕으로 한 '법과 종교' 시험 시간이었습니다. 룸사LUMSA 법학전문대학원의 원장인 달라 토레 교수가 다짜고짜 소리쳤어요. 천재적인 석학으로 제가 평소 존경하던 분인데, 그렇게 흥분한 모습은 처음 봤습니다. 더구나 한국인이라는 이유 하나로 시험도 못 보게 하며 꺼지라니요. 저는 충격에 휩싸여 아무 말도 할 수 없었습니다. 원인은 축구였습니다.

시험 기간이었던 6월, 한국과 일본에서 치러지는 2002년 한일 월드컵 경기로 학교는 물론이고 이탈리아 전체, 아니 유럽 전체가 들썩이고 있던 때였습니다. 게다가 '법과 종교' 시험이 있던 그 날은 한국과 이탈리아의 16강전이 있던 날이었어요. 평소 도서관이나 강의실은 자리가 없을 정도로 학생들로 붐비는데, 그날은 텅 빈 강의실에서 저 혼자 공부를 했습니다. 오전 9시에 치른 '국제법' 시험을 만점으로 통과한 터라 기분 좋게 남은 시간 동안 오후에 있을 달라 토레 교수의 시험을 준비하고 있었죠. 한국과 이탈리아의 경기는 점심시간에 치러졌지만 시험을 앞둔 저는 마음 놓고 경기를 즐길 여유가 없었습니다. 한창 공부에 집중하고 있는데 밖에서 "우와!" 하는 함성소리가 났습니다. 그 소리만으로도 어느 팀이 골을 넣었는지 확연히 알 수 있었어요. 이탈리아의 골이었습니다. 지금쯤 한국은 탄식으로 땅이 꺼질 듯하겠구나 생각했습니다.

그러다 점심을 먹으려고 식당에 갔습니다. 식당에는 대형 스크린이 설치되어 있었고 200여 명쯤 되어 보이는 이탈리아인 학생들이 흥분하며 경기를 지켜보고 있었죠. 한국인은 저 혼자뿐이었습니다. 이탈리아가 1대 0으로 이기고 있었어요. 다들 기분이 좋아 보였습니다. 그런데 후반전에 설기현 선수가 동점골을 넣으면서 스코어가 1대 1이 되자 분위기는 삽시간에 험악해졌어요. 이도 모자라 혈투에 가까운 연장전에서 안정환 선수가 역전골을 넣고 경기가 종료되자 학생들은 완전히 제정신이 아니었습니다.

축구장에서 난동을 부리는 '홀리건'이 태어날 때부터 홀리건은 아닐 겁니다. 축구를 순수하게 사랑하는 마음이 넘쳐서 그랬을 텐데, 그날만큼은 라테라노 대학의 학생들도 당장 홀리건으로 둔갑할 태세였습니다. 분노와 흥분이 극에 달해 있었어요. 저는 한국팀이 이긴 것에 기뻐할 틈도 없이 더럭 겁부터 났습니다. 평소에는 다들 저보고 중국 사람인지 일본 사람인지 묻던 이탈리아의 학생들이 축구 탓에 제가 한국 사람이라는 걸 모두 알게 됐습니다. 단순히 '한국인'이라는 이유만으로 원치 않게 유명해졌어요. 게다가 어떤 학생은 제가 서 있는 쪽의 벽을 치고 지나가기도 했습니다. 분노가 서린 주먹질은 몹시 위협적이었습니다.

그날 친구들이 절 보호해주지 않았다면 무슨 일을 당했을지 알수 없습니다. 한국인이라는 이유 하나만으로도 이탈리아 사람들에게 아무렇지도 않게 공격을 당할 수도 있는 살벌한 날이었죠. 이탈리아인에게 축구는 그런 존재입니다. 아무리 양식 있고 덕망 높은 지식인도 한순간에 비상식적이고 비이성적인 사람으로 돌변하게 만들 수 있는 것이죠.

달라 토레 교수도 예외가 아니었어요. 그날 저는 시험을 못 볼 뻔했습니다. 제겐 아주 큰 위기였어요. 만약 한 과목이라도 통과하지 못하면 종합 시험을 볼 수가 없었으니까요. 석사 과정의 졸업이 안 되는 건 물론이고 박사 과정도 물건너가는 일이었습니다. 시험을 꼭 봐야 하는데 교수님은 자꾸 나가라고만 하고 제 머릿속은 복잡해졌습니다. 정신을 차려야 했죠. 그리고 일단 달라 토레 교수를 진정시켜야겠다고 생각했습니다.

"교수님, 잠깐만요. 축구 때문에 마음이 상하신 것 잘 압니다. 저도 뭐라 드릴 말씀이 없습니다."

그는 제가 말하는 중에도, 제 말이 끝난 후에도 저를 노려보았습니다. 그가 과연 어떤 반응을 보일지 알 수는 없지만 전 무조건 시험을 꼭 봐야했어요. 물러설 수가 없었습니다.

"하지만 축구는 축구이고 시험은 시험입니다. 어떻게 축구 때문에 시험을 못 봅니까?"

말을 하면서도 억울하더군요. 그런 마음이 전달된 것인지 교수는 한참을 잠자코 서 있더니 한결 가라앉은 목소리로 대답했어요.

"와서 앉아라."

그날 저는 무사히 시험을 봤고, 졸업시험까지 잘 치를 수 있었습니다.*

또 하나는 기숙사 근처에서 있었던 일입니다. 유학 생활의 낙을

꼽으라면 점심식사 뒤 카페에 가서 마시는 한 잔의 에스프레소였습니다. 월요일부터 금요일까지, 오전 8시 반부터 1시까지 수업을 듣고 나면 파김치가 되는데, 기숙사로 급하게 돌아와 점심을 먹고 마시는 에스프레소 한 잔은 큰 위로가 되었습니다. 기숙사에서 함께 지내는 동료들과 카페까지 삼삼오오 산책 겸 걸어가면서 학교에서 있었던 일들에 대해 얘기를 나누기도 하고, 서로 외국인으로서 공부하면서 느끼는 어려움을 나누는 시간이었습니다. 사실은 에스프레소 한 잔보다 이런 시간이 더 큰 위로가 됐는지도 모르겠어요.

그날도 보통 때처럼 점심식사 후에 늘 가던 카페로 향하는데 어떤 남자가 다른 동료들은 그냥 두고 제 앞을 가로막았습니다. 정확히 어느 나라 사람인지는 알 수 없었지만 아시아인인 것만은 분명했어요. 그중에서도 동남아시아 사람으로 짐작되었습니다. 대낮부터 취기가 가득했던 그는 저를 보며 아주 분명한 한국말로 이렇게 물었습니다.

"한국 사람입니까?"

순간 당황해서 대답을 못하고 있었는데 뒤이어 그가 내뱉은 말이 너무 충격적이었습니다.

"한국 사람, 나쁜 사람들입니다."

로마 한복판에서, 게다가 한국어로 들은 이 말에 머리를 세게 얻

* 한동일, 「아찔한 월드컵」, 『그래도 꿈꿀 권리』, 257~260쪽 재인용.

어맞은 것 같았습니다. 아무런 생각도 들지 않더군요. 그에게 어느 나라 사람이냐, 한국말은 어떻게 배웠느냐, 한국에서 생활한 적이 있느냐는 질문을 할 엄두조차 내지 못했어요. 다른 동료들은 평소처럼 카페에 가서 커피 한 잔을 하고 있었지만 저는 그냥 기숙사로 돌아와 제 방 의자에 털썩 앉아 방금 전 벌어진 일을 생각했습니다.

'내가 한국인인 건 어떻게 알았을까? 어쩜 그렇게 분명하게 한국말을 할 수 있었지? 혹시 외국인 노동자로 한국에서 지냈던 걸까? 도대체 한국에서 무슨 일을 겪었던 걸까?' 생각은 꼬리를 물고 이어졌습니다. 하지만 분명한 것은, 그는 한국에서 어떤 일을 겪었고, 그 경험이 썩 유쾌한 일은 아니었을 거라는 사실입니다. 한국인에게 사기를 당했을 수도 있고, 혹은 심한 인종 차별을 겪었을 수도 있습니다. 단순히 한국인이라는 사실만으로 내가 그에게 왜 그런 말을 들어야 하는가 싶어 화가 나다가도 그가 한국에서 겪었을 일들을 헤아려보면 답답해지기도 했습니다.

자국에 사는 동안에는 국적에 대해 인식할 일이 별로 없습니다. 여러분도 일상에서 매일 '나는 한국인이다'라는 생각을 하지 않잖아요? 하지만 해외여행 중이거나 타국에서 살고 있다면 '나는 한국인'이라는 사실과 끊임없이 마주하게 됩니다. 제가 원하든 원하지 않든 '나'라는 개인을 넘어서 '한국인'이라는 정체성이 늘 따라붙습니다. 결국 다른 외국인들은 저를 통해 한국을 볼 것이고 또한 '한국인'에 대한 인상을 가지게 될 겁니다. 이건 반대의 경우에도 마찬가지죠.

　그런데 문제는 바깥보다 안에서 더 많이 일어납니다. 그나마 외국에 있을 때는 자연스레 내 나라에 대해 인식하게 되니 언행에 신경을 쓰게 됩니다(아닌 분들도 있습니다만). 하지만 내 나라에 있을 때는 늘 하던 대로, 하고 싶은 대로 하게 됩니다. 그러니 이곳에서 만나는 외국인 여행객, 외국인 노동자, 혹은 거주하는 외국인이나 교포들에게 함부로 굴기가 쉬워요. '로마에 왔으면 로마법을 따르라'는 식으로 굴기도 합니다. 문화적 다름을 인정하지 않고 막무가내로 굴거나 비인간적으로 대우하기도 하죠. 특히 동남아시아인이나 흑인에 대한 편견이 남아 있어 국가나 인종에 따라 차별 대우를 하기도 하고요. 그런 대우를 받고 돌아서는 외국인들에게 한국과 한국인은 좋은 인상으로 남을 수가 없을 겁니다.

　하지만 이런 문제들은 우리에게만 국한된 것도 아니고, 또 같은 나라의 국민이라고 해서 없는 일도 아닙니다. 생각해보세요. 우리도 해외에서 아시아 사람이라고 차별 대우를 받거나 조롱을 당하기도 하잖아요? 또한 한국인 사이에서도 학교나 회사 이름으로, 성적으로, 나이로, 계급으로 서로를 깔보고 무시하는 경우는 비일비재하고요. 소위 '나만 아니면 돼'라는 인식도 넓게 퍼지고 있습니다. 지금까지 우리 사회에 팽배해 있던 집단주의도 문제지만 갈수록 심각해지는 개인주의도 마냥 긍정적으로 보게 되지만은 않습니다.

　'갈라파고스 신드롬'이라는 게 있습니다. 자신들의 표준만 고집

함으로써 세계 시장에서 고립되는 현상을 말합니다. 보통 경제 경영 분야에서 쓰이는 용어지만 오늘날의 인간 관계에도 적용해볼 수 있지 않나 싶습니다. 우리는 저마다 다른 개개인이지만 각기 떨어져 독자적으로 살아갈 수 있는 섬이 아닙니다. 물 밑으로 들어가보면 서로 이어져 있습니다. 이러니저러니 해도 우리는 이 나라와 분리되어 존재할 수 없어요. 내가 원하든 원하지 않든 밖으로 나가보면 그 사실을 끊임없이 확인할 수 있습니다. 하지만 그보다 더 아래로 파고 들어가보면 우리는 또 다른 이름으로 이어져 있습니다. 바로 '인간'이라는 겁니다.

어떤 사람이든 어느 나라 사람이든 간에, 잘 살고 못 살든, 많이 배우고 못 배웠든 간에 부인할 수 없는 것은 우리 모두가 똑같은 사람이라는 겁니다. 너무 뻔한 이야기를 한다고 생각할 수도 있습니다. 하지만 이 뻔하고 간단한 진실 하나를 우리는 자주 잊어버리고 맙니다. 이걸 기억하고 지금 내 앞에 있는 사람이 나와 같다는 걸 주지하고 있으면 언제 어디서든 '나쁜 사람'이라는 말을 들을 일은 없을 겁니다. 저는 지금도 문득문득 그 남자가 저에게 했던 말이 떠오릅니다. 그리고 순간순간 내가 어떤 나라 사람이고 싶은지, 어떤 사람이고 싶은지 생각해보게 됩니다.

"한국 사람입니까? 한국 사람, 나쁜 사람들입니다."

오늘도 내일도 그 다음날도
계속해서 내 길을 가야 한다

Verumtamen oportet me hodie et cras et sequenti die ambulare

❖ 라틴어 명사로 '사과나무'는 '말루스^{malus}'이고 사과는 '말룸^{malum}'입니다. '말루스'는 '사과나무' 말고도 '나쁜, 불행한'이란 뜻을 가진 형용사로도 쓰이며 '말룸' 역시 '사과'라는 뜻 말고 '악'이란 뜻도 있습니다. 라틴어의 '나쁜, 불행한'을 의미하는 형용사에서 '악'이라는 '말룸' 명사가 파생했어요. 라틴어 단어에는 형용사가 추상명사로 고착된 경우가 많습니다.

라틴어의 형용사는 남성, 여성, 중성이 있어 '말루스'도 '말루스, 말라^{mala}, 말룸'이라고 합니다. 여기서 '말리뉴스^{malignus}(악의가 있는)', '말리니타스^{malignitas}(악의)', '말리티아^{malitia}(악질)', '말레파체레^{malefacere}(잘못하다)', '말레볼루스^{malevolus}(질투하는)' 등의 단어가 파생합니다. 그런데 '말루스'는 인도 유럽어의 '나쁜'을 의미하는 '말로^{malo}'에서 온 것으로 추정됩니다.

여기에서 제시하는 어원학적 근거는 모두 1150년 콘스탄티노플에서 작성된 그리스어 어휘 사전인 『에티몰로지쿰 마늄^{Etymologicum} ^{Magnum}』에 있습니다. '사과'가 '악'이 되는 것은 성경에 아담과 하와가 뱀의 유혹에 빠져 선악을 알게 된다는 선악과 나무열매인 사과를 먹음으로써 원죄를 짓게 되었다는 이야기에서 유래한 말일 수도 있습니다.

반면 영어의 '성, 성행위'를 의미하는 섹스^{sex}라는 단어는 라틴어로 '6'을 의미하는 기본수사 섹스^{sex}와 스펠링이 같습니다. 하지만 영어의 이 단어는 라틴어의 기본수사 섹스에서 온 것은 아닙니다. 영어의 섹스는 '성, 성별, 생식기'를 의미하는 라틴어 '섹수스^{sexus}'에서 유래하죠. 영어는 통상 라틴어 명사의 어미를 버리고 사용하는 경향이 있기 때문에 '섹수스'에서 어미 '우스$^{-us}$'를 버리고 섹스라는 단어로 사용한 것 같아요. 고전 이탈리아어에서는 'seks'라고 했는데 이 모두 인도 유럽어의 6을 의미하는 '(s)ueks'에서 유래했을 가능성이 큽니다.

그런데 '6'이라는 기본수사를 보면 영어의 'sex'가 떠오르는 것은 왜일까요? 이것을 설명하려면 성경의 십계명부터 이야기해야 합니다. 로마 가톨릭 교회와 루터교의 십계명은 그 내용과 순서가 약간 다르지만 이 가운데 제6계명은 '간음하지 마라'로 모두 같습니다. (일부 개신교와 유대교에서는 7번째 계명으로 쓰입니다.) 출애굽기 20장 14절, 신명기 5장 18절, 마태오복음 5장 27절의 말씀입니다. 그리고 이 계명은 라틴어 원어로는 "섹스sex(6). 네퀘 모에카베리스neque moechaberis"입니다.

여기에서 '모에카베리스moechaberis'는 '간음하다'라는 뜻의 '모에코르moechor'라는 제 1활용 탈형동사의 직설법 미래 단수 2인칭입니다. 여기에서 '간음'이라는 의미의 '모에키아moechia'라는 명사가 파생되는데요. 이는 그리스어 '모이케이아μοιχεία'를 라틴어가 수용한 것입니다. 중세의 시대적 상황에 맞물려 '간음, 간통'을 의미하는 단어는 더욱 세분하여 발전했는데 간통은 '아둘테리움adulterium'이라고 하고, 매음 또는 불륜은 '포르니카티오fornicatio'라고 했습니다. 이를 영어가 그대로 차용하여 '어덜터리adultery(간통)' '포르니케이션fornication(사통, 간음)'으로 사용하게 됩니다.

종교적 색채가 강했던 중세를 거치면서 십계명의 제6계는 입에 담기 거북한 계명으로 인식되기 시작합니다. 특히 이 계명과 관련해서는 전체를 말하지 않고 간단히 '6sex'라고 말하고 "그것 말이야"라는 식으로 말하게 됩니다. 성적인 의미를 '이것, 그것'이라는 지시대명사로 사용하게 된 것이죠. 이렇게 해서 라틴어에서 진짜 '성'을 의미하는 단어 '섹수스'와 맞아떨어져 영어의 '섹스'는 성, 성행위를 의미하는 단어로 굳어졌을 수도 있다고 생각할 수 있을 겁니다.

그런데 라틴어의 지시대명사를 보게 된다면 영어가 얼마나 고마운 언어인지를 절감하게 되는데, 백번 듣는 것보다 한번 보는 것이 이해하기 쉽겠죠? 너무 많은 예를 제시하면 오히려 이해하는 데 방해가 될 수도 있으니 영어의 '디스this'에 해당하는 지시대명사 하나만 보죠.

	단수			복수		
	남성	여성	중성	남성	여성	중성
주격	hic	haec	hoc	hi	hae	haec
속격	huius	huius	huius	horum	harum	horum
여격	huic	huic	huic	his	his	his
대격	hunc	hanc	hoc	hos	has	haec
탈격	hoc	hac	hoc	his	his	his

라틴어는 문법적으로 치밀하고 완벽했던 게 오히려 더 이상 쓰지 않는 사어가 된 한 원인이었음을 알 수 있습니다. 그런데도 서구의 인문계 고등학교는 왜 이렇게 복잡한 라틴어를 가르치는 걸까요? 그것은 이미 어려운 것을 공부해본 학생에게 또 다른 어려움은 그렇게 크게 다가오지 않을 수 있기 때문입니다.

이렇게 보면 언어는 단순히 의사소통의 도구만이 아니라 그 시대를 상징하고 그 시대의 가치관과 시대상을 엿볼 수 있는 좋은 매개가 됩니다. 언어를 공부하다보면 단어 하나도 시대와 사상에 따라 그 의미가 변해간다는 것을 알 수 있습니다. 아마도 그래서 좋은 번역이 어려운 일인 것 같고, "번역은 반역이다"라는 말도 나오나 봅니다.

동시에 언어 학습은 공부하는 습관을 길러주는 좋은 방법이기도 합니다. 저는 학생들에게 책상에 앉아서 바로 공부에 돌입하지 말라고 조언합니다. 저의 경우만 봐도 책상에 앉기 직전까지 계속해서 움직입니다. 그 움직임을 멈추고 책상에 앉으면 바로 집중해서 공부할 수 있을 것 같지만 꼭 그렇지만은 않았습니다. 그래서 저는 본격적으로 공부하기에 앞서 몸 풀기 차원으로 30분 정도 제가 좋아하는 외국어 공부를 했습니다. 영어 단어나 숙어를 외우기도 했고요.

어쩌면 '그게 뭐야' 하는 분들도 있겠지만, 이건 어디까지나 제 방법에 불과합니다. 언어 공부가 정말 힘들고 어렵기만 한 사람에게 이 방법은 고역일 수밖에 없습니다. 머리가 일찌감치 스트레스를 받죠. 제가 하고 싶은 이야기는 '몸 풀기' 차원의 활동이 필요하다는 겁니다. 저의 경우에는 그게 언어 공부일 뿐이고요. 누군가에게는 책을 읽거나 혹은 단순한 산수 문제를 푸는 것일 수도 있습니다. 각자 자기 자신에게 맞는 공부법이 있습니다. 그것을 알아가는 첫 단계가 진정한 공부의 시작입니다.

라틴어로 '공부하다'란 동사의 원형은 '스투데레^{studere}'이고 여기에서 영어의 '스터디^{study}'가 유래했습니다. 본뜻은 '전념하여 노력하다, 갈구하며 몰두하다'로, 무언가를 간절히 바라며 노력하는 것이 '공부하다'라는 뜻입니다. 우리나라에서 퇴계의 '경敬'사상을 학습법에 적용하면 "한곳에 몰입하여 다른 쪽으로 마음을 쓰지 않는 것"으로 해석할 수 있는데, 퇴계는 이를 학습의 으뜸 중의 으뜸으로 꼽았습니다. 퇴계가 지인에게 보낸 편지에서 "마음에 있는 것과 사물에 있는 것이 두 가지가 아님을 분명하고 투철하게 알아야 한다"라고 한 것과 맥이 통하는 말입니다. 아울러 그는 "공부가 몸에 배도록 익히는 작업이 중요한데 익히는 일은 어떤 것이든 하나에 몰입하는, 이른바 정신 집중이 가장 좋은 방법"이라고 전했습니다.

앞서 이야기했듯이 각자에게 맞는 공부 방법이 있습니다. 그것을 찾아가는 첫 단계가 공부의 시작이라고도 말씀드렸고요. 이를 통해 우리는 '나'에 대해서도 좀 더 알아가게 됩니다. 나에게 맞는 공부 방법이 무엇인지 살피다 보면 내가 무엇을 좋아하고 무엇을 싫어하는지 알게 됩니다. 또 어떤 때 집중이 잘되고 어떤 때 안 되는지도 알 수 있고요.

이런 훈련은 나아가 인간관계에서 나의 태도, 나의 대화법 등 인생의 많은 것들을 생각하게 합니다. 살아가는 데 중요한 것은 타인의 방법이 아니라 나의 방법이 무엇인지 끊임없이 묻고 찾아야 한다는 겁니다. 남다른 비결이나 왕도가 없다는 사실은 우리를 힘들게 하지만 그렇기에 묵묵히 해나가는 수밖에 없습니다.

신약성서 루카복음 13장 33절에 수록된 문장은 이러한 인간의 삶을 이야기합니다.

Verumtamen oportet me hodie et cras et sequenti die ambulare.
베룸타멘 오포르테트 메 호디에 에트 크라스 에트 세쿠엔티 디에 암불
라레.
사실은 오늘도 내일도 그 다음 날도 계속해서 내 길을 가야 한다.

여러분은 자기 자신의 길을 잃지 않고 잘 가고 있습니까?
그 길을 걸으며 무엇을 생각합니까?
그 길 위에서 지치지 않기 위해 무엇을 할 수 있을까요?
그리고 그 길 끝에는 무엇이 있을까요?

종교는 정원이다

Religio est hortus

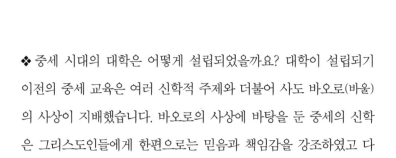

❖ 중세 시대의 대학은 어떻게 설립되었을까요? 대학이 설립되기 이전의 중세 교육은 여러 신학적 주제와 더불어 사도 바오로(바울)의 사상이 지배했습니다. 바오로의 사상에 바탕을 둔 중세의 신학은 그리스도인들에게 한편으로는 믿음과 책임감을 강조하였고 다른 한편으로는 종말론적 세계관을 심어주었습니다. 앞서 8강에서도 이야기했지만 바오로의 사상과 긴밀하게 관련되는 또 다른 문제는 로마서 13장의 '그리스도인과 권위'에서 간단히 언급하고 있는 초창기 교회와 나라 간의 관계에 관한 것이었습니다.

사도 바오로는 현세의 권위는 신이 정해준 것이므로 그리스도인들은 합법적인 모든 일에 대해 국가에 복종해야 할 의무가 있다고 주장했는데요, 앞서 말씀드린 것처럼 이 주장의 영향으로 교회의 법령이 일반 시민법보다 더 상위에 자리하게 됐습니다. 그와 동시에 성경이 법률적 차원의 공동 유산이자 공통 규범이 됐고 점차 모든 것의 근원이 되기에 이르죠.

하지만 이미 언급했듯이 시간이 지나면서 사람들은 성경이 현실의 모든 문제를 해결해줄 수 없다는 걸 절감하기 시작했습니다. 이것은 오늘날 그리스도교를 믿는 종교인들에게 시사하는 바가 큽니다. 결국 중세 사람들은 성경의 가치를 변함없이 인정하고 유념하면서도 세속의 학문과 연계해서 문제를 풀고자 했어요. 이것이 유럽에서 대학이 탄생하게 된 배경입니다.

쉽게 말해 중세의 대학은 기존의 학교들이 지식과 의식이 급격히 성장하는 사람들의 욕구에 더 이상 부응하지 못하자 그 대안으로 설립된 셈입니다. 학문을 연구하는 자발적인 학생 단체가 생겼고, 여기서 더 나아가 하나의 거대한 지식인, 학생 공동체가 형성되었어요. 이들은 교회와 세속 권력 양쪽 모두에게 인정을 받았고 특권이 부여되었습니다. 이러한 방식으로 이탈리아와 프랑스에서 속속 대학이 설립되기 시작했는데 이탈리아의 볼로냐 대학교(1088년)와 살레르노 대학교(1231년), 프랑스의 파리 대학교(1170년) 등이 대표적인 학교들입니다.

최초의 대학은 법학의 아버지 이르네리우스Irnerius가 법학 과목을 가르친 볼로냐 대학교입니다. 그의 강의는 빠르게 입소문을 타고 번져나가 볼로냐가 법학의 중심이 되는 데 큰 역할을 합니다. 이르네리우스는 새로운 과목을 개설하고 법학에 권위를 부여할 필요성, 그리고 이전의 교육기관이 시행했던 방식과는 다른 전문적 성격의 교육 혁신의 필요성을 느꼈습니다. 이때부터 법학은 유럽에서 학부를 마친 사람들이 공부하는 것이라는 의미에서 법학 전문대학원이 생기게 되죠. 이런 사실에 비추어보면 이 대학들은 어느 날 갑자기 설립된 것이 아니라 자연스럽게 성장해서 점차 확고한 형태를 갖추게 된 것이라 할 수 있습니다.

여기에서 교양과목을 뜻하는 '아르테스 리베랄레스^{artes liberales}'를 살펴볼 필요가 있습니다. 이 말은 직역하면 '자유 과목'이지만 계몽주의 시대에 '인문학'이란 의미로 발전하는데요, '법의 정의'와 마찬가지로 중세 시대의 교과목을 의미하는 '아르스^{ars}*'라는 용어에 대한 설명이 그리 간단치만은 않습니다. 라틴어로 '학문, 과목'을 의미하는 단어에는 크게 '아르스'와 '쉬엔티아^{scientia}'가 있는데, 두 단어

---

* 첼수스는 법을 "Ius est ars boni et aequi"라고 정의한다. 이 문장에서 '아르스(ars)'에 대한 번역을 놓고 일본어는 '술(術)'로, 중국어는 예술(藝術)로 옮겼다. 그러나 로마인들은 지상 현실 안에서 유형이든 무형이든 인간의 모든 부문의 활동을 가리키는 것으로 '아르스'라는 용어를 사용하였고, 이 개념에는 인간의 노력이 아닌 자연 작용에서 발생한 사물들도 포함된다. 따라서 '아르스'는 인위적인 것과 자연적인 것을 구분하는데, 최고의 분야에는 농업, 의학, 요리, 미용(머리손질)과 자연과 상호작용에서 파생하는 인간의 활동, 즉 수학, 음악, 언어와 법이 해당한다. 따라서 '아르스'라는 단어는 기술, 예술이라는 뜻 외에도 수학, 법, 언어와 결부될 때는 '학문'이라는 뜻이 된다.

는 처음엔 별 구분 없이 사용하다 12세기에 이르러 그 의미가 확실히 정착됩니다. 12세기 이후 진정한 의미의 학문은 '쉬엔티아', 그와 비슷한 논술 정도의 의미를 갖는 건 '아르스'로 구별합니다. 그래서 중세 이후에 설립된 대학의 모토에는 '쉬엔티아(학문, 앎)', '베리타스veritas(진리)', '사피엔티아sapientia(지혜)', '룩스lux(빛)'라는 말을 자주 사용했고 그것을 대학의 표제어로 사용했습니다. 그 영향을 받아 하버드 대학교는 '진리Veritas', 예일 대학교는 '빛과 진리Lux et veritas', 서울대학교는 '진리는 나의 빛Veritas lux mea', 서강대학교는 '진리에 복종하라Obedire veritati'를 표제어로 씁니다. 하지만 어떤 대학은 자기 대학만의 가치를 표제어로 쓰기도 합니다. 가령 옥스퍼드 대학교는 '주님은 나의 빛Dominus illuminatio mea', 펜실베이니아 대학교는 '양심이 없는 법은 공허하다Leges sine moribus vanae', 스웨덴의 룬드 대학교는 '각자에게 각자의 것을Suum cuique'이라는 표제어를 씁니다.

대학은 진리를 추구하는 전당이 되어야 한다는 취지에서 너도 나도 '진리'라는 말을 대학의 표제어로 둡니다. 이것은 요한복음 8장 32절에 있는 "진리가 너희를 자유롭게 할 것이다"라는 내용에서 영감을 받은 것입니다. 그래서 연세대학교와 독일의 프라이부르크 대학교는 이 내용을 그대로 대학의 모토로 삼았습니다. 다만 프라이부르크 대학교는 라틴어로 쓰지 않고 독일어로 "디 바르하이트 비르트 오이히 프라이 마헨Die Wahrheit wird euch frei machen"이라고 쓰고, 연세대학교는 영어로 "The truth will make you free"라고 썼습니다.

"진리란 무엇인가$^{Quid\ est\ veritas}$?" 진리, 즉 '베리타스'는 '참되고 진실한' 것을 가리키는 형용사 '베루스^{verus}'에서 나왔고 형용사 '베루스'에서 '참, 사실, 진실, 진리'를 의미하는 '베룸^{verum}', '베리타스'라는 말이 파생됩니다.* 여기에서 이탈리아어의 '베리타^{verità}', 프랑스어의 '베리테^{vérité}', 스페인어의 '베르다^{verdad}' 포르투갈어의 '베르다지^{verdade}'가 나오고요.** 라틴어를 배우게 되면 유럽어가 왜 쉽게 느껴지는지 이해할 수 있는 대목입니다.

그렇다면 '오보에디레 베리타티$^{Oboedire\ veritati}$'는 무엇일까요? '오보에디레'는 더 오래된 라틴어이고 후에 '오베디레'로 모음이 축약되어 이것이 영어 '오베이^{obey}'가 됩니다. 그런데 '오보에디레 베리타티'는 우리말로 번역하면 "진리에 복종하라"는 의미인데, 이 문장에서 사용된 '오보에디레'는 단순한 명령이 될 수 없어요. 여기서 라틴어의 묘미가 드러납니다.

라틴어 문법에는 '명령법$^{modus\ imperativus}$'이 따로 있는데 명령문이나 금지 명령문은 화자가 명령이나 권고, 부탁 등을 표현할 때 쓰고, 직접적인 명령에는 동사 변화의 명령법을 씁니다. 2인칭 명령의 경우 주어 '투^{tu}(너)'와 '보스^{vos}(너희)'를 표시하지 않으며, 3인칭 명령

---

* F. E. J. Vlapy, *An Etymological Dictionary of the Latin Language*, Longman and Co. London 1828, p. 502.

** V. Mabilia, P. Mastandrea, 앞의 책, p. 737 참조.

스웨덴 룬드 대학교의 라틴어 모토 'SVVM CVIQVE'*

---

* 고대 로마 발음은 알파벳 반모음 U를 V로 대체하여 표기하였다. 'SVVM CVIQVE'는 '수움 쿠이퀘(Suum Cuique)'라고 읽는다. 언뜻 와닿지 않는다면 1884년 이탈리아 로마에서 창업한 고급 보석 브랜드 'BVLGARI(불가리)'를 생각하면 이해에 도움이 될지도 모르겠다.

일 경우에만 주어를 표시합니다. 2인칭 명령에서 명령을 받는 사람을 표시하려면 호격을 사용하고 쉼표를 찍습니다.

그런데 라틴어의 명령에는 능동 명령과 수동 명령이 있습니다. 여기에 사용된 '오보에디레'는 동사의 원형이 아닌 수동 명령입니다. 라틴어가 능동 명령을 사용하지 않고 수동 명령을 사용하는 것은 진리는 진리 그 자체이기 때문에 고개를 숙이는 것이지, 외부의 힘에 의해 고개를 숙이는 것은 진리가 아니기 때문입니다. 즉 강압에 못 이겨 순종하는 진리는 이미 진리가 아니라는 의미인 것이죠.

하지만 우리말은 라틴어의 이 미묘한 구분과 차이를 나타내지 못하고 "진리에 복종하라"라는 말로밖에 표현하지 못합니다. 그렇다면 복종하기에 앞서 진리가 무엇인지 물을 수밖에 없어요. '진리'라는 표현이 태생적으로 중세의 그리스도교적 문화에서 영향을 받았기 때문인지, 학문을 연구하는 사람들도 많이 쓰지만 유독 종교와 관련된 표현에서 더 많이 등장해요. 따라서 '진리'라는 말은 '종교'라는 말과 함께 묶어 이해해야 하는 용어이기도 합니다.

그렇다면 종교란 무엇일까요? 저는 종교란 마치 한 무리의 사람들이 휴식을 취하는 정원과 같다고 생각해요. 여기에는 모든 종교를 통틀어 '종교'라는 아주 큰 정원과 각각의 종교라 할 수 있는 작은 정원이 있어요. 그리고 그 안에는 종과 수가 다른 식물들이 어떤 제한된 범위에서 자라고 있는 것이죠. 취향과 생각이 제각각인 식물은 동일한 정원에 뿌리를 내리기가 힘듭니다. 그래서 각각의 작은 정원에는 같은 생각과 같은 가치관을 가지고 있는 식물들만이 공존할 수 있는 게 아닐까요? 각자 자기가 뿌리 내리고 있는 그 정원만 옳다고 생각하기도 하지만 사실 우리는 더 큰 정원, 나아가 자연이라는 더 큰 세상 속에 살고 있기도 합니다. 정원 안에서 정원 밖을 꿈꾸며 살기도 하고요.

정원과 달리 자연에는 잡풀과 잡목이 따로 없습니다. 다 제각기 의미를 가지고 있는 구성원이죠. 정원 안에서는 각각의 생각과 가치관에 어울리지 않는 식물들은 뽑아내야 할 잡초에 불과하지만 더 넓은 자연에서는 그 어느 것도 잡풀, 잡목인 것이 없습니다. 제각각의 정원들이 자기들의 '진리'를 이야기합니다. 하지만 더 넓은 자연에서는 '틀렸다'가 아니라 '다르다'라는 것, '틀린 존재'가 아니라 '다른 존재'라는 것을 인정받습니다. 그런 자연 같은 분위기가 조성될 때에야 비로소 진리는 진리 그 자체로 받아들여지지 않을까요? 그래야 그 자체로 복종할 수밖에 없는 "오보에디레 베리타티"를 말할 수 있지 않을까요?

'진리에 복종하라 Oboedire Veritati!' 이 말을 생각하면 "지금 나는 어느 정원에 있는가?" 하고 묻게 됩니다. 그리고 다시 "지금 나는 그 정원에서 무엇을 동경하며 꿈꾸는가?" 하고 묻게 돼요. 여러분은 어떻습니까? 지금 어디에 서 있나요? 그곳에서 무엇을 꿈꾸고 있습니까?

연세대학교 정문에 있는 모토. "진리가 너희를 자유케 하리라!"

모든 사람은 상처만 주다가
종국에는 죽는다

Vulnerant omnes, ultima necat

❖ 2016년 10월 어느 날 한 출판사 편집자로부터 연락을 받았습니다. 자신이 작업하고 있는 원고의 라틴어 및 외국어를 감수해줄 수 있겠느냐는 문의였습니다. 저는 흔쾌히 원 저자에게 누가 되지 않는 범위에서 하겠다고 했어요. 원고를 읽으면서 방대한 참고문헌을 글로 풀어내는 능력은 말할 것도 없고, 저자의 통찰력과 깊은 사고에 놀람과 감탄을 금할 수 없었습니다. 사실 글을 쓰는 사람이라면 그게 얼마나 부러운 능력인지 몰라요. 이렇게 좋은 글을 먼저 읽을 수 있다니 정말 기쁘고 설렜습니다. 그런 기회를 준 임주하 편집자에게 고마웠고 책의 완성도를 높이려는 그의 열정에 감탄했습니

다. 그런데 원고를 받아서 쏜살같이 읽어 내려가다 제 눈을 사로잡는 한 문장을 발견했습니다.

Vulnerant omnes, ultima necat.
불네란트 옴네스, 울티마 네카트.
모든 사람은 상처만 주다가 종국에는 죽는다.

이 문장은 프랑스 바스피레네 지방의 위뤼뉴[Urrugne] 교회 한편에 있는 해시계에 새겨진 문장이라고 합니다. "인간은 상처만 주다가 죽는다"라니 왠지 모를 쓸쓸함이 밀려왔습니다.

라틴어에는 '상처' 자체를 의미하는 단어가 많습니다. 훌쿠스[hulcus], 플라가[plaga], 투르페도[turpedo], 울체라티오[ulceratio], 불네라티오[vulneratio], 불누스[vulnus] 등이 있고, 상처와 연관된 단어도 무척 많습니다.

vulnusculum 불누스쿨룸 가벼운 상처
stigma 스티그마 그리스도의 상처, 그리스도의 다섯 군데의 상처
ciatrices 치아트리체스 덧난 상처
combustum 콤부스툼 덴 상처
trauma 트라우마 많은 상처
transpunctio 트란스푼크티오 깊은 상처

로마 시대에 환자에게 과학적 치료라 할 수 있는 의술이 보급된 건 후기 공화정 시대에 그리스와 중동 지방을 통해서였습니다. 이 때부터 전문 의료인이 일반 대중에게 의술을 제공했습니다. 로마인의 의약품은 원래 원시적인 전통에 근거한 약초학scientia herbarum과 다소 미신이 혼합된 마법과 같은 것이었어요. 로마의 거리에는 전문가라기보다는 좀 과장이 심한 향료상unguentarii, 약제사aromatarii, 염료상pigmentarii 같은 수많은 상인들이 제대로 검증되지 않은 음료나 약물의 혼합물을 대중에게 팔았습니다. 이 약물 중엔 전혀 약효가 없거나 일부는 오히려 독이 되었죠.

4세기에 이르러서야 겨우 공공의료 기관이 설립됩니다. 황제는 로마를 14개 구역으로 나누어 황실 병원의 의료원장을 임명해 모든 환자와 가난한 사람들을 무상으로 돌보게 했습니다. 이 시기의 수술은 초보 단계였는데, 성형 수술로는 노예와 도둑들에게 새겨진 낙인 제거 시술이 있었습니다.[*]

이러한 천연 약초의 전통은 그대로 로마 가톨릭 교회의 수도원으로 이어졌습니다. 이 가운데 가장 유명한 것이 '카말돌리 수도원의 전통 약방Antica Farmacia di Camaldoli'입니다. 그 전통 약방은 1450년부터 이탈리아 중부 아레초 지방의 빕비에나 산골, 해발 1,100미터 고지에서 시작했는데요, 이 약방에서는 천연 재료로 전통 치유제

---

[*] Davide Astori, 앞의 책, p. 82 참조.

(위장약, 감기약 등)와 화장품, 와인, 식료품(꿀, 각종 허브 차, 올리브유 등) 등을 만들어 판매해왔습니다.

그래서 이탈리아 사람들은 마치 우리의 한의원처럼 아플 때 수도원의 약방에 들러 필요한 천연 약재를 구입하곤 합니다. 가령 시험을 앞두고 아이가 긴장해서 잠을 못 이루면 어머니는 아이에게 카모밀라(캐모마일) 차를 타서 줍니다. 카모밀라는 긴장을 이완시키고 수면을 돕는 성분이 있어요. 제 경우에는 극도로 긴장하면 별로 효과가 없었던 기억이 나네요. 하여튼 이탈리아 여행 중에 '안티카 에르보리스테리아^{Antica Erboristeria}', 곧 '전통 약방'이라는 간판을 보게 된다면 구경 삼아 들러보아도 좋을 겁니다. 이곳에서 파는 허브 차나 각종 꽃가루^{bee pollen}는 다소 비싸지만 시중에 파는 것과는 그 향이나 품질이 전혀 다릅니다.

라틴어에 상처 자체와 상처와 관련된 용어가 많은 것은 수많은 전쟁과 검투 경기 때문에 생긴 외상 환자가 많았기 때문입니다. 그래서 상처가 생긴 원인에 따라 상처의 명칭이 다 달랐어요.

hulcus 훌쿠스　궤양, 종기로 인한 상처
plaga 플라가　타박상, 질병, 전염병

이 단어에서 이탈리아어의 '피아가^{piaga}', 프랑스어의 '플래^{plaie}', 스페인어의 '야가^{llaga}', 포르투갈어의 '프라가^{praga}', 영어의 '플래그

plague,' 독일어의 '플라게plage'가 유래합니다.

turpedo 투르페도　오점이나 가증스러운 일로 인한 상처
ulceratio 울체라티오　궤양, 종기로 인한 상처
vulneratio 불네라티오 / vulnus 불누스　명예훼손으로 인한 상처

또한 라틴어는 신체적인 상처와 정신적인 상처를 구분하여 표현했어요. '불네라티오'와 '불누스'가 대표적으로 치욕이나 명예 손상, 체면을 구겨서 생긴 아픔이나 고통을 나타냅니다. 우리가 일상에서 종종 듣고 말하는 "나 상처 받았어"라는 표현에 해당되는 단어죠.

"모든 사람은 상처만 주다가 종국에는 죽는다." 인간은 정말 타인에게 상처만 주다가 가는 걸까요? 제가 누군가로부터 상처받고 온 어느 날 밤에 제가 상처받은 내용에 대해 곰곰이 생각해보았습니다. 처음엔 제게 상처 준 사람에게 마음속 깊이 화를 내고 분노했어요. 그의 무례함에 섭섭한 감정을 넘어 치욕을 느끼기도 했고요. 하지만 시간이 흘러 다시 생각해보았습니다. '그가 과연 나에게 상처를 주었나?' 하고요.

제 마음을 한 겹 한 겹 벗겨보니 그가 제게 상처를 준 것이 아니었습니다. 그의 행동과 말을 통해서 제 안의 약함과 부족함을 확인했기 때문에 제가 아팠던 거예요. 다시 말해 저는 상처받은 게 아니라 제 안에 감추고 싶은 어떤 것이 타인에 의해 확인될 때마다 상처

받았다고 여겼던 것이죠. 그때부터 저는 상처를 달리 생각하게 됐습니다. 대부분 스스로 몸과 마음에 상처를 주다가 자기 자신이 죽는 것은 아닐까 하는 생각이 들었어요.

하지만 어떤 경우에는 그 반대의 상황도 있었습니다. 누군가가 제게 다가와 화를 내며 제가 그에게 잘못한 일을 설명합니다. 그리고 저 때문에 상처를 받았다고 말해요. 그러나 듣고 보면 실제로 제가 그를 아프게 한 것도 있지만 더 많은 경우 제가 그랬던 것처럼, 그도 저를 통해서 숨기고 싶은 어떤 부분과 직면했을 때 상처받았다고 말하고 있었습니다.

우리 마음에는 철도의 선로와 같은 길이 놓여 있어요. 우리가 타인을 통해 자기 안의 약함을 확인할 때마다 마음속의 선로는 제각기 다른 방향으로 향하는 것 같아요. 어떤 사람은 모든 잘못을 타인의 탓으로 돌리고, 어떤 사람은 모두 자기 탓이라고 생각해요. 그래서 때로는 마음에도 선로 전환기 같은 것이 있었으면 좋겠다는 생각이 들어요. 누군가로 인해 상처받았을 때, 그래서 내 안의 약함을 볼 때 기차가 '내 마음의 역'으로 향할 수 있도록 선로 전환기를 작동하는 것이죠. 이게 올바로 작동해서 상처를 통해 자기가 누구인지, 자기가 진정 원하는 것은 무엇인지, 무엇을 위해 살아야 하는지 깨달아야 하지 않을까요?

그런데 이런 생각은 신체적, 물리적 나이가 해결해주는 것 같지는 않습니다. 나이가 많은 사람이 나이가 어린 사람보다 꼭 성숙한 것도 아니고, 나이가 어리다고 사고의 폭이 좁은 것도 아니기 때문입니다. 분명한 것은 쉽지 않지만 상처가 꼭 피해야 할 어떤 것은 아니라는 겁니다. 상처는 나의 약점이나 단점을 확인시켜주고 그것을 통해 자신을 더 잘 알게 되니까요. 마음의 분별, 마음의 선로 전환기, 그것이 제대로 작동할 때 우리는 무작정 상처받았다고 말하지 않을 겁니다.

오늘날의 우리 사회는 마치 폭발 직전의 폭주 기관차처럼 앞만 보고 달려가고 있다는 느낌입니다. 하지만 삶에는 간이역 같은 휴게소가 필요합니다. 제 경우에는 상처가 오히려 그런 간이역 같은 휴게소가 되어주었습니다. 멈춰 서서 제 안을 들여다보게 해주었으니까요. 그래도 때로는 '이 간이역 그만 좀 나왔으면 좋겠다!'라고 생각합니다. 아픈 건 아픈 거니까요. 그렇지 않나요? 이 간이역을 지나고 또 지나면 제가 닿을 종착역도 어디쯤인가 있을 겁니다.

오늘 여러분이 잠시 머문 간이역은 어디인가요? 그곳은 어떤 풍경을 가지고 있나요?

사랑하라,
그리고 네가 하고 싶은 것을 하라[*]

Dilige et fac quod vis

❖ 심장병은 특히 심리적인 압박에 민감한 병입니다. 2005년 로마에서 공부를 중단하고 한국에 돌아와 부산 당감동 성당에서 보좌신부로 지냈을 때 건강이 점점 나빠져 당분간 좀 쉬기로 했습니다. 하지만 그게 결국 휴양이 됐고, 결국은 그곳을 떠나게 됐습니다. 그때 로타 로마나의 대법관이자 저의 은사이고, 지금은 마로니타 교회의 총괄 사법주교가 되신 한나 알안 주교님이 한국에 오셨어요. 그 당시 바티칸 대법원인 로타 로마나의 변호사 시험을 합격하고도 어쩔

---

[*] 이 글의 내용은 필자의 저서 『그래도 꿈꿀 권리』 '사막에서 던진 주사위' 332-338쪽을 발췌, 수정하여 재인용한 것임을 밝힙니다.

수 없이 중단된 제 학업 문제를 부산 교구와 의논하실 계획이었습니다.

주교님이 제가 있는 제주도까지 오셨는데 그분의 얼굴을 뵙는 것만으로도 큰 위로와 힘이 되더군요. 제주도를 함께 돌아보고 서울에 올라와서 함께 한강변을 걸었는데 주교님은 많은 시민들이 강변에서 한가롭게 쉬고 있는 모습을 부러워하셨어요. 특히 쓰레기 없는 강변을 보고는 놀라워하셨습니다. 당신의 조국 레바논, 고향 트리폴리는 무슬림과의 끊이지 않는 갈등 상황에 있었기에 그런 평화로운 모습을 보는 일이 드물었기 때문입니다.

주교님은 이후에 당신의 고국인 레바논으로 저를 초대하셨습니다. 그게 2007년의 일입니다. 7월 13일, 레바논으로 향하는 비행기 표를 끊었던 날, 공교롭게도 레바논은 이스라엘의 침공을 받았습니다. 레바논의 이슬람 근본주의자인 헤즈볼라 대원들이 이스라엘 군인 두 명을 죽인 것이 시발점이 된 것이죠. 레바논 공항까지 폭격을 맞았어요. 주교님은 긴급히 전화를 하셔서 지금은 도저히 상황이 좋지 않으니 비행기 표는 취소하는 것이 좋겠다고 하셨습니다. 참 안타까운 일이었어요.

그런데 비행기 표를 취소할 무렵, 제가 많은 도움을 받았던 정명택 변호사 부부가 타클라마칸 사막으로 여행을 간다는 사실을 알게 됐습니다. 지금은 고인이 되셨지만 아버지와 같은 그의 권유에 저는 레바논 행 티켓을 타클라마칸 행으로 바꾸었습니다. 정 변호사님은 저에게는 친구이자 법학 선생님 같은 분이었습니다. 제가 어떤 상황에 처해 있든 언제나 변함 없는 우정을 보여주셨어요. 지금도 감사한 마음에 부모님 산소에 갈 때면 그 분의 산소를 함께 찾습니다.

사실 전부터 사막에 가보고 싶었습니다. 왜 신에 대한 믿음, 즉 신앙은 풍요로운 땅보다 사막과 같이 거칠고 메마른 땅에 그렇게 쉽게 뿌리를 내리고, 또 뿌리를 내렸다 하면 그렇게도 깊이 뿌리박히는지 궁금했어요. 아마도 사막의 자연적인 환경과 깊은 연관이 있을 겁니다. 사막을 여행해본 사람은 알겠지만 사막 한가운데 섰을 때 인간의 시선이나 생각을 가로막는 인위적인 장애물은 어떤 것도 존재하지 않습니다. 사막에서 인간의 명상을 방해하는 것은 아무것도 없고 인간은 절대적인 나약함 속에서 절대 자연의 무한과 마주하고 있다는 생각만 듭니다.* 물론 지금이야 관광지로 변해버린 사막은 그저 돈에 눈먼 곳일 수도 있고, 현실이 사막이 아니라 정신이 사막이라고 실망할 수도 있어요. 얼른 그곳에서 벗어나고픈 생각밖에 들지 않을 수도 있습니다.

하지만 고대부터 수많은 은수자와 독수자들이 진리를 찾아, 또 신을 찾아 사막으로 갔습니다. 그리고 사막의 거친 자연환경은 인간을 정화하고, 그 과정을 거친 인간은 스스로가 선택받은 인간이라고 생

---

* 비르질 게오르규 지음, 민희식·고영희 옮김, 『마호메트 평전』, 초당, 2002, 21-22쪽 참조.

각하게 됩니다. 유대인만 하더라도 그들이 말하는 40년 동안의 사막의 방랑을 통해, 곧 살아남기 위한 맹렬한 투쟁을 거쳐 육체적 조건과 덕성을 갖춘 선별된 민족이라는 의식을 갖게 됐어요.

아마도 사막에서는 종교도 이와 비슷한 것 같아요. 사막에서 모든 신앙은 인간의 마음에서 자라나 하늘의 신에게 닿는 담쟁이 덩굴과 같습니다. 그래서 사막에서 모든 종교는 진실한 것이 되지요. 사실 대부분의 인간은 아라비아 반도의 뜨거운 모래땅에서 예언자들이 만났던 신에게 기도합니다. 아라비아의 모래땅에서 인간은 유대교, 그리스도교, 이슬람교의 신과 조우했습니다.*

타클라마칸 사막은 중국 신장 위구르 지역의 돈황과 내몽골 및 중국의 경계에 있는 우루무치 사이에 위치한 사막입니다. 우리에게는 '실크로드'로 잘 알려져 있는 이 길은 불교와 이슬람교가 만나고 당나라의 현장법사가 그 길을 통해 인도로 유학을 갔다고 전해집니다. 당시 로마에서 공부를 끝내고 싶었으나 그렇게 하지 못하고 돌아온 나의 처지가 마치 나라의 반대에도 불구하고 인도로 공부하러 떠난 현장법사의 처지와 비슷하다는 사실에 공감하게 됐습니다. 이런 여러 가지 이유로 저 역시 타클라마칸 사막으로 향하게 됐습니다.

그러나 사막에 도착하자 예상 밖의 곤경에 처하게 됐습니다. 아니, 예상했어야 했어요. 그곳의 공기는 우리나라와는 다르다는 것을

---

* 앞의 책, 93-94쪽 참조.

미리 알고 준비했어야 했습니다. 차에서 내리자마자 숨을 못 쉴 정도로 답답함이 확 밀려왔습니다. 마치 한증막에 들어온 것처럼 후텁지근하고 가슴이 갑갑해졌어요. 밤새 기차와 버스로 이동하는 것도 무리였는지 여행에 집중하기 어려웠죠.

여행 마지막 날에는 가이드가 현장법사가 걸어갔던 길이라며 버스에서 내려 직접 걸어보라고 권했는데요, 그곳은 중국 둔황 시에서 남쪽으로 5킬로미터 떨어진 곳에 있는 밍사산鳴沙山이었습니다. 발밑의 모래가 미끄러져 아래로 내려가면서 소리를 내는 것이 마치 모래沙가 우는鳴 소리처럼 들린다고 해서 붙여진 이름입니다. 동서의 길이가 무려 40킬로미터, 남북의 너비가 20킬로미터 정도 되며, 주봉은 해발 1,240미터였습니다. 멀리서 보면 당장이라도 하늘로 날아오를 듯한 금룡을 연상시키고, 가까이에서 보면 거대한 비단폭이 사막에 가로 펼쳐진 것처럼 경치가 웅장하고 아름다운 곳이었어요.

하지만 모래가 산처럼 쌓여 있는 길을 그냥 바라보는 것과 걸어가는 일은 아주 다른 일입니다. 모랫길은 눈길을 걷는 것보다 훨씬 어렵고 힘들었어요. 저는 정명택 변호사와 함께 길을 오르다 얼마 못 가 의식을 잃고 쓰러졌습니다. 결국 견디다 못한 심장이 발작을 일으켜 저를 타클라마칸 사막 위에서 넘어뜨린 것입니다. 먼저 올라가다가 제가 안 보이자 다시 내려왔던 변호사님 부인은 너무 놀라서 눈물을 흘렸습니다.

저는 여행객 중 한 분의 엄청난 인공호흡으로 의식을 되찾을 수 있었습니다. 아무것도 기억이 나지 않지만 다만 무의식 속에서 변이 나오려고 해서 '이러면 안 돼'라고 계속 생각했던 것 같습니다. 왜 그랬는지 몰라도 그러면 죽는다는 생각을 했어요. 얼마간의 시간이 지나 '꼬르르르' 하며 뭔가가 내려가는 느낌이 들었고 의식이 깨어났습니다.

의식은 되찾았지만 쉽게 걸을 수는 없었습니다. 가마꾼을 불러 가마를 탄 채 지역의 허름한 시골 병원으로 옮겨졌습니다. 응급처치를 하고 안정을 되찾았지만 일행에게 폐를 끼치면 안 될 것 같아 그 이후로는 줄곧 호텔에 머물렀습니다. 그곳에 머물면서 그동안 살아온 제 삶을 통째로 고민해보게 됐습니다.

그때 저는 '기억memoria'에 대해 생각했습니다. '나중에 죽어서 하늘에 갔을 때 신은 무엇을 기준으로 나를 판단할까? 나조차 기억하지 못하는 몇 날 몇 시에 내가 저질렀던 인간적인 실수들과 교회가 말하는 죄를 읊으며 나를 판단할까?' 하지만 저는 인간을 사랑하는 신이라면 제 기억을 기준으로 물어볼 것 같았습니다. 이 땅에서 용서하지 못하고 불편하게 품고 간 기억과 아픔들이 무엇이냐고 물어볼 것 같았어요. 그래서 이 생에서 삶의 기억을 정화시킬 필요가 있다고 느꼈습니다. 좋은 기억만 가지고 가야겠다는 생각을 그때 절실히 하게 됐습니다.

"너희가 무엇이든 땅에서 매면 하늘에도 매여 있을 것이며 땅에서 풀면 하늘에서도 풀려 있을 것이다." 마태오복음 18장 18절의 말씀입니다. 이런 성경구절을 읽으며 '내 기억을 정화시키자'고 결심했습니다. 나쁜 기억이라면 좋은 기억으로 정화시키고 좋은 기억이 없다면 좋은 기억을 만들자고 생각했어요. 그런데 좋은 기억을 만들려면 어떻게 해야 할까요? 저는 결국 제 인생은 한 번뿐이니까 제가 지금 하고 싶은 것을 못해서 나쁜 기억을 품고 가기보다, 차라리 그냥 하고 싶은 것을 충실히 하자고 생각했습니다.

Dilige et fac quod vis.
딜리제 에트 팍 쿼드 비스.
사랑하라, 그리고 네가 하고 싶은 것을 하라.

아우구스티누스의 『페르시아 사람들을 위한 요한 서간 강해』에 나오는 말입니다. 저는 사막에서의 경험을 통해 어떤 비난을 받든 중단했던 공부를 마치기로 결심했고 다시 로마로 떠나기로 결정했습니다. 결국 죽을 뻔했던 타클라마칸 사막 한복판에서 제게 가장 절실한 것이 무엇인지 깨달았던 겁니다. 그리고 우리가 잘 아는 율리우스 캐사르의 이 말이 운명처럼 다가왔습니다. "주사위는 던져졌다. 가라 Alea iacta est!"

우리 모두는 생을 시작하면서 삶이라는 주사위가 던져집니다. 어른들에게 물어보세요. 돌이켜보면 시간은 그렇게 많이 남아 있지 않다고 입을 모아 말할 겁니다. 신에게도 물어보고 싶습니다. 제게

남은 시간은 얼마만큼이냐고요. 하지만 신은 침묵으로 답하겠죠. 누구도 자기 생의 남은 시간을 아는 사람은 없습니다. 그러니 그냥 그렇게 또박또박 살아갈밖에요. 곁에 있는 사람을 사랑하고 내가 하고 싶은 것을 충분히 하기에도 부족한 시간입니다. 그래서 우리는 스스로에게 자주 물어보아야 합니다.

나는 매일매일 충분히 사랑하며 살고 있는가?
나는 남은 생 동안 간절하게 무엇을 하고 싶은가?
이 두 가지를 하지 않고도 후회하지 않을 수 있을까?

Lectio XXVII

이 또한 지나가리라!

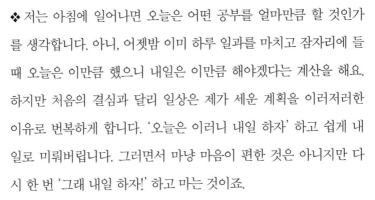

Hoc quoque transibit!

❖ 저는 아침에 일어나면 오늘은 어떤 공부를 얼마만큼 할 것인가를 생각합니다. 아니, 어젯밤 이미 하루 일과를 마치고 잠자리에 들 때 오늘은 이만큼 했으니 내일은 이만큼 해야겠다는 계산을 해요. 하지만 처음의 결심과 달리 일상은 제가 세운 계획을 이러저러한 이유로 번복하게 합니다. '오늘은 이러니 내일 하자' 하고 쉽게 내일로 미뤄버립니다. 그러면서 마냥 마음이 편한 것은 아니지만 다시 한 번 '그래 내일 하자!' 하고 마는 것이죠.

오늘 할 일을 내일로 미룬다? 얼핏 생각하기에 이 말은 썩 바람직하지 않아 보입니다. 우리는 늘 '오늘 할 일은 오늘 하자'라는 말에 익숙해져 있으니까요. 하지만 저는 학생들에게 오늘 할 일 내일로 미루자고 말합니다. 단, 미뤄야 하는 일을 미루자는 말입니다. 잠깐 생각해보세요. 여러분은 어떤 일을 내일로 미루고 싶은가요? 우리가 내일로 미룰 수 있는 일들은 무엇일까요? 만일 누군가가 저에게 미루고 싶은 일이 무엇이냐고 묻는다면 전 주저 없이 대답할 거예요. "절망하고 포기하고 싶은 마음을 내일로 미룰 겁니다"라고요.

뭔가 다들 김빠진 표정으로 뻔한 소리라고 생각할 것 같습니다. 하지만 전 이런 생각을 해봐요. 오늘 할 공부와 할 일들은 "그래, 내일 하지 뭐!"라고 말하면서 포기하고 싶은 마음, 절망스러운 마음은 왜 내일로 미루지 못할까, 하고요. 분노와 같은 부정적인 감정들도 마찬가지입니다. 지금 당장 해결되지 않는 문제임에도 사람들은 그것에 마음이 사로잡혀 힘들어하고 또 힘들어합니다.

인간은 매일 영양분을 섭취해야 살 수 있습니다. 그건 부족해서도 안 되고 넘쳐서도 안 됩니다. 하지만 매일 섭취하고 수용할 수 있는 영양분만 한계치가 있는 것은 아닙니다. 우리가 겪고 받아내야 할 감정도 매일 수용할 수 있는 한계치가 있어요. 하루 분량의 한계를 넘은 감정은 내일로 넘길 수밖에 없죠. 전 그런 많은 부정적인 감정들 중에서도 절망과 포기하고 싶은 마음을 맨 앞에 둡니다. 또 누군가에게는 오늘의 분노가 더 크기도 할 겁니다.

신약성서 마태오복음 6장 34절에 이런 말이 있습니다.

Nolite ergo esse solliciti in crastinum crastinus enim dies sollicitus erit sibi ipse sufficit diei malitia sua.

그러므로 내일 일은 걱정하지 마라. 내일 걱정은 내일에 맡겨라. 하루의 괴로움은 그날에 겪는 것만으로도 충분하다.

마태오는 신앙의 삶이 실현되면 인간이 내일의 근심에서부터 해방되어 오늘을 자신 있게 살아갈 수 있을 것이라고 이해했습니다. 기본적으로 삶을 선물로 받아들이는 믿음 안에서 살아야 내일 일을 걱정하지 않을 것이라고 생각했어요.* 물론 이러한 해석은 어디까지나 성서적인 해석입니다.

제가 보기에 이 문장은 하루의 고통을 감내할 수 있는 인간의 임계치를 드러내주는 말 같아요. 인간은 하루에 자신이 수용할 수 있는 감정의 한계치를 넘으면 겸허하게 그 감정을 내일로 넘겨야 합니다. 하지만 현실적으로 쉽지 않습니다. 무엇 하나에 꽂히면 하루 종일 온통 그 생각뿐이고 잠도 잘 이루지 못해요. 하지만 우리가 오늘 할 일을 내일로 연기하듯이 매일매일 부정적인 마음도 늘 그 다음 날로 연기한다면 어떨까요? 절망, 지금 당장이라도 포기하고 싶은 마음, 누군가에 대한 분노와 같은 것들을 내일로 미룬다면요?

한 사람의 책꽂이에 꽂힌 책은 그 사람을 말해주는 단서라고들

---

* 에드워드 슈바이처 지음, 책임감수 안병무, 본서초역 황현숙·황정욱, 『마태오 복음』, 국제성서주석, 1982, 175-176쪽 참조.

합니다. 수많은 책들 중에서 관심이 가고 읽고 싶어서 고른 것이기 때문입니다. 장식처럼 책을 꽂아둔 게 아닌 한 그 사람이 읽은 책은 그 사람을 말해주는 아주 좋은 도구라고 생각해요. 그런데 그 사람에 대해 알 수 있는 또 다른 것이 있어요. 바로 그 사람의 기본적인 표정입니다. 링컨은 "나이 마흔이면 자기 얼굴에 책임을 져야 한다"라고 했어요. 그게 무슨 말이냐면 그 사람의 기본적인 성정과 감정들이 쌓여서 마흔이 되면 얼굴에 고스란히 드러난다는 뜻이에요. 화가 많고 부정적인 사람의 인상과 평소에 잘 웃고 삶이 긍정적인 사람들의 얼굴은 달라요.

그래서 저는 학생들에게 쉽지만 어려운 숙제를 가끔 내줍니다. 특별한 것은 없어요. 아침에 일어나 세수하러 갔을 때 세면대 위 거울 속에 서 있는 자신을 향해서 웃으라는 겁니다. 여러분도 한 번 해보세요. 쉬울 것 같지만 쉽지 않은 숙제예요. 아침에 일어나자마자 거울 속에 비친 자신의 모습은 어떤가요? 뜨다 만 눈, 까치집 지은 머리, 가끔은 침 자국이나 베개에 눌린 자국도 있을 거예요. 그런데 생각해보세요. 그런 자신의 얼굴을 누군가 바라본다면 어떤 마음이 들까요? 그리고 그런 자기 자신을 바라볼 때는 어떤 마음이 드나요?

아침에 일어나 세수할 때 거울 속에 비치는 자신을 보고 웃는 것은 나 자신에 대한 위로와 격려입니다. 희망과 기쁜 일보다 절망과 고통스러운 일이 많을수록 그러한 자기 긍정이 필요합니다. 또한 그런 자기 자신에게 웃어주듯이 또 다른 타인에게도 웃어줄 수 있었으면 하는 바람이자, 그렇게 하겠다는 의지이기도 합니다. 우리가 절망하고 포기하고 싶은 마음을 내일로 미룰 수 있는 힘은 끊임없이 자신에게 웃음을 주는 내가 존재할 때 가능합니다.

그러나 지금 당장 힘들어 죽겠는데 그런 힘이 어디에서 나오느냐고 반문하는 분들도 있을 겁니다. 그럴 때 이 단순한 말 한 마디를 생각합니다.

Hoc quoque transibit!
혹 쿠오퀘 트란시비트!
이 또한 지나가리라!

지금의 고통과 절망이 영원할 것 같지만 그렇지 않아요. 어디엔가 끝은 있습니다. 우리는 지금 당장 마침표가 찍히기를 원하지만 야속하게도 그게 언제쯤인지는 알 수 없어요. 다만 분명한 것은 언젠가 끝이 날 거라는 겁니다. 모든 것은 지나갑니다. 그러니 오늘의 절망을, 지금 당장 주저앉거나 도망치고 싶은 마음을, 끝 모를 분노를 내일로 잠시 미뤄두는 겁니다. 그러다보면 어느 순간에 나를 괴롭혔던 그 순간이, 그 일들이 지나가고 있음을, 지나가버렸음을 알게 될 겁니다.

우리가 한 가지 더 기억할 것은 그 말 그대로 기쁘고 좋은 일도 머물지 않고 지나간다는 것입니다. 그렇게 생각하면 허망하죠? 하지만 그게 인생입니다. 1241년 이규보가 『동국이상국집東國李相國集』에서 "부처님 말씀에 본래 얻고 잃는 것은 없고 잠시 머물 뿐"이라 했습니다. 불가에서 완전이란 없어요. 진정한 완전이란 완전의 상태에 머물지 않는 것입니다. 우리의 인생도 웃고 울 일들이 일어나고 또 지나가고 그렇게 반복해가는 것일 겁니다. "완전이란 이미 이루어진 상태가 아니라 시시각각 새로운 창조다"라는 말은 그래서 생각해볼 만합니다.

그래서 가장 좋은 것은 기쁘고 행복한 그 순간에는 최대한 기뻐하고 행복을 누리되, 그것이 지나갈 때 그걸 당연하게 받아들이는 겁니다. 그리고 언젠가 다시 돌아와 웃을 수 있는 순간을 위해 지금을 살면 됩니다. 힘든 순간에는 절망과 포기하고 싶은 마음을, 분노를 잠시 내일로 미뤄두는 겁니다. 그 순간들이 지나가기를 기다려보는 것이죠.

세상에 지나가지 않는 것이 무엇이고 변하지 않는 것은 무엇이겠습니까? 모든 것은 지나가고 우리는 죽은 자가 간절히 바란 내일이었을 오늘을 살고 있습니다. 지나가는 것들에 매이지 마세요. 우리조차도 유구한 시간 속에서 잠시 머물다 갈 뿐입니다.

삶이 있는 한, 희망은 있다

Dum vita est, spes est

❖ 여러분은 지치고 힘들 때 무엇으로부터 위안을 얻습니까? 연인이나 가족일 수도 있고 키우고 있는 반려동물일 수도 있겠죠. 잠깐의 바람이나 하늘, 혹은 좋아하는 영화나 음악으로부터 힘을 얻을 수도 있을 거예요. 그런데 가끔은 딱 죽겠다 싶을 만큼 힘들 때 누군가로부터 우연한 위로를 받기도 합니다. 뜬금없이 날아온 안부 문자나 '힘 내'라는 메시지 같은 것들 말입니다.

저는 그런 경험이 있습니다. 가끔 마음이 지치고 힘들 때 알제리 아인세프라에서 일하고 있는 친구로부터 시가 적힌 편지가 날아옵니다. 저를 직접 위로한다거나 토닥이는 글도 아니고, 문학적으로 뛰어난 시도 아니지만 그의 글은 삶을 치열하게 사는 사람이 내뱉는 절규처럼 느껴집니다. 그래서 긴장이 풀어졌거나 지쳐 있는 제 삶에 자양강장제 역할을 합니다. 제가 받았던 여러 편의 시 중에서 하나를 소개해봅니다.

나는 더 이상 목이 마르지 않다!

절망에 늘 지쳐 있었다.
그러다가 그 절망에 눌려 희망의 끈마저 내려놓고 싶을 때면
신은 어김없이 사탕을 주었다.
오래가지는 않지만 사탕은 충분히 맛있었다.
다시 지리한 절망의 공세는 강렬했고
작심삼일의 내 영혼은 어느새 바닥을 향하고 있을 무렵
조금 더 큰 사탕이 운명처럼 다가왔다.
조금 더 견디어낼 만큼 큰 사탕이었다.
드리워진 낚싯대에 고기는 잡히지 않고
견디고 견디는 지리한 시간만이
한여름의 사막 위를 오아시스가 어디인지도 모른 채
그저 습관처럼 나는 조금은 느슨하게
그러나 여전히 포기하지 않는다고 소리를 지른다.
그러다가 시원한 장대비가 내 몸을 감는다.
나도 모르게 절망이 친구가 되어 춤을 함께 추고 있었다.
바보처럼 미친놈처럼…….
한 끼의 밥을 신성하게 바라보게 된 나는

절망의 공세가 무서울수록
신은 숨겨둔 내 마음속의 가난함을 열어주어
절망과 친구가 된 내 삶을 축하해준다.
내가 힘들수록 신은 가까이 있고
난 이제 절망을 귀한 친구처럼 받들어 모신다.
해는 찬란하고 바람은 시원하며
가난하지만 부자인 사지 멀쩡한 나는 더 이상 목이 마르지 않다!
신을 보채지 않으며 절망을 멀리 하지 않으며 사막을 또 걷는다!
- 2016년 5월 15일 알제리 아인세프라에서 친구 김상범

친구의 글에 공감했어요. 실제로 저 역시 다르지 않았으니까요. 절망에 지쳐 모든 것을 내려놓고 싶을 때면 신은 제게 희망이라는 사탕을 주었습니다. 그 사탕이 달고 맛있어 절망을 잊고 한참 달려가다 보면 어느덧 더 큰 절망이 제게 다가왔어요. 거기에서 벗어나려 애쓰고 있노라면 신은 운명처럼 더 큰 희망을 품게 했습니다. 죽지 않고 견딘 것에 대한 보상처럼 말입니다. 하지만 삶이 다시 지리멸렬한 일상으로 가라앉을 때 지쳐버린 저는 결국 신을 원망하기 시작했습니다. 그러고는 신을 보채기 시작했습니다. 이만큼이나 노력했으니 이것을 해달라며 나름대로 간절함을 담아 기도합니다. 하지만 결과는 제 바람과는 영 딴판으로 나오고 저는 끝내 이렇게 내뱉고야 맙니다. "신이 나를 배신했어!" "신이 있기는 해?"

아뇨. 신은 저를 배신하지 않았어요. 그저 그의 시간과 나의 시간

이 달랐을 뿐입니다. 이게 무슨 말이냐고요? 누군가 한 판타지 소설 속의 에피소드라며 들려준 이야기가 있는데, 그 이야기가 좀 더 이해하기 쉬울지도 모르겠습니다.

소설 속 주인공 일행은 모험 끝에 미궁 속에서 잠자고 있던 드래곤을 만납니다. 그 세계에서는 드래곤이 거의 신과 같은 존재였어요. 드래곤은 일행들을 시험합니다. 각자의 상황에 맞게 문제를 내고 어떤 선택을 강요해요. 예를 들면 이런 겁니다. 한 좀도둑에게는 지금의 삶을 유지할 것인지 아니면 모든 게 완벽한 세계에서 새로운 삶을 살 것인지 선택하라는 식이죠. 좀도둑은 고민하지만 지금의 자신으로 남아 현재의 삶을 살겠다고 대답합니다. 비록 별 볼일 없는 좀도둑의 삶이지만 자신이 사랑하는 사람들 곁에 있기로 선택한 것이죠. 일행들은 각기 다른 질문을 받지만 좀도둑과 비슷한 선택을 합니다. 드래곤은 결코 이해하지 못합니다. 일행 중 한 인물이 그런 드래곤에게 말해요. 몇 백 년의 유구한 세월을 살아온 당신의 시간과 인간인 우리의 시간은 다르다고, 당신이 인간의 짧은 삶을 이해할 수 없듯이 우리 역시 드래곤의 무한한 시간을 헤아릴 수 없다고 말입니다.

역사를 보아도 마찬가지입니다. 가깝게는 일제강점기에 독립운동을 하던 사람들을 떠올려보세요. 그들은 목숨을 바쳐 나라의 독립을 위해 뛰었습니다. 끝내 광복을 보지 못하고 스러져갔지만 결국 대한민국은 독립을 했고, 굴곡진 역사를 거쳐 우리는 지금 여기에 있습니다. 신은 언제나 인간의 계획보다 더 오랜 시간을 두고 미래를 봅니다. 그러니 인간으로서 신의 시간과 뜻을 헤아린다는 것은 가능하지 않은 일일 겁니다.

그럼에도 불구하고 인간은 언제나 꿈꾸고 희망합니다. 희망. 참 아름답고도 허망한 단어입니다. 그것만큼 인간을 끊임없이 괴롭히는 것도 없으니까요. '될 것이다, 좋아질 것이다, 나아질 것이다, 기다리면 될 것이다', 이런 말들을 되뇌면서 고통을 참고 바스러지게 애를 씁니다. 그러나 기약이 없는 것이기에 때로는 희망 고문이 되어버립니다.

라틴어 명구 중에도 희망과 관련된 것들이 참 많아요.

Dum vita est, spes est.
둠 비타 에스트, 스페스 에스트.
삶이 있는 한, 희망은 있다.

Dum spiro, spero.
둠 스피로, 스페로.
숨 쉬는 동안 나는 희망한다.

Dum vivimus, speramus.
둠 비비무스, 스페라무스.
살아 있는 동안, 우리는 희망한다.

과거에도 참 수많은 사람들이 희망을 꿈꿨구나, 하는 생각이 들다가도 그 사실은 결국 그만큼 힘든 삶의 조건이 인간의 모든 세대마다 있었다는 게 아닌가 싶기도 합니다. 어쩌면 역설적이게도 인간은 희망이 없는 현실 가운데에서 희망을 말하고 희망을 꿈꾸는 존재라는 생각을 합니다.

희망은 라틴어로 '스페스^{spes}'인데요, '기대하고 바란다'라는 뜻으로 인도 유럽어 'spéh-s'에서 왔습니다. 반대로 기대하고 바라는 것이 무너지는 순간 절망에 빠지는데, 그래서 라틴어로 절망은 '희망이 거두어진 것'이라는 의미로 '데스페라티오^{desperatio}'라고 합니다. 그리고 이것은 영어의 '데스퍼레이션^{desperation}'이 됩니다.

그런데 한 가지 생각해보아야 할 것은 희망을 말하기에 전제되는 것이 있다는 겁니다. 바로 '삶'입니다. 살아 있는 사람만이 오직 희망을 말할 수 있습니다. 살아 있어야 다른 것을 꿈꿀 수 있고, 크고 작은 것들을 희망할 수 있습니다. 훗날 성공해서 부자가 되는 것이든, 사랑하는 사람과 결혼하는 것이든 혹은 자유롭게 세계 일주를 하는 것이든 그것이 무엇이든 간에 모든 건 살아 있어야 가능하다는 겁니다.

한 번도 죽음을 생각해본 적이 없다면 다행이겠지만, 여러분 중 누군가는 삶이 고통스러워 죽음으로 도망치고 싶다고 생각해본 적이 있을지도 모르겠습니다. 가톨릭에서는 자살을 금기시합니다. 자살은 죽어서도 용서받을 수 없는 죄에 해당해요. 그러나 저조차도 너무 힘들고 괴로워서 그 선택을 생각했던 적이 없지 않습니다. 그 무엇이기 이전에 저 역시 참으로 약한 인간이기 때문입니다. 그러나 그런 순간들에 이 두 문장을 떠올리자 삶으로부터 발을 뗄 수 없었습니다.

Letum non omnia finit.
레툼 논 옴니아 피니트.
죽음이 모든 것을 끝내지 않는다.

Dum vita est, spes est.
둠 비타 에스트, 스페스 에스트.
삶이 있는 한, 희망은 있다.

인간은 어차피 죽습니다. 그럼에도 그 죽음이 모든 것을 끝내지 않는다고 해요. 살아 있는 한 희망이 있다고 합니다. 가만히 생각해보면 그 말을 부인할 수 없어요. 가깝게는 대를 이은 장인들을 생각해보세요. 스승이 죽는다고 해서 그가 가진 기술이 끝나는 게 아닙니다. 그 다음, 그 다음으로 이어져 내려가죠. 앞서 이야기했던 독립투사들도 마찬가지입니다. 그들이 죽었다고 독립운동이 끝나지 않아요. 나의 시간과 신의 시간은 다릅니다.

다시 말하지만 인간은 영원으로부터 와서 유한을 살다 영원으로 돌아가는 존재입니다. 영원이 신의 시간이라면 유한은 인간의 시간

일 겁니다. 나는 '지금, 여기에서' 고통스러우나 신의 시간 속에서 보면 그저 흘러가는 한 점과 같을 거예요. 그것이 현실이라면 스스로 더 작고 보잘것없는 존재로 사라지고 싶지는 않았습니다. 우리는 그저 우리에게 주어진 것을 하고, 우리 앞에 놓인 빈 공간을 채워갈 뿐입니다.

그래서 제 희망은 삶이 죽음이라는 선택을 강요할 때 죽지 않고 사는 것입니다. 그게 저의 최고의 희망입니다. 저에게 희망이란 이루고 싶은 무언가, 어떤 것에 대한 기대와 그것이 충족되기를 바라는 마음, 그런 것들이 아닙니다. 그저 '희망' 그 자체로 저를 살게 하는 것이고 살아 있게 하는 겁니다. 그것이 제가 죽음을 마주했을 때 얻은 깨달음입니다.

> "철학을 한다는 것은 죽음을 준비하는 것에 다름 아니라고 키케로는 말한다. 연구와 사색은 우리 영혼을 어느 정도 우리 자신에게서 떼어내 육체에서 벗어난 것에 몰두하게 하는데, 그것은 죽음과 유사한, 이를테면 실습이기 때문이다. 또는 세상 모든 지혜와 논설이 결국 한 가지, 즉 죽기를 두려워하지 말라고 가르치는 것에서 일치하기 때문이다."[*]

---

[*] 미셸 드 몽테뉴 지음, 심민화, 최권행 옮김, 『에세 1』〈철학을 한다는 것은 죽는 것을 배우는 것이다〉, 민음사, 2022, 160쪽 인용.

그래도 지금 이 순간의 희망을 말해보라고 한다면, 살아 있되 바람과 같은 삶을 사는 것이라고 말하겠습니다. 인간이 구분지은 경계, 신의 뜻과는 무관한 인간의 욕망들, 불합리하고 불가해한 세상의 모든 것들을 자유롭게 스쳐지나가는 바람처럼 살면 참 좋겠다고요. 제가 인간인 한, 이 세상에 속해 있는 한 그게 불가능하다는 것을 알면서도 그런 꿈을 꿉니다. 그래서 '희망'이겠지만 말입니다.

여러분은 무엇을 꿈꾸고 있습니까?
무엇을 희망하고 있습니까?

❖ 최초의 대학인 이탈리아 볼로냐 대학에는 두 명의 유명한 교수가 있었습니다. 한 분은 교회법학의 창시자인 그라시아노Gratianus 수사이고, 다른 한 명은 법학의 창시자인 이르네리우스 교수입니다. 이들 중 이르네리우스 교수는 수업을 시작할 때마다 이렇게 인사를 했다고 합니다.

"살베테, 메이 소치이Salvete, mei socii!"

이 말은 "안녕하세요, 나의 친구들(동료들)"이라는 뜻입니다. 사실 인간 가운데 누구를 선생이라고 할 수 있을까요? 그저 모두 친구들일 뿐입니다. 그렇기에 어떤 인간을 보고 따라갔더라도 실망하고 아파할 필요가 없습니다. 처음부터 인간은 존경의 대상이 아니라 연민과 사랑의 대상일 뿐이니까요.

그럼에도 불구하고 매 학기 마지막 강의가 끝나면 학생들은 한 학기 동안 '선생님'이라 불러온 저에게 손수 쓴 편지나 카드를 건네 곤 합니다. 거기에는 빼곡하게 감사의 말들이 적혀 있습니다. 때로 는 꾹꾹 눌러왔던 속내가 담겨 있기도 합니다. 그 모든 말들이 제게 는 우정과 격려로 다가와 저야말로 학생들에게 다시 한 번 진심으 로 고마운 마음이 듭니다. 그런 의미에서 받았던 글들 중 몇 가지를 옮겨봅니다.

– 선생님을 통해서 저는 매 순간 부족한 것들을 발견하고 동시에 그것 을 이겨낼 수 있을지도 모른다는 가능성을 발견합니다. 특히 선생님께 서 부족한 저에게 '괜찮다'라고 해주시는 말에 몇 번이고 위로를 받았습 니다. 매사 느리고 어설픈 저는 항상 자책하고, 질책받을까 두려워하기 만 했는데, 선생님 덕분에 못난 저를 마주하고 용서하고 위로할 수 있었 습니다. 스스로와 화해하는 법을 선생님으로부터 배우게 되었고, 그것 이 제 인생을 통틀어 가장 값진 가르침이라고 생각합니다.

– 항상 상처를 받았다고 말해왔습니다. 할아버지가 오빠만 편애해서, 엄마가 제 친구와 비교해서, 남자친구가 일보다 저를 등한시해서 상처 받았다고요. 겉보기에는 밝고 긍정적이지만 전 쉽게 상처받고, 그 상처 가 오래가는 사람이라고 말해왔습니다. 하지만 돌아보면 그건 방어막 이었습니다. 좋은 말만 듣고 싶었으니까요. 정작 진짜 상처는 제가 저를

사랑하지 않았고, 남과 저 자신을 비교했으며, 연인 관계에서조차 스스로를 소중히 여기지 않은 데서 비롯된 거였습니다. 수업이 끝날 때쯤에야 모든 문제의 근원이 제 안에 있다는 걸 깨닫습니다.

― 이 수업을 통해 삶에 대한 자세를 배웠습니다. 삶에서 압박을 느꼈던 많은 순간들에 교수님께서 수업 중에 해주신 이야기들이 정확히 들어맞았습니다. 그 말씀들은 제가 느끼는 세상의 문제, 살아가는 문제에 대해 그 무엇보다 구체적이고 지혜로운 방향을 제시해주었습니다. 덕분에 많은 위안을 얻고 삶의 태도를 가다듬어봅니다. 감사합니다.

― 라틴어는 어렵고, 강의 내용의 반도 이해하지 못하는 것 같아 자괴감도 느꼈습니다. 하지만 그 이상으로 교수님의 말씀이 살아가는 데 도움이 많이 되었습니다. 다른 사람이 나를 싫어하는 것은 당연한 일이니 두려워 말라는 것과, 인생에는 자신만이 연주할 수 있는 악보가 주어지고, 그것을 어떻게, 무엇으로 연주하는지는 개인 각자에 달린 문제라는 말씀이 기억에 남습니다.

― 저는 부족한 게 많은 사람이에요. 하지만 교수님의 말씀처럼 제 장점을 잘 살리고 부족하고 못난 점은 개선하면서 꼭 꿈을 이루고 싶어요. 교수님의 수업이 제 인생의 터닝 포인트가 되었어요.

― 교수님처럼 마음을 다해 학문에 매진하고 제자들에게 한없이 사랑과 관심을 쏟는 멋진 학자가 되고 싶습니다. 교수님은 제 롤 모델입니다. 올 한 해도 많은 어려움 속에서도 꿋꿋이 앞으로 나아가는 교수님을 통

해 많은 용기를 얻었습니다.

말씀드린 대로 이 글들은 학생들이 제게 준 손편지 내용의 일부입니다. 부족한 제게는 정말 지나칠 정도로 과분한 칭찬으로 가득 차있습니다. 종종 제게 이런 신뢰와 애정을 전해주는 학생들을 보며, 그들은 아무도 걷지 않은 눈 쌓인 길처럼 순수하게, 아무도 눈길을 주지 않은 새벽의 이슬처럼 영롱하게 다가온 선물과 같다고 생각합니다. 그 친구들의 마음에 "살베테 메이 소치이", 이 인사를 건네며 신약성서 마태오복음 23장 8절의 말씀을 빌려 답을 대신합니다.

Vos autem nolite vocari rabbi unus enim est magister vester omnes autem vos fratres estis.
그러나 너희는 스승이라 불리지 마라. 사실 너희의 스승은 한 분이고 너희 모두는 형제들이다.

마지막으로 다시 한 번 지난 시간 매 학기 〈초급·중급 라틴어〉 수업을 함께해준 나의 친구들에게, 그리고 이 책을 통해 만난 모든 독자들에게도 진심으로 감사의 인사를 전합니다.

'삶의 책장'을 세우는 라틴어 수업을 기억하며
-제자들의 편지

아직 꽃피지 못한 청춘의 언저리에서 – 김리은

2014년 10월, 서강대학교 공식 뉴스레터 《서강 소식 Weekly》의 학생기자로 활동하고 있던 저는, 편집회의 중에 그 당시 입소문이 났던 한동일 교수님의 라틴어 강의에 대한 기사를 실어보자는 이야기에 가슴이 두근거렸습니다. 저도 모르게 손을 들고 교수님 인터뷰를 자청했습니다. 〈초급 라틴어〉 수업을 들은 지 정확히 1년 만의 일이었습니다.

수업을 듣던 당시, 저는 휴학을 마치고 복학한 뒤 허무감에 빠져 있었습니다. 어머니와 갈등하면서까지 얻은 휴학이 진로 고민의 만병통치약이 되리라 기대했었지만, 휴학 기간이 끝날 때쯤에는 오히려 마음이 텅 빈 느낌이었습니다. 게다가 그런 상태로 복학했고, 계속 방황하고 있었습니다.

교수님은 그런 제 마음을 어떻게 아셨는지 먼저 손을 내밀어주셨습니다. 부족한 학생이었음에도 마음 써주시고 격려해주셨어요. 그랬기에 〈초급 라틴어〉 수업은 따뜻한 기억임과 동시에 부끄럽고 죄송한 마음으로 남아 있었습니다. 감사하면서도 빚진 그 마음을 좋은 인터뷰로 갚고 싶었습니다.

그러나 인터뷰를 하는 30분 동안, 저는 제 생각이 잘못됐다는 걸 깨달았습니다. 오히려 제가 교수님과의 인터뷰를 통해 위로받았기 때문입니다. 그때 교수님께서 해주셨던 말씀 중에 기억이 남는 것을 옮겨봅니다.

"사람들마다 꽃피는 시기가 다르고, 저마다의 걸음걸이가 있습니다. 그렇기에 당장 노력에 대한 결과가 나오지 않는다고 절망해서는 안 됩니다. 물론 내가 언제 꽃피울지 미리 알 수 있다면 좋겠지만, 대부분의 사람들은 그것을 미리 알지 못합니다. 저 역시 그랬습니다. 그래서 그저 그때가 찾아올 때까지, 돌에 정으로 글씨를 새기듯 매일의 일을 조금씩 해나가는 것이 중요합니다."

청춘靑春. 세상은 제가 살아가고 있는 20대를 이렇게 부릅니다. 하지만 저는 20대를 푸르다고 말하는 것이 잔인하다고 느낍니다. 이 어려운 시대에 저를 비롯한 청년들의 푸름은, 풋풋한 푸름이 아니라 하루하루 상처받아 생기는 멍의 검푸른 그것과 같다고 느낄 때가 많기 때문입니다.

그럼에도 불구하고 20대가 청춘이라면, 저는 아직 꽃피는 시기를 맞지 못한 청춘입니다. 여전히 현실의 벽에 수없이 부딪치고 넘어지고 있지만 이전처럼 스스로를 부끄럽게 생각하지는 않습니다. '사람마다 꽃피는 시기가 다르다'라는 교수님의 말씀을 믿기 때문입니다. 대신 아직 제 뿌리가 온전하게 뿌리내리지 않았기에 꽃이 피지 않았을 뿐이라 생각하고, 뿌리를 내리기 위해 하루하루 성실히 살아가기로 결심했습니다.

돌아보면 교수님의 라틴어 수업과 많은 저서들, 그리고 교수님과 주고받은 대화에서 제가 배운 것은 '꽃'이 아닌 '뿌리'였습니다. 교수님께서 가르치시는 라틴어는 결코 단기간의 암기식 벼락치기로 성과를 얻을 수 없는 과목입니다. 한 단어의 변화형만 한 페이지에 이르는 체계, 즉 뿌리를 철저하게 공부하지 않으면 결코 터득할 수 없습니다. 부끄럽게도 '벼락치기 왕'이었던 저는 학부 성적 중 유일한 C⁺를 교수님의 〈초급 라틴어〉 수업에서 받았습니다. 시험을 치른 후에야 어떤 일에든 급하게 꽃피우길 바랐던 오만함을 반성하고, 겸손한 마음으로 공부에 임하게 되었습니다.

또한 저는 라틴어 수업에서 온전히 뿌리내려 꽃피운 사람이 가져야 할 삶의 자세를 배웠습니다. 수업 때 만난 교수님의 모습에서 모든 학생들을 아끼고 사랑하시는 귀한 마음을 느꼈습니다. 라틴어와 각종 유럽어에 통달해야 하는 '로타 로마나'의 높은 관문을 뚫으셨음에도, 교수님께서는 한없이 부족한 학생들을 재촉하거나 타박하지 않으셨습니다. 오히려 늘 격려해주시며 든든한 뿌리가 되어주시곤 했습니다.

한번은 교수님께 이렇게 말씀드린 적이 있습니다.

"교수님, 저는 늘 받기만 하고 돌아가는 것 같습니다."

그 말에 교수님께서는 대답하셨습니다.

"리은아, 네가 받은 모든 도움은 내가 주는 게 아니야. 너에게 돌아갈 몫이고, 그저 나를 통해 너에게 전해질 뿐이지."

교수님의 말씀처럼, 이 책 『라틴어 수업』은 많은 독자들에게 돌아갈 '몫'이 될 것입니다. 특히 아직 꽃피지 못한 청년들, 마음에 멍이 든 분들에게 이 책이 제가 교수님과의 수업에서 받았던 것과 같이 큰 위로와 힘이 되기를 바랍니다.

비베 호디에! 소중한 나의 인생 – 박민정

어느 책에서 '리빙 라이브러리Living Library'라는 행사에 대해 읽은 적이 있습니다. 덴마크에서 시작된 이벤트로 도서관에 와서 책을 빌리는 것이 아니라 '휴먼 북Human book', 그러니까 '사람 책'을 빌려 그 사람과 자유로운 대화를 통해 인생에 대해 들어보고 지식과 경험, 지혜를 나누는 활동입니다. 교수님의 라틴어 수업은 지식만을 전달하는 수업이 아니라 라틴어 속의 수많은 삶의 철학을 깨우치게 하는 수업이었습니다. 또한 교수님은 학생들을 살아 있는 한 권의 책처럼 생각하고 그 모든 인생을 소중하게 대해주셨습니다.

제가 〈초급 라틴어〉 수업을 들었던 때는 22살, 방황하는 청춘이었습니다. 지방에서 보낸 중·고등학교 시절에는 공부만 하느라 미처 겪지 못한 사춘기를 대학에 입학하고 나서야 뒤늦게 겪고 있었습니다. 다들 앞으로 전력 질주하는데 저 혼자 가만히 서서 멀어지는 사람들의 등만 멀뚱멀뚱 보고 있는 기분이었습니다. 잘난 친구들 사이에서 열등생이 되었고, 설 자리가 없는 것만 같았습니다. 목표를 잃어버렸고, 동력도 완전히 잃어버린 상태였습니다. 중·고등학교 때에는 늘 상위권이었지만 대학생이 되어 학사 경고까지 받는 지경에 이르러 부모님을 근심 걱정에 빠뜨리기도 했습니다. 멍하니 수업을 듣거나 조는 날이 많았고, 심지어 수업을 듣지 않고 거리를 방황하고 돌아다니는 게 생활이 되어버렸습니다. 그런 저를 바꾸어놓은 것이 중간고사 과제였던 '데 메아 비타De mea vita'입니다.

교수님은 '나의 삶에 대해' 자유롭게 써보라고 하셨지만 처음에는 막막하기만 했습니다. 성인이 되었지만 여전히 뭘 하고 싶은지, 내가 누구인지조차 알 수가 없었습니다. 그래서 시간 순서대로 지나온 날들을 떠올려봤습니다. 내가 자라온 시골 동네, 부모님과의 관계, 어린 시절 느꼈던 외로움 등이 고스란히 떠올랐습니다. 글을 쓰면서 마음의 매듭을 발견하고 풀며 많이 울었습니다. 생각해보면 그 과제는 마음의 치료 과정이었습니다. 덕분에 제 삶이 보잘것없다는 생각을 조금씩 내려놓을 수 있었습니다.

진심이 통했던 것인지 교수님은 수업이 끝나고 저를 불러 이야기를 해주셨어요. 종종 수업이 없는 날에도 우연히 마주치면 함께 차를 나누며 많은 대화를 나누기도 했습니다. 제 성격에 어떤 장점이 있고 어떤 능력을 계발하면 좋을지, 왜 자기 자신을 아는 게 중요한지와 같은 것들에 대한 이야기였습니다. 돌아보면 대화의 많은 부분이 아직 아무것도 해내지 못한 저에게 '잘할 수 있다', '너는 충분히 멋있고 대단하다'라는 칭찬과 격려였습니다. 칭찬받는 것이 낯설었던 처음과 달리 점점 '나는 괜찮은 사람인가 봐, 내 인생도 소중해'라는 생각을 갖게 되었습니다.

교수님이 말씀하셨던 "비베 호디에Vive hodie!"라는 말, "오늘을 살아라, 끊임없이 희망하라, 너의 인생도 소중하다"라는 이 가르침은 저를 완전히 바꾸어놓았습니다. 만약 〈초급 라틴어〉 수업을 듣지 않았더라면 저는 '지방에서나 공부 잘했지 서울에 오니까 아무것도 아니었어'라는 생각에 빠져 목표 없이 살았을지도 모르겠습니다. 삶이 보잘것없다는 식으로 좌절에 빠져 있을 때 교수님의 수업은 목표와 열정을 찾아주었고, 그 덕분에 긴 터널을 빠져나와 로스

쿨에도 진학하고 무사히 졸업까지 할 수 있었습니다. 또한 힘겨운 로스쿨 생활을 이겨낼 수 있었던 것도 "나는 공부하는 노동자다"라는 말씀 덕분이었습니다.

이 책을 읽게 된 많은 분들도 '데 메아 비타', 스스로의 삶을 되돌아보는 시간을 가져봤으면 합니다. 나아가 모두의 삶과 하루는 경이롭고 소중하다는 가르침이 여러분에게도 고스란히 전달되었으면 합니다.

자기 방식대로 나는 새처럼 나의 삶은 나의 방식대로 — 김재현

2015년 10월《조선일보》의 한동일 교수님 관련 기사를 읽고 용기를 내 교수님의 〈초급 라틴어〉 수업을 청강했습니다. 수업은 단순히 라틴어를 가르치는 외국어 강좌가 아니라 고대 로마로부터 현대 이탈리아까지 아우르는, 유럽의 역사에서부터 철학, 신학, 지리, 사회, 어학에 이르는 통합 교양강좌였습니다. 게다가 매번 강의가 끝날 무렵이면 가슴을 울리는 말씀을 해주셨는데 그중에서도 가장 기억에 남는 메시지는 다음과 같습니다.

한때 구두닦이를 한 적이 있습니다. 제가 무슨 일이든 한번 하면 진짜 열심히 하거든요. 어느 날은 사장님이 일을 열심히 해줘서 고맙다고 한

틱 내겠다며 해운대 바닷가의 커피숍에 데려가더군요. 그런데 구두닦이 두 사람이 들어오니 커피숍의 종업원들은 거들떠보지도 않았습니다. 그곳과 어울리지 않아 보이는 두 사람이 와서 앉으니 '다른 일이 있어 와 있는 모양이다'라고 생각했던 것 같습니다. 40분을 눈치만 보다 커피도 못 마시고 그냥 나왔는데 참 서운했습니다. 그 다음에 사장님이 어딜 데려갔는지, 어땠었는지는 생각도 나지 않습니다.

그리고 10년이라는 세월이 흘러 다시 해운대 바닷가의 그 커피숍에 들렀어요. 이번에는 앉자마자 종업원이 다가와 주문을 받더군요. 10년 전에 구두닦이 시절과는 전혀 딴판이었지요. 그저 차려입은 행색만으로 판단받는다는 게 무척 씁쓸했습니다.

커피를 마시고 바닷가를 산책하며 살펴보니 새들이 참 많았습니다. 참새도 하늘을 날고, 비둘기도 하늘을 날고, 갈매기도 하늘을 날고 있었어요. 그런데 어떤 새도 다른 새처럼 날지 못해 안타까워하거나 부러워하지 않고 모두들 자기의 방식대로 하늘을 날고 있더군요. 그렇습니다. 우리도 모두 각자의 방식으로 삶을 살아가면 됩니다. 나와 다른 모습을 살아가는 다른 사람들을 부러워할 필요가 없습니다.

사실 이 말씀을 들었을 때의 제 상황은 어렵고 암담해서, 고액 연봉을 받는 전 직장동료들을 부러워하며 저 자신을 자책하고 있었습니다. '왜 그때 쓸데없이 만용을 부려 직장을 뛰쳐나왔을까? 그때 왜 박수 받을 때 떠나야한다는 생각을 했을까?'라며 매일 한탄하기만 했었습니다. 그런 상황에서 들은 교수님 말씀은 가슴 속에 큰 울림이 되었고, 터져나오는 눈물을 주체할 수가 없었습니다.

또 한 가지 인상적이었던 말씀을 기억해봅니다. 기말시험 전에 해주셨던 말씀입니다.

기말시험은 제가 여러분에게 드리는 마지막 수업입니다. 문제지를 보면 교재를 참조하더라도 그리 풀기가 쉽지 않을 겁니다. 저는 여러분이 시험을 통해 학문 앞에 가져야 하는 마음가짐이 무엇인지 조금이나마 느꼈으면 합니다. 그것은 내가 아는 것이 얼마나 보잘것없고 미천한지, 학문 앞에서 인간이 가져야 할 태도는 겸손밖에 없다는 사실을 시험을 통해 조금이나마 느껴보길 바랍니다. 이게 제가 여러분에게 드리는 마지막 수업입니다.

다시 한 번 귀한 강의를 듣게 해주신 한동일 교수님께 감사드립니다.

어떤 꿈을 꾸십니까? - 김택수

한동일: 당신의 꿈은 무엇입니까?
김택수: 제 꿈은 이태원 대저택에 사는 거예요.
한동일: 왜 그런 꿈을 꿉니까?
김택수: 돈 없는 가난한 삶이 싫어서요.
한동일: 저는 그런 꿈을 안 꿉니다. 제 꿈은 우리나라에 마에스트로를 100명 정도 만드는 겁니다.

아직도 잊을 수 없습니다. 그때의 그 부끄러웠던 순간을.

교수님을 만난 곳은 어머니가 운영하시던 작은 식당이었습니다. 어머니의 음식이 집밥처럼 계속 먹어도 질리지 않는다고 하시며 식당에 자주 들러 도시락을 사드시곤 하셨습니다. 어머니는 교수님의 '바티칸 변호사'라는 이력을 알고 계셨고, 저에게 교수님을 만나 제 공부에 대해 조언을 구해보라 당부하셨습니다.

당시 저는 잘못된 공부 방식으로 어려움을 겪으면서 학업을 중도에 그만두고 패배감과 자괴감에 빠져 있었습니다. 그러면서도 다양한 시도를 통해 공부를 계속하려 고군분투하고 있었습니다. 하지만 공부에 대한 두려움과 잘못된 습관이 깊어져 앞으로 나아가지 못하고 있었습니다. 그런 저에게 교수님은 공부는 머리가 아니라 몸이 하는 것이고, 항상 같은 시간 같은 자리에서 공부하는 습관을 기르라고 조언해주셨습니다. 공부하는 노동자가 되어보라는 말씀이었습니다. 하지만 저는 늘 도망치기에 급급했습니다.

그럼에도 불구하고 교수님은 저를 포기하지 않으셨습니다. 정말 무엇을 공부하고 싶은지 생각하게 하셨고, 최선을 다한 후에야 느낄 수 있는 우울함, 공허함을 느껴보라고 말씀하셨습니다. 철없이 굴던 제가 조금씩 바뀌기 시작했던 때입니다. 그리고 교수님의 조언을 따라 고전을 파고들기 시작했습니다. 무작정 덤벼들어 읽기 시작했을 뿐이지만 고전을 바탕으로 생각들이 정리되면서 저만의 공부 책장을 만들어갈 수 있었습니다.

교수님은 제가 조금씩 변화하는 것을 알고 "모든 것을 조금씩 아는 것은 아무것도 모르는 것과 같다"라고 말씀하셨습니다. 그리고 유대인들의 구전 설화를 들려주셨습니다. 신은 각자에게 그 사람만이 연주할 수 있는 악보를 하나씩 주었다는 이야기였습니다. 그렇기에 무엇에든 진정한 전문가(마에스트로)가 되어 저만의 악보를 연주하라고 하셨어요. 저는 이제 그 말씀을 따라가보려고 합니다.

이 책은 라틴어 이야기이자 라틴어가 만들어준 공부의 책장이 학생들에게 전해지는 이야기입니다. 저를 비롯한 많은 학생들이 수업을 통해 각자의 책장을 세웠듯이 많은 분들도 이 책을 통해 각자의 책장을 세우고 자기 자신의 삶을 유심히 잘 들여다보기를 바랍니다.

인생의 선물과 같은 세 권의 책 – 김해니

처음 교수님을 뵌 것이 2011년 가을 학기 〈서양 법제사〉 수업입니다. 이 수업에서도 교수님은 〈초급 라틴어〉 수업처럼 '데 메아 비타'를 중간고사 과제로 내주셨습니다. 무슨 내용을 써야 할까 고민하다가, 그 당시에 제가 겪고 있던 어려움을 써서 제출했습니다. 다른 사람에게 제 속내를 잘 털어놓지 않는 성격이지만, 지금 생각해보면 무언가에 홀린 것처럼 술술 써내려갔던 것 같습니다. 그렇게 교수님과의 인연이 시작됐습니다. 제가 만난 교수님의 첫 책은 『유럽법의 기원』입니다. 이 책을 읽으면서 한국 법학의 뿌리가 유럽법에 있음을, 그리고 그 유럽법이 어떤 것인지를 비로소 제대로 배울 수 있었습니다.

그리고 2014년 가을, 직장 퇴사 문제로 고민이 많았을 때, 교수님께 받은 선물이 교수님의 에세이 『그래도 꿈꿀 권리』입니다. 그 책 속에는 힘든 상황에서도 꿈을 잃지 않았던 교수님의 어린 시절, 동아시아 최초의 바티칸 대법원 변호사가 되기까지의 과정들이 고스란히 담겨 있었습니다. 그 이야기를 통해 저도 계속 꿈꿀 용기를 얻었고, 과감하게 퇴사를 결정할 수 있었습니다. 아직도 가끔 저 자신에 대한 확신이 없을 때 종종 그 책을 펴봅니다. 표지 한 장을 넘기면 교수님께서 직접 써주신 "그대는 어제도, 오늘도 자신의 길을 잘 걷고 있습니다"라는 멋진 말이 저의 모든 선택에 힘을 실어줍니다.

마지막으로 이 책 『라틴어 수업』이 제가 받은 세 번째 선물입니다. 이미 대학을 졸업한 지 4년이 넘었지만, 대학 시절을 돌아보면 아쉬웠던 것 중 하나가 바로 교수님의 라틴어 강의를 수강해보지 못했다는 사실입니다. 직접 강의를 듣지 못했으니 그 아쉬움이 전부 해소될 순 없겠지만, 그래도 이 책을 통해서나마 교수님의 수업을 접해볼 수 있다는 것은 아주 좋은 기회였습니다.

책을 읽으며 다시 한 번 교수님의 강의가 명강의라는 사실을 확인합니다. 교재나 이론에 갇힌 지식을 배우는 것이 아니라 더 넓은 세상과 다양한 사람들에 대한 이야기, 그리고 세상을 살아가는 데 필요한 태도와 마음가짐에 대해 배울 수 있기 때문입니다.

책 속 내용 중 특히 제게 크게 다가온 것은 〈카르페 디엠〉 수업입니다. 현재의 저에게 가장 큰 위로와 격려가 되는 내용이었습니다. 제 20대는 치열하고 열정적이었지만 굴곡도 많고 흔들림도 많았습니다. 지금 돌아보면 그 시간은 언제나 미래를 위한 준비이자 희생이었습니다. 그러나 30대에 들어선 지금은 현재에 충실한 삶을 살자고 다짐합니다. 도전을 멈추고 현실에 안주하고 싶은 것은 아닌지 자책하고 불안해했던 저에게 '오늘의 불행이 내일의 행복을 보장할지 장담할 순 없지만, 오늘을 행복하게 산 사람의 내일이 불행하지만은 않을 것이기에'라는 구절은 큰 위로와 힘이 되었습니다.

교수님의 세 권의 책은 저에게 가장 필요한 때에 선물처럼 찾아왔습니다. 이 책을 통해 제가 교수님의 글 속에서 얻었던 위로와 격려를 많은 분들과 함께 나눌 수 있어서 기쁩니다. 제게 그랬듯이 여러분에게도 이 책이 인생의 큰 선물이 되기를 바랍니다.

나를 꾸며줄 포장지 이상의 것을 남겨준 수업 – 강유재

2013년 봄 학기 한동일 교수님의 〈중급 라틴어〉를 수강했었습니다. 고등학교 시절 시험 기간마다 라틴어 시제 및 단어들과 씨름하던 기억이 떠올라 수강 신청을 망설였지만, 유학을 떠날 때 학부 성적표에 라틴어 수업이 있으면 도움이 될 거라고 생각해 신청을 했습니다. 교수님의 강의는 걱정했던 것과 달리 굉장히 즐거웠습니다.

라틴어는 복잡한 체계 특성상 공부하기 어렵지만 그만큼 시험을 내기는 쉬워 학생들을 성적순으로 줄 세우기에 용이한 과목입니다. 하지만 교수님은 시험이나 성적과 관련해서 큰 압박을 주지 않으셨고 암기나 번역을 강요하지도 않으셨어요. 대신 학생들이 남들과 경쟁하기보다 각자 자기만의 공부 속도와 방법을 찾을 수 있도록 도와주셨습니다. 누구보다 라틴어 공부의 어려움을 잘 아시는 교수님이기에 학생들이 종강 이후에도 스스로 공부를 이어나갈 수 있도록 주신 선물이라고 생각합니다.

라틴어는 죽은 언어라는 말도 있지만, 교수님께 배운 라틴어는 마치 살아 움직이는 것처럼 생생했고, 수업을 듣다 보면 어학 공부가 아닌 인문학을 배우고 있다는 느낌을 자주 받았습니다. 수업 진도가 다 나가면 로마의 역사나 문화에 대해 이야기해주셨고, 교수님의 이탈리아 유학 시절 이야기를 들려주셨습니다. 그날 배운 내용과 관련되는 것으로 수업의 일부였지만, 어디서나 쉽게 들을 수 없는 주제였기에 유익했습니다.

교수님은 일단 새로운 단어나 문장에 대해 처음에는 이 단어가 어떻게 만들어졌는지, 로마인들은 이를 어떤 경우에 사용하였는지 그 어원과 역사에 대하여 설명해주셨고, 두 번째 단계에서 이를 교수님이 겪으신 일화나 살면서 느끼신 생각에 빗대어 다시 설명해주셨습니다. 그리고 마지막에는 학생들이 스스로 문장에 대해 생각해 볼 수 있게끔 질문을 던지셨습니다. 이렇게 세 단계에 걸친 학습은 단순 암기보다 시간은 훨씬 오래 걸리지만 그 후에 이 문장만큼은 정말 내 것이 되었다는 확신이 생기게 됐습니다.

저는 저를 좀 더 똑똑하게 보이게끔 도와줄, 일종의 포장지가 필요해서 라틴어 수업을 선택했지만 교수님의 〈중급 라틴어〉 강의에서 그 이상의 것을 얻을 수 있었습니다. 교수님의 강의는 일방적인 지식의 주입이 아닌 서로의 경험을 듣고 이야기하며 생각하는 시간이었습니다. 교수님은 봄볕에 학생들이 나른해 할 때는 로마인의 음식이나 욕설과 같은 재미있는 이야기를 들려주셨고, 다른 과목 중간고사 성적이 나와 강의실 분위기가 어두울 때는 라틴어의 성적 체계나 로마인의 나이 계산법에 관해 설명해주시며 용기를 북돋워 주셨습니다. 강의를 통해 저는 삶을 살아가는 방법을 배웠고 무엇보다 고통을 이겨내는 법을 연습할 수 있었습니다. 결국 저는 처음 목표였던 포장지를 얻었을 뿐만 아니라 그 포장지가 감싸게 될, 저라는 내용물을 빚어내는 방법도 익힐 수 있었습니다.

교수님은 제가 졸업한 학기를 마지막으로 서강대학교를 떠나셨고, 교수님의 라틴어 강의도 역사 속으로 함께 사라졌습니다. 이제 더는 강의실에서 교수님과 학생들의 열기를 느낄 수 없다는 점이 아쉽지만, 책을 통해 더 많은 사람이 부담 없이 라틴어에 관심을 가지고 이 언어를 배울 수 있다는 사실에 기쁩니다. 저마다 다양한 이유로 강의실에 모인 학생들처럼 여러분도 모두 다른 목적으로 이 책을 선택했으리라 생각합니다. 책을 통해 '라틴어의 고상함'뿐만 아니라, 한 걸음 더 나아가 '데 메아 비타, 나의 인생에 대하여'도 함께 생각할 수 있었으면 좋겠습니다.

존경하는 친구에게 감사를 담아 – 이은솔

막 대학교의 문턱을 넘어 캠퍼스에 익숙해질 무렵, 저의 눈은 항상 우리나라의 바깥, 소위 선진적인 교육 체계를 가졌다는 유럽과 미국을 향해 있었습니다. 특히 유능한 교수님들의 뛰어난 강의, 단순히 지식을 전달하는 것에 그치지 않고 세상과 자신에 대해 진지하게 고민할 기회를 주는 수업에 대한 동경이 있었습니다. 그러나 유감스럽게도 저는 공학도였고 난이도 높은 전공 수업 과제와 프로젝트만으로도 벅차고 힘겨웠습니다. 교양 수업은 생각조차 하기 어려웠습니다. 그렇게 바쁘고 힘든 시간이 계속될수록 '정말 이곳이 내가 있어야 할 곳인가?' 하는 의구심이 생겼지만 이 물음에 대해 명확히 답해주는 이는 어디에도 없었습니다. 주위 어른들은 취업에만 관심을 가졌고, 동기들은 그저 하루하루를 견뎌내는 것도 벅차 보였습니다.

그런 불통不通의 시간 동안 저를 지탱해준 것은 고전古典이었습니다. 자연히 당시 사람들이 사용했을 언어에 대해 관심을 가지게 됐고, 동양 고전을 통해 한문 공부를 새로이 했던 것처럼 키케로의 『최고 선악론De Finibus Bonorum et Malorum』을 읽으며 라틴어에 관심이 생겼습니다. 학교 교양 수업 중 라틴어 강의가 있다는 것을 알고 망설임 없이 수강신청을 했습니다. 그리고 그것은 저의 대학 시절에서 가장 훌륭한 선택이었습니다.

2010년 무렵부터 인문학 열풍이 불면서, 문화·역사에 대한 서적과 강의는 계속해서 등장했지만 그 모든 것의 기반이 되는 '언어'에 대한 언급은 거의 없었습니다. 그런 중에 교수님의 라틴어 강의는 서양 문명의 근원이라고 할 수 있는 '라틴어'를 가장 밑바탕에 두고 문화·역사·종교·철학에 대해 다루었기 때문에 제게 꼭 필요한 강의였습니다. 게다가 그 강의는 새내기 시절 꿈꿔왔던 수업이기도 했습니다. 어학 수업을 넘어 지금 우리 사회에 대해, 그리고 저의 인생에 대해 고찰할 수 있는 계기가 되었으니까요. 교수님은 강의를 통해 사람들이 더 선해질 수 있는 사회를 지향해야 하고, 그런 사회를 만들 잠재력이 우리 안에 있다는 이야기로 학생들에게 용기를 주셨습니다. 그 외에도 교수님의 유학 시절 에피소드는 강의의 맛을 더 풍부하게 만드는 훌륭한 향신료가 되었습니다.

연이어 수강했던 〈중급 라틴어〉 수업은 20명 남짓한 소형 강의였기에 교수님과 더 가까워질 수 있었고, 그간 혼자 품어왔던 고민을 털어놓을 수 있는 기회가 되었습니다. 교수님께서는 공학도이지

만 인문학과 언어에 관심이 많은 것은 이상한 일이 아니며, 전공이
무엇인지가 중요한 것이 아니라 그것을 통해 무엇을 추구할 것인지
가 중요하다고 말씀해주셨습니다. 숨통이 트이는 순간이었습니다.

이때를 계기로 교수님과 사제지간을 넘어 '친구amicus'가 될 수 있
었습니다. 비록 교수님의 강의를 현장에서 다시 들을 수는 없지만
이 책은 한 번이라도 강의를 들어본 분들에게는 그때의 기억을 다시
한 번 되새기는 기회가 될 것입니다. 또한 '라틴어 수업'을 처음 만
나는 분들에게는 고대 라틴 문화권에 대해 새롭게 알고, 나아가 그
것에 비추어 우리 사회와 스스로를 돌아보는 기회가 될 것입니다.

오늘을 감사하게 하는 좋은 수업 - 공연연출가 김민영

이 책을 처음 접했던 순간이 생각납니다.

당시 저는 연출 입봉작으로 연극 〈두 교황〉 공연 준비를 하고 있
었는데 연극 대본에 꽤나 많은 라틴어가 있었습니다. 막막한 심정
으로 무작정 '라틴어'라고 인터넷을 검색했고 그 때 눈에 띈 책이
바로 이 『라틴어 수업』이었습니다. '그래, 내가 지금부터 열심히 공
부하면 적어도 대본에 나오는 말 정도는 이해할 수 있겠지?'라고 생
각하고 이 책을 펼쳤습니다. 그리고…, 이후에 제가 어떤 생각을 했
을지는 이 책을 읽어보신 분들이라면 다들 아시겠죠? 동사 활용표

를 보고 잠시 책을 덮었습니다. 하지만 제 첫 입봉작을 위해 라틴어를 공부하겠다는 마음으로 다시 읽기 시작했습니다.

책을 다 읽고 난 후에 '목차를 읽지 않기를 잘했다'라는 생각을 가장 먼저 했던 것 같습니다. 한 챕터 한 챕터 넘길 때마다 손으로 이마를 '탁!' 치게 되는 각 챕터의 제목들 그리고 그 끝에 남겨지는 사유할 수 있는 질문들은 단순히 대본 속 라틴어를 배우러 온 제게 작품 자체에 대한 생각을 확장하게 했고, 제가 하는 공연을 만나는 관객의 삶에 무엇이 남게 할 것인가에 대한 깊은 고민을 하는 계기가 되었습니다.

'좋은 수업'에 대해 언급하신 부분이 가장 기억에 남습니다. 저는 '수업'을 '공연'으로 치환해서 생각해봤습니다. "좋은 공연이란 그 공연에서 다루는 내용이 관객들 삶의 어느 부분에 밀접하게 맞닿아 있어야 하고, 어떤 이야기가 가진 메시지에 대해 관객 스스로 관심을 가지고 자발적으로 확장시킬 여지를 던져줘야 합니다." 그 뒤에 이어지는 한동일 교수님의 말처럼 『라틴어 수업』에서 습득한 지식이 제 삶에 활용되고 있으니 저는 이 '좋은 수업'의 효과를 톡톡히 보고 있는 듯합니다.

라틴어는 본질이라고 생각합니다. 단순히 언어적 성질만 지닌 것이 아니라 역사, 문화, 종교 그리고 의미와 감성까지 내포하는 어떠한 것의 본질. 잠시 머물다 가는 유한한 삶 속에서 제대로 좌절할 수 있는 용기를 갖게 하고, 마음의 분별을 통해 매 순간 충만한 생의 의미를 느끼게 하고, 죽은 자가 간절히 바라는 내일을 살아갈 희망을 품게 합니다.『라틴어 수업』은 그런 의미에서 어디에서나 누구에게나 언제나 가슴을 울릴 수 있는 책입니다. 영원과 영원 속에 이 책과 함께 머물 수 있음에 감사해지는 오늘입니다.

'나'를 찾아가는, 가장 사사롭고 가장 위대한 수업 – 김민정

저는 2010년 가을학기, 한동일 교수님의 강의를 수강했습니다. 라틴어라는, 남들이 보기에 어렵고 동시에 멋져 보이는 언어를 배워보았다는 일말의 뿌듯함도 분명 약간은 있었지만, 이 강의에서 제가 얻은 것은 그보다는 훨씬 크고 중요한 것이었습니다.

한동일 교수님의 강의를 들었던 제자분들의 후일담을 들어보면 '힐링'이 되는 강의였다고들 이야기합니다. 저는 그 힐링이 강의의 중간고사 과제와 연관이 있다고 생각합니다. 중간고사는 '데 메아 비타Demea Vita', 즉 '나의 인생에 대하여' 적어오는 과제로 대체되는데, 과제를 접하고 처음에는 무척 당황했던 기억이 납니다. 제 인생의 무엇에 대해서 적어야 하는지, 적을 만한 것이 과연 있을지 막막했습니다. 이 과제를 하기 위해 제가 어렸을 때부터 현재까지의 삶을 쭉 돌아보게 되었는데, 이렇게 과거, 현재, 미래의 나를 조우하는 것이 바로 한동일 교수님이 과제를 내신 목적이셨습니다.

뜻밖의 배움을 얻게 되었네요. 책을 선물 받은 날, 삶은 멋지고 아름답다는 말을 처음으로 입 밖에 내어 보았습니다.

혼란스러운 시간들이었습니다. 간호사의 꿈을 10년간 간직한 채로 간호학과를 4년째 다니던 중, 졸업 직전에 자퇴를 하고서 갑자기 인문학을 시작했습니다. 낮에는 노동자였고 밤에는 학생이자 작가 지망생이었습니다. 가고 싶은 길과 남들이 가는 길 사이에서 갈팡질팡했습니다. 불안을 달랠 길이 없어 좌절하는 밤도 있었습니다. 그러나 교수님의 『라틴어 수업』을 읽고 나니, 어느새 노동자와 꿈꾸는 이의 사이가 조금은 가까워져 있네요.

욕망하는 것을 향해 치열하게 달려보고, 그 뒤에 찾아오는 우울함과 허망함을 온전히 겪어내며 제가 어떤 사람인지 알 수 있다고 하셨습니다. 저는 단 하나의 꿈만을 향해 살았고, 어느 날 갑자기 사실 제가 다른 것을 원한다는 사실을 깨닫고서 허탈했습니다. 조금만 더 일찍 알았더라면 혹은 다른 것을 원하지 않고 평생토록 한 곳만 바라보았더라면 좋지 않았을까, 생각하고 또 생각했습니다. 방황하고 인내하는 시간이 낭비라고 여겼고, 낭비는 나쁜 것이라고 믿었던 것 같습니다. 그러나 책의 끝머리에서 깨닫게 되었어요. 제가 욕망한다고 믿은 것에 헌신하고, 그 뒤에 스스로의 맹목과 열정, 믿음에 배신당하고 상처받아 보아야 비로소 저를 알게 된다는 사실을요. 그러면 제가 할 수 있는 것과 할 수 없는 것을 분별할 줄 아는 겸손도 갖게 될 테지요. '너 자신을 알라'는 말이 그런 뜻 같습니다.

욕구와 능력, 당위를 분별하는 법을 체득하며 계속해서 부딪히고 멍들며 모험할 용기를 이제는 가져볼 수 있겠습니다.

책을 읽으며 필기한 세 문장입니다. 모아 놓고 보니 한 권의 책이 마치 조개껍질로 엮은 목걸이처럼, 빙 돌아 같은 지점으로 연결되어 있는 것 같습니다.

> Desidero ergo sum. 나는 욕망한다. 그러므로 나는 존재한다.
> Dum et fac quod vis. 사랑하라, 그리고 네가 하고 싶은 것을 하라.
> Dum vita est, spes est. 삶이 있는 한, 희망은 있다.

이 책이 당신 삶에도 전환점이 되길 바랍니다 – 박채영

강의를 들은 것은 2011년 3월인데, 이 글을 쓰고 있는 지금이 2023년 6월이니 상당히 많은 시간이 지났습니다. '제자의 편지'를 써 달라는 요청에 한참 망설였던 것도 그래서였습니다. 그때와 지금의 저는 많이 다르고, 보고서나 공문이 아닌 글을 써본 것도 너무나 오래 전의 일입니다. 그래서 처음 교수님의 수업을 들었을 때의 그 신선한 충격과 감동을 글로 읽으실 분들에게 잘 전달할 수 있을까 걱정이 됐습니다.

그리고 괴로웠습니다. 글을 쓰는 것도 다시 공부에 대해 생각하는 것도…. 교수님이 말씀하신 것 중에 '공부하는 노동자'라는 말이 있었는데, 그 말에 충실해 취업 후에는 더 이상 이중으로 노동을 하지 않고 있었기 때문입니다. 공부라는 게 끊임없이 모자란 나를 직면하고 깨뜨려야 하는 작업인데 스스로를 힘들게 하고 싶은 사람은 별로 없으니까요. 진짜 노동과는 다르게 중간정산도 해주지 않습니다. 그러니 더더욱 지속하기가 쉽지 않고요. 교수님은 아마 노동자처럼 매일 조금씩 규칙적으로 공부를 하자는 취지로 말씀하셨겠지만 저는 이상한 방향으로 위로를 받고 공부를 멈추고 말았습니다. 좀 더 빠르고 편리한 것을 추구하는 이 시대에, 질문만 제대로 하면 한 단락을 뚝딱 써주는 인공지능까지 나왔으니 계속 스스로 사고하고 공부한다는 것은 정말로 쉽지 않았거든요.

다른 분들도 크게 다르지 않았을 것이라고 감히 미루어 짐작해봅니다. 그러니 최근 나온 인공지능에 대한 반응이 그렇게도 뜨거웠던 것이겠지요. 그럼에도 불구하고 교수님의 종합 인문학 수업을 듣고자 하는 사람들이 이렇게나 많은 데에는 다들 마음속에 어떠한 갈증이 있기 때문이라고 생각합니다.

제가 학교에 다니던 때 교수님 강의는 항상 금요일 오전 9시 수업이었습니다. 대학생에게 금요일 오전 강의가 가지는 의미를 아신다면 이 강의에 학생들이 몇 백 명 몰렸던 것만으로도 얼마나 대단한 강의였는지 단번에 느끼실 수 있을 겁니다. 출결을 매우 빠듯하게 관리했던 저희 학교 상황을 생각하면 특히 그렇습니다.

그렇게 힘들게 수업에 자리를 잡고 나니 '데 메아 비타'라는 고난이 왔습니다. 평소 자신의 삶과 사회에 대해 고민하고 장기적인 미래에 대한 꿈을 꾸셨던 분들에게는 수월한 작업이었을지 모르겠습니다. 그러나 진로 계획도 학업 계획도 아니고 자신의 인생에 대해 서술하라는 것이, 하라는 일만 해왔지 자신을 성찰해 본 적 없는 저에게는 매우 어려운 과제였습니다. 그렇지만 살아온 인생을 정리하고, 저 자신에 대해 깊게 생각해볼 수 있는 중요한 시간이었습니다.

교수님이 책에서도 말씀하시지만 사람마다 인생에서 맞닥뜨리는 몇 가지 전환점이 있는 것 같습니다. 다른 시간들은 그것을 찾기 위한 모험이고요. 많은 사람들이 교수님의 수업을 듣고자 찾아왔던 것은 그것이 제 인생의 전환점이 될 수 있음을 느꼈기 때문이라고 생각합니다. 제게도 그랬습니다. 이번에 책을 다시 읽으면서 십여 년 전의 제 데 메아 비타를 생각했습니다. 그때의 열정과 꿈꾸었던 미래에 대해서도요. 그때 하고 싶었던 일을 지금 하고 있는지, 지금 하고 있는 일이 저를 행복하게 하는지…. 이제 현실에 안주해버린 저를 위해 새로운 데 메아 비타를 써보려고 합니다. 이것이 또 제게 어떠한 전환점이 될지 모르겠습니다.

어떠한 갈증을 품고 이 책을 접하게 되셨는지 그 이유는 각자 다르시겠지요. 다만 십여 년 전의 제게 그랬고 이미 많은 분들에게 그랬듯, 여러분에게도 이 책이 구하던 답을 넘어 인생의 전환점이 되시기를 바랍니다.

인생의 마음가짐을 변화시킨 수업 - 송주희

교수님과의 인연은 그날의 가위바위보에서 시작됐습니다.

손끝이 시리던 2016년 2월, 교수님의 〈초급 라틴어〉 수업 조교가 되었습니다. 워낙 명강으로 소문났던 〈초급 라틴어〉 수업은 대형 강의임에도 불구하고 조교들 사이에서도 인기가 많은 수업이었습니다. 한바탕 고요한 가위바위보 대전 속 승리한 저는 해당 수업 조교가 될 수 있었습니다. 그땐 그 일이 제 인생의 마음가짐을 바꾸는 계기가 될 줄은 몰랐습니다.

수업이 끝난 뒤 들어가면 늘 강단은 후끈한 열기로 가득했습니다. 칠판은 글씨로 빼곡했고, 교수님의 손에는 땀에 흥건히 젖은 손수건이 들려 있었습니다. 그리고 그런 교수님의 곁에는 늘 학생들로 빼곡했습니다. 학생들은 수업 후 교수님과 대화하고 질문하는 시간을 기다리고 있었습니다. 와중에 조교들에게도 고개 숙여 감사와 미안함을 전하시는 교수님의 모습이 제겐 신선한 충격이었습니다. 부족한 조교였던 저는 늘 따뜻했던 교수님께 빚만 지는 학생일 뿐이었습니다.

제겐 손에서 꽉 움켜쥔 채 놓지 못하는, 간절함을 넘어 당연해진 '꿈'이 있습니다. 그리고 늘 그렇듯, 어려운 시간들이 저를 맞이했습니다. 몇 년째 제자리였습니다. 잡힐 듯 잡히지 않았습니다. 성과 없는 노력과 늘 마주하는 불합격들. 수차례의 탈락 속 저는 스스로

'안 되는 사람'이었습니다. 스스로도 믿지 못했던 저를, 교수님은 제 자라는 이유로 믿어 주셨습니다.

"주희야, 지금 당장 결과가 나오지 않아도 괜찮단다. 큰 인물이 되는 데는 당연히 인고의 시간과 긴 노력이 필요한 법이야. 주희 넌 그 과정을 아주 충실히, 착실히 잘 지나고 있는 중인 거란다. 오히려 난 정말 잘하고 있다는 방증이라는 생각이 들어서 칭찬해 주고 싶구나."

괜찮다, 잘 하고 있다. 어쩌면 제가 가장 듣고 싶었던 말이었습니다. 그리고 그 말은 그저 단순한 위로가 아니었습니다. 그래도 괜찮다고, 지금의 나도 괜찮다고, 스스로에 대한 믿음을 주는 것 같았습니다. 매사 지금 당장 결과가 나오지 않아도 된다고, 머리로 이해했던 말들을 가슴으로 받아들이는 계기가 되었습니다.

솔직히 지금 이 순간에도 강력한 '확신'은 없습니다. 누군가의 한 마디로 모든 고민과 불안함이 증발한다면 그건 거짓말이겠지요. 하지만 저는 괜찮다는 '믿음'을 얻었습니다. 저의 20대는, 우리의 20대는 불안함을 늘 지척에 둔 채 흘러갑니다. 그 속에서 나를 믿어 본다면, 나만은 나를 믿어준다면, 그 찰나와 같은 시간들이 쌓여 나를 이루는 힘이 되어 있겠지. 설령 그렇게 되지 않는다 해도 괜찮아. 그 순간만큼은 내가 할 수 있는 최선을 다한 거니까. 저는 그렇게 생각하게 되었습니다.

열심히만 하는데 누군가 알아주는 날이 올까. 내가 바라는 그날

이 올까. 내 노력이 과연 의미 있는 노력일까. 내일도 안개 속에서 달리고 있을 저에게, 또 다른 우리들에게 이 책이 자신에 대한 믿음을 주는 선물이길 바랍니다.

선택의 모멘텀 – 신윤정

"그대는 잘 할 수 있습니다. 지금도 잘해왔고, 앞으로도 열심히."
– 2012.6.14.

〈라틴어 수업〉 강의를 종강하고 교수님께서 수업교재에 손수 적어주신 말입니다. 교수님과 인연을 맺게 된 건 한창 고시공부를 하며 휴학과 복학을 반복하던 방황기 때였습니다. 머리를 식히기 위해 다른 학교에서도 청강을 하러 온다는 한동일 교수님의 유명한 수업을 수강하게 되었죠. 그리고 이 '우연한 선택'은 11년이 지난 지금도 저에게 영향을 주고 있습니다.

교수님의 『라틴어 수업』 개정판 발간 소식에 11년 전 수업시간 때 과제로 받았던 〈데 미아 비타De Mea Vita〉가 떠올라 꺼내 읽어보았습니다. 각자의 인생 이야기에 대해 적는 것이었는데, 20대 초반 대학생의 고민이 빽빽하게 담겨 있었습니다. 19살에 지방에서 상경해 부모님의 그늘을 벗어나 홀로 맞이한 생활의 어려움, 법학과라는 이유로 아무 고민 없이 시작하게 된 고시공부를 하며 맞게 된 진로에 대한 고민 등이었습니다. 누구나 할 법한 고민이지만, 20대 초반이었던 저는 길을 잃고 홀로 헤매고 있었습니다.

칠흑 같은 어둠 속에서 이리저리 헤맬 때 인생을 알려주는 〈라틴어 수업〉 강의는 아주 강렬한 빛 한줄기였습니다. 매시간 수업이 끝날 때면 박수갈채를 받는 교수님의 강의는 희망과 용기를 불러일으켜 주는 원동력이었습니다. 이렇게 〈라틴어 수업〉 강의는 저에게 모멘텀이 되어 저는 또 한 번의 '결정적 선택'을 했고, 결국 데 미아 비타에서 제가 그렸던 길을 걷게 되었습니다.

스스로 선택한 길이었지만 안정적으로 자리 잡은 친구들과 비교되는 모습, 왕도 없는 학문의 길 앞에서 저는 또 한 번 길을 잃었습니다. 제가 심적으로 힘들어할 때마다 교수님께서는 어떻게 아셨는지 항상 먼저 연락을 주셨고, 맛있는 밥 한 끼를 사주시며 당신의 인생 이야기를 들려주셨습니다. 화려한 이력 속에 숨겨진 교수님의 노력과 고뇌의 순간을 보며, 스스로를 다시 돌아보고 마음을 다 잡곤 했습니다. 업무 강도가 높았던 직장에서 근무하며 박사 과정까지 병행하던 일련의 시간에서 교수님의 조언과 정신을 번쩍 들게 하는 충고가 없었더라면 저는 고민의 늪에서 빠져나오는 법을 익히지 못했을 겁니다.

〈라틴어 수업〉 강의 이후 11년이나 지난 지금, 저는 여전히 선택의 기로에 있습니다. 세월이 겹겹이 쌓이면서 고민의 깊이도 한층 깊어진 듯합니다. 그럴 때마다 교수님께서 해주신 말씀을 떠올립니다.

"Si vis vitam, para mortem(삶을 원하거든 죽음을 준비하라)."

죽을 때를 생각하며 역순으로 인생을 짜 맞춰 나가는 것입니다. 시간을 알면 목적이 보이기 때문입니다. 그래서 당장의 현실이 아닌 미래의 나는 어떤 선택을 할까를 생각하며 다시 한번 '나를 위한 선택'을 준비 중입니다.

인생에 정답은 없겠지만, 수많은 근심을 안고 살아가는 많은 이들에게 『라틴어 수업』은 우리를 보듬어 주는 책이 될 것입니다. 따뜻한 손길이 필요할 때, 제가 라틴어 수업 강의에서 그랬듯이 더 많은 분들께서 『라틴어 수업』으로 위안과 격려를 받으시길 바랍니다.

교수님 감사합니다.

각자 자기 운명의 목수이다 – 정준영

대학은 저에게 꿈과 희망이 자라는 곳이 아니었습니다. 원하던 전공이 아니었기 때문에 애정을 가지고 열심히 할 동기가 생기지 않았습니다. 전공대로 사는 사람이 얼마나 되나, 전공은 중요하지 않다는 생각으로 도피하며 손을 놓고서 내가 하고 싶은 공부를 해야만 한다는 생각을 했습니다. 하지만 저는 다시 깊게 절망했습니다. 저는 제 스스로 하고 싶은 것이 무엇인지도 몰랐고 따라서 제가 해야 할 공부도 무엇인지 몰랐습니다.

어디로 가야 하는지 방향을 찾지 못한 채 앞으로 나아가기를 멈추고 긴 방황을 시작했습니다. 미래가 보이지 않았습니다. 제 장점은 앞으로 나아가는 추진력을 잃은 채 오히려 제 생각을 가로막은 두꺼운 장벽으로 변했고, 제 단점은 주체할 수 없이 커져 무겁게 저를 짓눌렀습니다.

저와 같은 경험은 수능에 모든 운명을 맡겨 버린 우리나라 학생들이 대학에 진학했을 때 나타날 수 있는 드물지 않은 부작용일지도 모릅니다. 어느 순간 나를 위한 공부가 아니라 나를 소외시키고 다른 이들의 기대에 부응하는 공부가 되어버립니다. 그것이 아니라면 동기를 이끌어 가낳을 목적지가 없는 길을 잃은 공부입니다. 지성인을 기른다는 대학에 와서도 배움의 기쁨과 깨달음의 즐거움을 모른 채 수능 공부할 때와 마찬가지로 학점을 따기에만 급급한 경우가 많습니다.

그런 뼈아픈 체념과 방황의 시간에서 한동일 교수님과 이 책을 만났습니다. 이 책은 저에게 '너는 너에 대해 얼마나 알고 있는가? 무엇이 너를 앞으로 나아가게 하는가?'라는 질문을 던졌습니다. 어느 누구에게서도 한 번도 받아보지 못한 질문입니다. 저 역시 돌이켜보면 스스로 제 모습을 객관적으로 바라보려고 노력했던 적이 없었던 것 같습니다. 제 장점은 다른 이의 장점과 비교해 가치 없는 것으로 눌러버렸고, 단점은 다른 이의 단점을 크게 보면서 무시해버렸습니다.

선생님은 그런 저에게 "지금 이 순간부터 미래의 너를 너의 책임이 되도록 해보자"라는 말씀을 하셨습니다. 그때 저는 그저 앞으로 열심히 살라는 말로 생각했지만, 지금 생각하면 '네 운명은 네가 만들어가라'고 말씀하신 것입니다. 여기까지 생각이 미치자 분명한 제 단점이 하나 보였습니다. 저는 절망하는 재능이 없었던 겁니다. 아니라는 생각이 드는 것은 과감하게 포기함으로써 다른 새로운 길을 볼 수 있고 그것이 새로운 가능성의 씨앗이라는 점을 간과했습니다. 그저 막연히 하고 싶은 모든 것을 다 쥐고 가려고 한 것입니다.

그 후 선생님의 조언에 따라 라틴어를 공부하기 시작했습니다. 자발적으로 '나'를 위한 공부를 선택한 것은 어쩌면 처음일지도 모릅니다. 이 책은 라틴어 공부에 대한 이야기로 보이지만 사실은 더 중요한 걸 담고 있습니다. 바로 우리가 자신의 삶에 대해 어떠한 태도를 가져야 하는지 이야기하고 있습니다.

나는 어떤 삶을 살고자 하는가? 그 삶을 통해서 나는 어떤 것을 배우고 받아들이고 느끼며 성장하고 싶은가?

제가 배운 것은 운명을 만드는 사람은 바로 자기 자신이라는 겁니다. 사실 저도 아직 제가 어떤 장점을 살리고 어떤 성격을 버려야 하며, 어떤 단점을 장점으로 만들어가야 하는지 여전히 탐색하고 도전하는 중입니다. 하지만 이제는 절대 절망하지 말고 자신의 선택으로 자신의 운명을 만들어 가야 한다는 것을 배웠습니다. 이 책을 읽으신 모든 분들도 자신을 스스로 잘 아는 것이 얼마나 기적 같은 일인지 경험하시고 생각해보는 소중한 시간이 되셨으면 좋겠습니다.

Lectio Linguae Latinae

지적이고 아름다운 삶을 위한

라틴어 수업(개정증보판)

개정 1쇄 발행 2023년 8월 15일
개정 5쇄 발행 2024년 8월 5일

지은이 한동일
펴낸이 유정연

이사 김귀분
책임편집 조현주 **기획편집** 신성식 유리슬아 서옥수 황서연 정유진 **디자인** 안수진 기경란
마케팅 반지영 박중혁 하유정 **제작** 임정호 **경영지원** 박소영

글 정리 양재형 강유재

펴낸곳 흐름출판(주) **출판등록** 제313-2003-199호(2003년 5월 28일)
주소 서울시 마포구 월드컵북로5길 48-9(서교동)
전화 (02)325-4944 **팩스** (02)325-4945 **이메일** book@hbooks.co.kr
홈페이지 http://www.hbooks.co.kr **블로그** blog.naver.com/nextwave7
출력·인쇄·제본 (주)상지사 **용지** 월드페이퍼(주) **후가공** (주)이지앤비(특허 제10-1081185호)

ISBN 978-89-6596-587-9 03100

- 이 책은 저작권법에 따라 보호를 받는 저작물이므로 무단 전재와 복제를 금지하며,
  이 책 내용의 전부 또는 일부를 사용하려면 반드시 저작권자와 흐름출판의 서면 동의를 받아야 합니다.
- 흐름출판은 독자 여러분의 투고를 기다리고 있습니다. 원고가 있으신 분은 book@hbooks.co.kr로
  간단한 개요와 취지, 연락처 등을 보내주세요. 머뭇거리지 말고 문을 두드리세요.
- 파손된 책은 구입하신 서점에서 교환해 드리며 책값은 뒤표지에 있습니다.